康达文库　　丛书主编
律师解读司法观点丛书　唐新波

公司纠纷裁判精要

主　编
唐新波

副主编
王　敏　熊梦颖　赵玉来

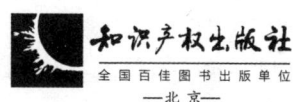

知识产权出版社
全国百佳图书出版单位
—北京—

图书在版编目（CIP）数据

公司纠纷裁判精要/唐新波主编.—北京：知识产权出版社，2021.4
（律师解读司法观点丛书）
ISBN 978-7-5130-7435-3

Ⅰ.①公… Ⅱ.①唐… Ⅲ.①公司—经济纠纷—处理—中国 Ⅳ.①D925.1

中国版本图书馆CIP数据核字（2021）第031644号

责任编辑：庞从容　　　　　　　　　　责任校对：谷　洋

执行编辑：包洛凡　　　　　　　　　　责任印制：刘译文

公司纠纷裁判精要

唐新波　主编

出版发行：	知识产权出版社 有限责任公司	网　　址：	http://www.ipph.cn
社　　址：	北京市海淀区气象路50号院	邮　　编：	100081
责编电话：	010-82000860转8377	责编邮箱：	pangcongrong@163.com
发行电话：	010-82000860转8101/8102	发行传真：	010-82000893/82005070/82000270
印　　刷：	三河市国英印务有限公司	经　　销：	各大网上书店、新华书店及相关专业书店
开　　本：	710mm×1000mm 1/16	印　　张：	19.75
版　　次：	2021年4月第1版	印　　次：	2021年4月第1次印刷
字　　数：	340千字	定　　价：	88.00元
ISBN 978-7-5130-7435-3			

出版权专有　侵权必究

如有印装质量问题，本社负责调换。

序

由康达律师事务所律师们编写的"律师解读司法观点丛书"陆续出版了，这是有着三十多年历史的大所立足丰富的办案经验，对经典案例和典型司法观点的系统总结，是律师界的一件大事，可喜可贺！

随着裁判文书的公开，人们可以查询详尽的案件信息，也为我们深入研究法官如何裁判提供了便利。在对已经公开的裁判文书进行研究的过程中，人们也发现了一些问题，同案不同判的情况不仅在不同法院存在，甚至个别地方同一法院也存在这一现象，引人关注，值得深思。

应当说，如何认定案件事实以及如何进行法律适用与法官的认识密不可分，法官的认识反映到判决里，就形成了司法观点。近代以来，我国深受成文法法律传统影响，案例不得作为法律渊源直接引用，但是同案不同判的问题，亟待解决，就此而言，解读司法观点就是一个很好的探索。最高人民法院经常会发布指导性案例，审判实践中法官也会判后释法，康达所的律师们通过对最高人民法院和地方各级人民法院具有典范意义案件所进行的分析，提炼出典型司法观点，并进行解读，具有积极意义。这项工作一可以梳理和总结律师的执业经验，二可以向群众普法，三可以给法律职业共同体提供借鉴。律师们工作紧张繁忙，能够抽出时间编写本丛书，实在是难能可贵。

2020年新冠肺炎疫情期间，康达律师在深入研究的基础上，分工合作，按照最高人民法院的案由，选取经典案例，精练总结司法观点，开启了本丛书的编写。作为有历史、有底蕴的大所，康达所不仅承办过不少有重大影响的案件，还关注有关实务和理论问题，值得嘉许！

《中华人民共和国民法典》已经于2020年5月28日由十三届全国人大三次会议表决通过，并于2021年1月1日施行，希望康达律师结合学习和研究《民法典》的心得体会，把学习和研究成果融入丛书的编写中。

期待康达律师更多更好的作品，祝愿康达律师事务所越办越好。

是为序。

中国人民大学法学院

2021年3月于中国人民大学明德法学楼

主要法律文件"全称—简称"对照表

全 称	简 称
《中华人民共和国民法总则》	《民法总则》
《中华人民共和国民法通则》	《民法通则》
《中华人民共和国合同法》	《合同法》
《中华人民共和国公司法》	《公司法》
《中华人民共和国侵权责任法》	《侵权责任法》
《中华人民共和国民事诉讼法》	《民事诉讼法》
《中华人民共和国涉外民事关系法律适用法》	《涉外民事关系法律适用法》
《中华人民共和国中外合资经营企业法》	《中外合资经营企业法》
《中华人民共和国企业破产法》	《破产法》
《中华人民共和国外商投资法》	《外商投资法》
《中华人民共和国证券法》	《证券法》
《中华人民共和国公司登记管理条例》	《公司登记管理条例》
《最高人民法院关于民事诉讼证据的若干规定》	《关于民事诉讼证据的若干规定》
《最高人民法院关于适用〈中华人民共和国公司法〉若干问题的规定(一)》	《〈公司法〉司法解释(一)》
《最高人民法院关于适用〈中华人民共和国公司法〉若干问题的规定(二)》	《〈公司法〉司法解释(二)》

全称	简称
《最高人民法院关于适用〈中华人民共和国公司法〉若干问题的规定（三）》	《〈公司法〉司法解释（三）》
《最高人民法院关于适用〈中华人民共和国公司法〉若干问题的规定（四）》	《〈公司法〉司法解释（四）》
《最高人民法院关于适用〈中华人民共和国公司法〉若干问题的规定（五）》	《〈公司法〉司法解释（五）》
《最高人民法院关于适用〈中华人民共和国民事诉讼法〉的解释》	《民事诉讼法司法解释》
《最高人民法院关于审理外商投资企业纠纷案件若干问题的规定（一）》	《外商投资司法解释（一）》
《最高人民法院关于适用〈中华人民共和国涉外民事关系法律适用法〉若干问题的解释（一）》	《涉外民事关系法律适用法司法解释（一）》
《全国法院民商事审判工作会议纪要》	《九民纪要》
《最高人民法院关于修改〈民事案件案由规定〉的决定》	《民事案件案由规定》

目录

第一章 股东资格确认纠纷 001

一、股东资格确认纠纷概述 / 001

二、对于公司股东资格的认定，应区分不同情况并适用不同的认定标准 / 002

三、公司章程对股东身份认定具有重要作用，对股权转让进行限制不得违反法律规定 / 007

第二章 股东名册记载纠纷 014

一、股东名册记载纠纷概述 / 014

二、隐名股东满足一定条件仍可依法转让股权 / 015

三、在有相反证据时，股东名册的推定效力可以被推翻 / 021

第三章 请求变更公司登记纠纷 028

一、请求变更公司登记纠纷概述 / 028

二、请求公司变更登记属于公司内部治理问题，一般不属于法律调控范畴 / 029

三、请求公司变更登记，既要遵守法律规定，又要尊重章程约定 / 033

第四章 股东出资纠纷 038

一、股东出资纠纷概述 / 038

二、在有关股东出资前后协议相矛盾的情况下,双方的合同权利义务应根据协议具体内容确定 / 039

三、关于股东是否构成抽逃出资应从实质要件层面进行分析 / 044

第五章 股东知情权纠纷 049

一、股东知情权纠纷概述 / 049

二、公司拒绝股东查阅文件的,对查阅目的不正当性负有举证责任 / 051

三、股东只有具有正当目的才能行使知情权 / 056

第六章 请求公司收购股权纠纷 065

一、请求公司收购股份纠纷概说 / 065

二、根据自愿原则商定股权退出方式及价格对当事人具有法律约束力 / 067

三、异议股东行使股份收购请求权,以提出异议的股东会决议作出之日为评估基准日 / 072

第七章 股权转让纠纷 077

一、股权转让纠纷概述 / 077

二、股权作为买卖标的时,与以消费为目的的一般买卖不同 / 079

三、合同的协议解除与约定解除存在诸多不同,如何适用应具体分析 / 083

第八章 公司决议纠纷 090

一、公司决议纠纷概述 / 090

二、股东可对存在瑕疵的公司决议提起公司决议无效或撤销之诉 / 091

三、符合诉的利益原则的当事人才能提起决议无效的确认之诉 / 099

第九章 公司设立纠纷 107

一、公司设立纠纷概述 / 107

二、公司设立阶段生产经营所得利润,按照发起人出资比例分配 / 108

三、公司设立失败后,发起人中过错方应承担违约责任 / 113

第十章 公司证照返还纠纷 120

一、公司证照返还纠纷概述 / 120

二、未办理工商变更登记的新法定代表人可代表公司提起诉讼 / 121

三、对于属于公司的财产,股东、监事等应以正当的方式进行监督 / 125

第十一章 发起人责任纠纷 129

一、发起人责任纠纷概述 / 129

二、公司设立失败时,发起人对已认缴股款、设立产生的债务负连带责任 / 130

三、发起人未按协议履行义务导致公司未成立的,应按照协议约定承担违约责任 / 132

第十二章 公司盈余分配纠纷 138

一、公司盈余分配纠纷概述 / 138

二、股东恶意损害其他股东利益的,可由司法机关介入公司盈余分配 / 139

第十三章 损害股东利益责任纠纷 151

一、损害股东利益责任纠纷概述 / 151

二、损害股东利益责任纠纷中原告应当是本公司的股东 / 152

三、损害股东利益责任承担,应结合侵权行为构成要件具体分析 / 158

第十四章 损害公司利益责任纠纷 164

一、损害公司利益责任纠纷概述 / 164

二、法人的起诉未经过法定代表人同意不能认定是法人意思表示 / 165

三、高管违反忠实、勤勉义务，侵犯公司权益，应承担责任 / 172

第十五章 股东损害公司债权人利益责任纠纷 183

一、股东损害公司债权人利益责任纠纷概述 / 183

二、未经债权人认可的无偿划转，划入方承担赔偿责任，作出划转决定的股东存在承担连带责任的风险 / 183

第十六章 公司关联交易损害责任纠纷 192

一、公司关联交易损害责任纠纷概述 / 192

二、股东、董监高与公司之间合法的关联交易且不损害公司利益的，应认定有效 / 193

三、董事个人未通过关联交易谋取利益的，不应承担法律责任 / 199

第十七章 公司合并纠纷 205

一、公司合并纠纷概述 / 205

二、合并应是各方公司的真实意思表示，并应严格履行合并程序 / 208

三、公司合并纠纷应从合法性、正当性中确定适格主体 / 213

第十八章 公司分立纠纷 220

一、公司分立纠纷概述 / 220

二、公司分立纠纷应从合法性、正当性中确定适格主体 / 222

三、分立前公司单方决定分立即可生效 / 229

第十九章　公司增资、减资纠纷 236

一、公司增资纠纷、公司减资纠纷概述 / 236

二、增资协议的法律效力应结合不同因素来作出具体认定 / 237

三、公司减资不履行法定义务或程序有瑕疵的，减资股东应担责 / 245

第二十章　公司解散纠纷 253

一、公司解散纠纷概述 / 253

二、应从公司运行状态判断公司经营管理是否发生严重困难 / 254

三、应结合章程中对股东会、董事会的相关约定来判断公司运行是否陷入僵局 / 260

第二十一章　申请公司清算纠纷 270

一、申请公司清算纠纷概述 / 270

二、只有满足法定情形下，债权人或股东才能申请法院进行清算 / 271

第二十二章　清算责任纠纷 276

一、清算责任纠纷概述 / 276

二、股东怠于履行清算义务与公司文件灭失，无法进行清算之间应存在因果关系 / 277

三、清算组未履行通知和公告义务给债权人造成损失的，应当承担赔偿责任 / 282

第二十三章　上市公司收购纠纷 287

一、上市公司收购纠纷概述 / 287

二、要约收购的收购方应按照信息披露规范标准要求适当履行先合同的告知义务 / 289

三、意思表示明确的预约条款已经成就的，应认定已成立本约 / 295

后　记 / 303

第一章 股东资格确认纠纷

一、股东资格确认纠纷概述

随着社会经济的发展，公司的治理结构日趋复杂，股东资格确认纠纷类案件数量总体上也呈上升趋势。股东资格确认纠纷是指股东与股东之间或者股东与公司之间就股东资格是否存在，或者具体的股权持有数额、比例等发生争议而引起的纠纷。

《民事案件案由规定》第一级案由第八部分是与公司、证券、保险、票据等有关的民事纠纷，其下二级案由之二十一是与公司有关的纠纷，股东资格确认纠纷是该二级案由下的第三级案由，即242"股东资格确认纠纷"。股东资格确认纠纷是公司纠纷中高发的一类案由，引起该类纠纷的基础民事法律关系、事实主要体现在工商登记与实际出资不符、股权转让瑕疵、存在隐名股东、以股权提供担保、代持股权行为等。

股东资格的认定是我国公司法案件审理中经常涉及的问题，如在股权确认纠纷、股权转让纠纷以及股东瑕疵出资责任的诉讼中都可能因此发生争议，而正确认定股东资格成为解决这类纠纷的前提条件。由于关于公司治理的制度不完善，公司法理论研究上对此又不够深入，再加上许多公司的设立、运作都很不规范，这就进一步加大了司法实践中认定股东资格的难度，导致各地法院处理这类纠纷缺乏统一标准，甚至形成相似案件作出相互矛盾的判决的混乱局面。[1]

---

[1] 参见蒋大兴：《公司法的展开与评判——方法·判例·制度》，法律出版社2001年版。

二、对于公司股东资格的认定，应区分不同情况并适用不同的认定标准

股东资格的认定标准在司法实践中还存在一些争议，在不同地方的法院采用的标准也不尽相同，导致了裁判标准不统一的问题。对于公司股东资格的认定，在不同的情况下，应区分情况并适用不同的认定标准，《人民司法·案例》登载的"詹某江等诉某爆竹公司股东资格确认纠纷案"就表明了此种观点。

（一）典型案例

☞ 詹某江等诉某爆竹公司股东资格确认纠纷案[2]

【关键词】 股东资格　工商登记

|基本案情| 原告：詹昌江、詹昌浩；被告：平坝县联发烟花爆竹仓储批发有限公司，法定代表人：徐达；第三人：徐燕祥、徐达。

原告詹昌江、詹昌浩与被告平坝县联发烟花爆竹仓储批发有限公司（以下简称联发公司）及第三人徐燕祥股东资格确认纠纷一案，不服本院作出的（2017）黔04民初47号民事判决，向贵州省高级人民法院提起上诉。贵州省高级人民法院于2018年2月12日作出（2017）黔民终926号民事裁定，撤销本院（2017）黔04民初47号民事判决，由本院重新审理本案。本院受理后，另行组成合议庭，依职权追加徐达作为第三人参加诉讼，于2018年8月15日公开开庭进行了审理。原告詹昌江、詹昌浩及其委托诉讼代理人周拯华、周李进，被告联发公司法定代表人即第三人徐达及联发公司、第三人徐燕祥、徐达的共同委托诉讼代理人靳鑫、吴应云到庭参加了诉讼。

2006年，原告詹某江、詹某浩（系兄弟关系）与第三人徐燕祥经商议，决定共同出资设立公司从事烟花爆竹生产经营，并为此做了相关准备工作。2008年3月14日，徐燕祥向工商部门申请公司登记，但提交的材料未将詹昌江、詹昌浩列为公司股东。同年3月18日，工商部门颁发了某爆竹公司（即本案被告）

---

[2] （2017）黔04民初47号；（2017）黔民终926号；（2018）黔04民初37号，载《人民司法·案例》2019年第11期。

营业执照，公司性质为有限责任公司（自然人独资），股东为徐燕祥，注册资本30万元，法定代表人为徐燕祥，监事为詹昌江。2008年4月20日，詹昌江、詹昌浩与徐燕祥签订了爆竹公司建设投资情况表及合资股份协议，对各方投入公司的资金进行了汇总，确认公司总投资为68.5万元。其中，徐燕祥实际出资24.209万元，应出资27.4万元，占公司40%的股份；詹昌江、詹昌浩实际出资44.291万元，应出资41.1万元，各占公司30%的股份。徐燕祥应补詹昌江、詹昌浩现金3.191万元。同时，双方还对股东的权利义务、分红比例、股权转让等事项进行了约定。爆竹公司成立后，实际由詹昌江、詹昌浩负责经营管理。期间，詹昌江、詹昌浩向徐某祥支付了部分分红款。2012年12月21日，爆竹公司法定代表人变更登记为徐某（徐燕祥的儿子）。2014年，因政策原因，爆竹公司被关停。在涉及公司关停补偿款分配时，因徐燕祥不认可詹昌江、詹昌浩爆竹公司股东的身份，产生争议。

詹昌江、詹昌浩诉至法院，要求确认其爆竹公司股东身份，分别享有爆竹公司30%的股权。同时查明，徐燕祥与詹昌江的妻子系兄妹关系。爆竹公司现工商登记的股东为徐燕祥。

| 裁判结果 | 贵州省安顺市中级人民法院一审认为，股东资格的取得，需要经过签署公司章程、认缴出资、取得出资证明书、记载于股东名册和进行工商登记等程序。本案中，二原告并不具备上述成为公司股东的必备要件，故判决驳回二原告的诉讼请求。

二原告不服判决，提起上诉。贵州省高级人民法院裁定撤销判决，发回重新审理。

安顺中院重审后判决：确认二原告为爆竹公司股东，并各占公司30%股份。

| 裁判理由 | 安顺中院重审认为：股东与公司之间或发起人股东之间就股东资格发生的争议，本质上属于公司制度范畴。本案中，二原告与徐某祥在爆竹公司设立前，分别为设立公司做了相应的准备工作。公司成立后，又以投资情况表及合资股份协议的方式，对前期筹建公司过程中各方资金投入情况进行了汇总，对公司成立后股份构成占比、股东权利义务等进行了约定。据此，可以认定二原告与徐燕祥存在共同设立公司的合意，并为此进行了股权性出资，满足了股东身份的实质性要件要求。因此判决：确认二原告为爆竹公司股东，并各占公司30%股份。

(二) 裁判旨要

公司股东资格认定，在不同的情况下，应区分情况并适用不同的认定标准。如果争议属于公司内部法律关系且不涉及第三人，应探求公司构建股东关系的真实意思，采用实质主义的标准，从而保护实际出资人的利益。如果争议涉及了公司外部的第三人的利益时，应当坚持以形式主义为标准，根据公司对外公示的内容进行认定。

(三) 律师评析

人们都知道公司有股东，但令人惊讶的是大陆法系各国的公司法典、商法典或者是民法典中几乎都没有明确"股东"的法律定义，我国的《公司法》也不例外，这就造成了一些问题，其中最为关键的就是股东资格的判断标准问题。

1. 股东资格确认纠纷日渐增多，但对股东资格的判断标准还存在争议

通常意义上来讲："股东即股权所有人。凡取得股权者即为拥有股东资格，凡失去股权者即为失去股东资格。"[3]股东资格确认纠纷是指股东与股东之间或者股东与公司之间就股东资格是否存在，或者具体的股权持有数额、比例等发生争议而引起的纠纷。

股东资格的认定规则是公司法理论中存在较大争议的问题，实务中有关股东资格的纠纷案件呈上升趋势，且类型越来越多样化，总结起来有十种以上的情形。[4]一般而言，股东应当具备下列特征：（1）公司章程上被记载为股东，并在公司章程（包括公司设立协议，下同）上签名盖章；（2）认缴出资或实际履行了出资义务；（3）在工商机关登记的公司文件中列名为股东；（4）取得了公司签发的出资证明；（5）被载入公司的股东名册；（6）在公司中享有资产受益、重大决策和选择管理者等权利。这些特征需要找到相关证据予以佐证。"在诉讼中，这些特征物化为各种形式的证据，法院应当也只能根据有关证据分析争议的股东有无上述特征，进而对股东资格做出认定。"[5]

之所以出现股东资格在司法实践中存在认定困难的问题，除了因为《公

---

[3] 虞政平：《股东资格的法律确认》，载《法律适用》2003年第8期。
[4] 参见刘凯湘：《股东资格认定规则的反思与重构》，载《国家检察官学院学报》2019年第1期。
[5] 胡绪雨、朱京安：《论股东资格的取得和确认》，载《法学杂志》2013年第9期。

司法》缺乏明确的定义外，主要是因为股东在公司的设立或转让出资时的不规范操作非常多。这些不规范的行为导致的结果就是审判实践中如何确定股东资格成了有争议的问题。《〈公司法〉司法解释（三）》第二十三条仅仅解决了股权归属纠纷中原告的举证责任问题，并没有从理论层面提出公司股东资格确认的统一标准。正如学者总结的，在司法实践中，法官因缺乏统一的股东资格确认的基本理念与原则，往往基于相互重叠的多种标准之某一标准进行司法裁决，因而仍难以避免出现相互冲突的混乱局面。[6] 实践中以是否具有真实的意思表示或者以外观上是否具有股东的名义作为认定的标准，均有一定的合理性，但法院应该如何的取舍就是复杂的问题了，尤其是在牵涉到股东对公司债权人承担责任时。这就导致了对于判断标准的争议问题。

2. 对于本案，法院在不同的审判阶段采取了不同的标准，体现了对于股东资格确定标准的争议

本案是公司发起人之间发生的股东资格纠纷，属于典型的公司内部法律关系，在不同的审判阶段，法院采取了不同的标准，也体现了对于股东资格确定标准的争议。

在本案爆竹公司成立前，两名原告与徐某祥达成了共同投资设立公司的合意，并为此投入资金，还做了相应准备工作。出资是指基于为股东之资格，以达公司成立之目的，而为一定之给付[7]；这是股东最重要的义务。股东履行缴纳义务，且公司成立时，认购人方转化为股东。在爆竹公司成立后，各方对前期资金投入、各方股份占比等进行了确认，可认定詹某与徐某存在共同设立公司合意，并为此进行了股权性出资，满足了股东身份实质性要件要求。因此，重审阶段，法院采用了实质主义的标准，作出了认定两名原告的股东资格的判决。

3. 关于股东资格的认定标准主要有三个，各地法院都有采用

就学者们的研究来看，关于确定股东的标准，主要有以下几种观点。第一种观点是"形式主义"观点，又称"外观主义""公示主义"，该种主张认为，"应当以公司对外公示的材料作为确认股东资格的基本标准，即在公司对外公示的材料中，记载为公司股东的人，即为公司股东。"[8]第二种观点是

---

[6] 参见范健：《论股东资格确认的判断标准》，载《南京大学法律评论》2006年秋季号。
[7] 参见郑玉波：《公司法》，三民书局股份有限公司1980年出版。
[8] 马强：《有限责任公司股东资格认定及相关纠纷处理》，载《法律适用》2010年第12期。

"实质主义"的观点,又称"意思主义",该种观点主张:"在确认股东资格时,应当探求公司构建股东关系的真实意思,而不能以外在表示行为作为判断股东资格的基础。"[9]第三种观点是"折中主义"的观点,又称"区分主义",该观点认为:对于确定公司内部股东权利义务的问题,应当以实质主义为标准,并以实际股东为公司股东;在涉及公司外部法律关系时,应当以形式主义为标准,以名义股东为公司股东。[10]

在司法实践中,由于对该问题的理解不同,形成了处理该问题不同的见解,这在有关审判机关制定的规范性文件中也得到了一些反映。

《江苏省高级人民法院关于审理适用公司法若干问题的意见(试行)》(2003年6月3日江苏省高级人民法院审判委员会第21次会议通过)是采形式主义。其规定:"股东(包括挂名股东、隐名股东和实质股东)之间就股东资格发生争议时,除存在以下两种情形外,应根据工商登记文件的记载确定有关当事人的股东资格:(1)当事人对股东资格有明确约定,且其他股东对隐名者的股东资格予以认可的;(2)根据公司章程的签署、实际出资、出资证明书的持有以及股东权利实际行使等事实可以作出相反认定的。"

上海市高级人民法院在此纠纷的处理上坚持折中主义。《上海市高级人民法院关于审理涉及公司诉讼案件若干问题的处理意见(一)》(沪高法〔2003〕216号)规定:"当事人之间约定以一方名义出资(显名出资)、另一方实际出资(隐名出资)的,此约定对公司不产生效力;实际出资人不得向公司主张行使股东权利,只能首先提起确权诉讼。有限责任公司半数以上其他股东明知实际出资人出资,并且公司一直认可其以实质股东的身份行使权利的,如无其他违背法律法规规定的情形,人民法院可以确认实际出资人对公司享有股权。"

在具体的实践中,单纯采纳实质主义或意思表示主义往往都难以平衡股东、公司、债权人的利益,因此产生了折中主义。在司法实践中,应结合争议的法律关系的性质,选定合理的标准,对股东资格做出正确的认定。

---

[9] 马强:《有限责任公司股东资格认定及相关纠纷处理》,载《法律适用》2010年第12期。
[10] 参见程黎明:《有限责任公司股东资格确认的困惑及路径选择》,载《审判研究》第1辑,法律出版社2009年版。

（四）相关法条及司法解释

《中华人民共和国公司法》

第四条　公司股东依法享有资产收益、参与重大决策和选择管理者等权利。

《最高人民法院关于适用〈中华人民共和国公司法〉若干问题的规定（三）》

第二十一条　当事人向人民法院起诉请求确认其股东资格的，应当以公司为被告，与案件争议股权有利害关系的人作为第三人参加诉讼。

第二十二条　当事人之间对股权归属发生争议，一方请求人民法院确认其享有股权的，应当证明以下事实之一：

（一）已经依法向公司出资或者认缴出资，且不违反法律法规强制性规定；

（二）已经受让或者以其他形式继受公司股权，且不违反法律法规强制性规定。

三、公司章程对股东身份认定具有重要作用，对股权转让进行限制不得违反法律规定

股东签署并经工商登记的公司章程对内是确定股东及其权利义务的主要根据，对外具有公示的效力。公司章程对认定股东身份具有重要作用，公司章程中关于股权转让的限制条款不违反法律的强制性规定就应认定为有效。在最高人民法院指导案例第96号中就明确了此种规则。

（一）典型案例

☞ 宋文军诉西安市大华餐饮有限公司股东资格确认纠纷案[11]

【关键词】股东资格确认　初始章程　股权转让限制　回购

|基本案情|再审申请人（一审原告、二审上诉人）：宋文军；被申请人（一审被告、二审被上诉人）：西安市大华餐饮有限责任公司，法定代表人：赵来锁。

西安市大华餐饮有限责任公司（以下简称大华公司）成立于1990年4月5

---
[11]　最高人民法院指导案例第96号。

日。2004年5月,大华公司由国有企业改制为有限责任公司,宋文军系大华公司员工,出资2万元成为大华公司的自然人股东。大华公司章程第三章"注册资本和股份"第十四条规定"公司股权不向公司以外的任何团体和个人出售、转让。公司改制一年后,经董事会批准后可在公司内部赠予、转让和继承。持股人死亡或退休经董事会批准后方可继承、转让或由企业收购,持股人若辞职、调离或被辞退、解除劳动合同的,人走股留,所持股份由企业收购……",第十三章"股东认为需要规定的其他事项"下第六十六条规定"本章程由全体股东共同认可,自公司设立之日起生效"。该公司章程经大华公司全体股东签名通过。

2006年6月3日,宋文军向公司提出解除劳动合同,并申请退出其所持有的公司的2万元股份。2006年8月28日,经大华公司法定代表人赵来锁同意,宋文军领到退出股金款2万元整。2007年1月8日,大华公司召开2006年度股东大会,大会应到股东107人,实到股东104人,代表股权占公司股份总数的93%,会议审议通过了宋文军、王培青、杭春国三位股东退股的申请并决议"其股金暂由公司收购保管,不得参与红利分配"。后宋文军以大华公司的回购行为违反法律规定,未履行法定程序且《公司法》规定股东不得抽逃出资等,请求依法确认其具有大华公司的股东资格。

| 裁判结果 | 西安市碑林区人民法院于2014年6月10日作出(2014)碑民初字第01339号民事判决,判令:驳回原告宋文军要求确认其具有被告西安市大华餐饮有限责任公司股东资格之诉讼请求。

一审宣判后,宋文军提出上诉。西安市中级人民法院于2014年10月10日作出了(2014)西中民四终字第00277号民事判决书,驳回上诉,维持原判。

终审宣判后,宋文军仍不服,向陕西省高级人民法院申请再审。陕西省高级人民法院于2015年3月25日作出(2014)陕民二申字第00215号民事裁定,驳回宋文军的再审申请。

| 裁判理由 | 法院生效裁判认为:通过听取再审申请人宋文军的再审申请理由及被申请人大华公司的答辩意见,本案的焦点问题如下:(1)大华公司的公司章程中关于"人走股留"的规定,是否违反了《公司法》的禁止性规定,该章程是否有效;(2)大华公司回购宋文军股权是否违反《公司法》的相关规定,大华公司是否构成抽逃出资。

针对第一个焦点问题,首先,大华公司章程第十四条规定:"公司股权不向公司以外的任何团体和个人出售、转让。公司改制一年后,经董事会批准后可

以公司内部赠予、转让和继承。持股人死亡或退休经董事会批准后方可继承、转让或由企业收购,持股人若辞职、调离或被辞退、解除劳动合同的,人走股留,所持股份由企业收购。"依照《公司法》第二十五条第二款"股东应当在公司章程上签名、盖章"的规定,有限公司章程系公司设立时全体股东一致同意并对公司及全体股东产生约束力的规则性文件,宋文军在公司章程上签名的行为,应视为其对前述规定的认可和同意,该章程对大华公司及宋文军均产生约束力。其次,基于有限责任公司封闭性和人合性的特点,由公司章程对公司股东转让股权作出某些限制性规定,系公司自治的体现。在本案中,大华公司进行企业改制时,宋文军之所以成为大华公司的股东,其原因在于宋文军与大华公司具有劳动合同关系,如果宋文军与大华公司没有建立劳动关系,宋文军则没有成为大华公司股东的可能性。同理,大华公司章程将是否与公司具有劳动合同关系作为取得股东身份的依据继而作出"人走股留"的规定,符合有限责任公司封闭性和人合性的特点,亦系公司自治原则的体现,不违反公司法的禁止性规定。最后,大华公司章程第十四条关于股权转让的规定,属于对股东转让股权的限制性规定而非禁止性规定,宋文军依法转让股权的权利没有被公司章程所禁止,大华公司章程不存在侵害宋文军股权转让权利的情形。综上,本案一、二审法院均认定大华公司章程不违反《公司法》的禁止性规定,应为有效的结论正确,宋文军的这一再审申请理由不能成立。

针对第二个焦点问题,《公司法》第七十四条所规定的异议股东回购请求权具有法定的行使条件,即只有在"公司连续五年不向股东分配利润,而公司该五年连续盈利,并且符合本法规定的分配利润条件的;公司合并、分立、转让主要财产的;公司章程规定的营业期限届满或者章程规定的其他解散事由出现,股东会会议通过决议修改章程使公司存续的"三种情形下,异议股东有权要求公司回购其股权,对应的是公司是否应当履行回购异议股东股权的法定义务。而本案属于大华公司是否有权基于公司章程的约定及与宋文军的合意而回购宋文军股权,对应的是大华公司是否具有回购宋文军股权的权利,二者性质不同,《公司法》第七十四条不能适用于本案。在本案中,宋文军于2006年6月3日向大华公司提出解除劳动合同申请并于同日手书《退股申请》,并申明"本人要求全额退股,年终盈利与亏损与我无关",该《退股申请》应视为其真实意思表示。大华公司于2006年8月28日退还其全额股金款2万元,并于2007年1月8日召开股东大会审议通过了宋文军等三位股东的退股申请,大华公司基于宋文军的退股申请,依照公司章程的规定回购宋文军的股权,程序并无不当。另外,

《公司法》所规定的抽逃出资专指公司股东抽逃其对于公司出资的行为，公司不能构成抽逃出资的主体，宋文军的这一再审申请理由不能成立。

综上，裁定驳回再审申请人宋文军的再审申请。

（二）裁判旨要

国有企业改制为有限责任公司，其初始章程对股权转让进行限制，明确约定公司回购条款，只要不违反公司法等法律强制性规定，可认定为有效。

有限责任公司按照初始章程约定，支付合理对价回购股东股权，且通过转让给其他股东等方式进行合理处置的，人民法院应予支持。

（三）律师评析

在公司的实际运行中，公司股东会根据《公司法》第七十一条第四款的授权对本公司的股权转让设置一些限制措施。围绕着这些限制措施是否合法所产生的法律纠纷往往复杂且有很大的争议性。[12] 指导案例96号"宋文军诉西安市大华餐饮有限公司股东资格确认纠纷案"就是一个很具典型意义的案例。本案的裁判观点系出自最高人民法院的指导案例，对于全国法院系统审理类似案件具有刚性的指导和参照作用，意义重大。

1. 涉及《公司法》的指导案例非常少，指导案例的指导意义更显重要

截至2020年3月，最高人民法院法共计发布了24批139件指导案例，其中，涉公司关系的6件，即指导案例8、9、10、15、67、96号。据北大法宝法律信息数据库（以下简称北大法宝）的统计，到2020年3月19日止，以"与公司有关的纠纷"为案由的民事案件数量总共检索到24220件。

同这一数字相比，涉及公司关系的指导案例区区6件的数目，实在是九牛之一毛。然而，也正是这种显著的稀缺性，使得这些指导案例具有重要意义。本案的指导意义就非常强，在其后发生的许多股东资格确认纠纷中其裁判规则得到了适用。

2. 指导案例96号的三项论据的论证方法对同类案件具有重要参考意义

就个案纠纷解决而言，指导案例96号具有值得赞同之处，其糅杂使用了三

---

[12] 参见楼秋然：《股权转让限制措施的合法性审查问题研究》，载《政治与法律》2019年第2期。

项论据的做法，具有重要的意义。该案使用了三大论据，第一个是初始章程的约束力，第二个是有限公司的人合性与封闭性，第三个是股权转让限制与禁止的区别。

第一，关于初始章程的约束力，指向性非常明确。指导案例96号指出，"有限公司章程系公司设立时全体股东一致同意并对公司及全体股东产生约束力的规则性文件，宋文军在公司章程上签名的行为，应视为其对前述规定的认可和同意，该章程对大华公司及宋文军均产生约束力"。从法院裁判文书内容看，法院强调了章程对于股东的约束力。本案中的初始章程对当时的股东都有约束力，在纠纷发生时，该章程并未修改，因此，初始章程仍然对公司股东都有约束力。

第二，关于有限公司的人合性与封闭性，做了具体论证。指导案例96号指出，"基于有限责任公司封闭性和人合性的特点，由公司章程对公司股东转让股权作出某些限制性规定，系公司自治的体现"，"大华公司章程将是否与公司具有劳动合同关系作为取得股东身份的依据继而作出'人走股留'的规定，符合有限责任公司封闭性和人合性的特点"。至于"人走股留"这一转让限制措施符合封闭性和人合性特点的原因，裁判理由认为主要是"如果宋文军与大华公司没有建立劳动关系，宋文军则没有成为大华公司股东的可能性"。该案例将案涉股权转让限制措施的合法性证立诉诸有限公司的人合性。"此种论证，亦当然具有其正当性。"[13] 一方面，我国学者一般承认人合性是有限公司本质特征中内在的、固有的、最重要的方面[14]；另一方面，股权转让限制措施的法规范构建，也紧紧围绕有限公司的人合性而展开。[15] 而且，众多司法实践案例都强调了有限公司的人合性这一特点。

第三，关于股权转让限制与禁止的区分，要注重意思自治。指导案例96号指出，大华公司章程第十四条关于股权转让的规定，属于对股东转让股权的限制性规定而非禁止性规定……大华公司章程不存在侵害宋文军股权转让权利的情形。裁判理由部分特别区分了股权转让的限制与禁止，并将前者认定为有效。《公司法》第七十四条规定："有下列情形之一的，对股东会该项决议投反对票的股东可以请求公司按照合理的价格收购其股权：（一）公司连续五年不向股东

---

[13] 参见楼秋然：《股权转让限制措施的合法性审查问题研究》，载《政治与法律》2019年第2期。
[14] 参见段威：《有限责任公司股权转让时"其他股东同意权"制度研究》，载《法律科学》2013年第3期。
[15] 参见楼秋然：《股权转让限制措施的合法性审查问题研究》，载《政治与法律》2019年第2期。

分配利润，而公司该五年连续盈利，并且符合本法规定的分配利润条件的；（二）公司合并、分立、转让主要财产的；（三）公司章程规定的营业期限届满或者章程规定的其他解散事由出现，股东会会议通过决议修改章程使公司存续的。自股东会会议决议通过之日起六十日内，股东与公司不能达成股权收购协议的，股东可以自股东会会议决议通过之日起九十日内向人民法院提起诉讼。"该条是关于有限责任公司异议股东的回购请求权的规定。从规定的内容来看，该条是赋权条款，并没有禁止公司在其他情形下回购股东股权的强制性规定。《公司法》的其他条款并未规定除此之外公司均不能回购股东所持有的股权。根据"法无禁止即为自由"的原则，该条给有限责任公司在章程中自主约定情形下的股权回购条款留下了空间。

3. 股权回购行为是否构成抽逃出资需要综合判断

另外，股权回购行为也会导致公司向股东支付价款，但并不构成抽逃出资。《〈公司法〉司法解释（三）》第十二条规定："公司成立后，公司、股东或者公司债权人以相关股东的行为符合下列情形之一且损害公司权益为由，请求认定该股东抽逃出资的，人民法院应予支持：（一）制作虚假财务会计报表虚增利润进行分配；（二）通过虚构债权债务关系将其出资转出；（三）利用关联交易将出资转出；（四）其他未经法定程序将出资抽回的行为。"该条是关于股东抽逃出资的规定，除此之外，《公司法》及其司法解释并无关于抽逃出资认定的具体规定。在法律没有禁止公司回购本公司股东股权的情况下，公司就享有与股东签署协议以收购其股权的权利，不会构成抽逃出资。

4. 公司章程的约定对于认定股东身份，认定股权转让限制是否合法具有重要作用

我们注意到，指导案例96号中，目标公司回购股东股权的依据除了双方之间的约定还有目标公司章程。假设没有公司章程的相应条款，目标公司与股东之间的股权回购约定有效吗？根据《公司法》的规定，章程是公司股东集体意思所形成的，是公司的纲领性文件。公司章程所能赋予公司的权利就是股东权利的一部分。而对于股东权利范围以外的其他权利，不能通过章程规定的方式为公司创设。在法律并未禁止公司回购股东股权的情况下，公司回购股权的权利来自于法律规定，并非来自公司章程的授予，公司章程本身不能为公司创设权利。无论是指导案例96号所归纳的关键词，还是其裁判理由部分，均特别突出了"初始章程"。从这一突出之中又似可推出如下结论：初始章程这一论据具

有决定性。

在司法实践中，面对个案的具体情况，法院可以进一步细化或者增加考量要素。

（四）相关法条及司法解释

《中华人民共和国公司法》

第七十四条　有下列情形之一的，对股东会该项决议投反对票的股东可以请求公司按照合理的价格收购其股权：

（一）公司连续五年不向股东分配利润，而公司该五年连续盈利，并且符合本法规定的分配利润条件的；

（二）公司合并、分立、转让主要财产的；

（三）公司章程规定的营业期限届满或者章程规定的其他解散事由出现，股东会会议通过决议修改章程使公司存续的。

自股东会会议决议通过之日起六十日内，股东与公司不能达成股权收购协议的，股东可以自股东会会议决议通过之日起九十日内向人民法院提起诉讼。

《最高人民法院关于适用〈中华人民共和国公司法〉若干问题的规定（三）》

第十二条　公司成立后，公司、股东或者公司债权人以相关股东的行为符合下列情形之一且损害公司权益为由，请求认定该股东抽逃出资的，人民法院应予支持：

（一）制作虚假财务会计报表虚增利润进行分配；

（二）通过虚构债权债务关系将其出资转出；

（三）利用关联交易将出资转出；

（四）其他未经法定程序将出资抽回的行为。

第二章 股东名册记载纠纷

一、股东名册记载纠纷概述

在我国的民商法中，公司股东的主体身份证明体系是较为复杂的，包括公司内部的股东名册、工商机关的登记、出资证明书和公司章程中关于股东的条款。其中，最为重要的是股东名册和工商登记。

股东名册是公司成立后以书面形式记载股东信息的文件。置备股东名册是《公司法》对公司设定的法定义务，《公司法》第三十二条做了规定。但是由于条文过于原则化，"股东名册到底能够产生怎样的法律效力，形成怎样的法律后果，正是一个理论上没有说清楚、立法上没有表述清晰从而产生诸多争议的问题。"[1] 从理论上讲，股东名册记载的效力主要体现在对抗效力、设质效力、通知依据效力[2]和权利推定力四个方面。《公司法》并未要求将股东名册提交公司登记机关备案，"股东名册仅为公司内部置备的文件，其置备虽名为公司的义务，但在实质上却沦为公司内部的自治范围"[3]。与此相对应的是，相关法律或法规也未规定不置备或者未变更股东名册的法律后果，导致实践中不置备股东名册的公司大量存在。

股东名册记载纠纷是指因一些情形导致股东无法依据股东名册之记载主张权利而产生的纠纷。在实践中，股东名册记载纠纷主要包括两种类型，第一种是因股权转让方怠于履行股权转让变更登记义务产生的纠纷，第二种是因公司

---

[1] 刘凯湘：《股东资格认定规则的反思与重构》，载《国家检察官学院学报》2019年第1期。

[2] 参见王保树：《有限公司股东的两种不同登记》，载《中国工商管理研究》2005年第8期。

[3] 张双根：《论有限责任公司股东资格的认定——以股东名册制度的建构为中心》，载《华东政法大学学报》2014年第5期。

不履行股东名册记载义务产生的纠纷。《〈公司法〉司法解释（三）》第二十三条规定，当事人依法履行出资义务或者依法继受取得股权后，公司未根据《公司法》第三十一条、第三十二条的规定签发出资证明书、记载于股东名册并办理公司登记机关登记，当事人请求公司履行上述义务的，人民法院应予支持。

二、隐名股东满足一定条件仍可依法转让股权

隐名股东也叫实际投资人，是指依据书面或口头协议委托他人代其持有股权者。由于形式要件的缺失，实际投资人虽然符合成为股东的实质要件，但其并不能当然获得法律认可的股东地位。这是由有限责任公司的人合性和股份有限公司的公众性决定的，实际投资人要为自己的选择面临风险。隐名股东虽然没有进行工商登记，但其股东资格是可以确认的，满足一定条件仍可依法转让股权。乌鲁木齐市鲤鱼山饭店有限责任公司与马清请求变更公司登记纠纷二审案就是涉及隐名股东的一个典型案件。

（一）典型案例

☞ **乌鲁木齐鲤鱼山饭店有限责任公司与马清股东名册记载纠纷、请求变更公司登记纠纷案**[4]

【关键词】股东名册　变更公司登记

|基本案情| 上诉人（原审被告）：乌鲁木齐市鲤鱼山饭店有限责任公司，住所地新疆乌鲁木齐市，法定代表人：马会珍。

被上诉人（原审原告）：马清，男，住新疆乌鲁木齐市。

上诉人乌鲁木齐市鲤鱼山饭店有限责任公司（以下简称鲤鱼山饭店）与被上诉人马清股东名册记载纠纷、请求变更公司登记纠纷一案，不服新疆维吾尔自治区乌鲁木齐市新市区人民法院（2016）新0104民初7278号民事判决，向新疆维吾尔自治区乌鲁木齐市中级人民法院提出上诉。

马清向一审法院起诉请求：（1）判令鲤鱼山饭店向公司备案机关乌鲁木齐市工商局办理股权变更备案手续；（2）判令鲤鱼山饭店履行职责，将上述马清

---

[4] 新疆维吾尔自治区乌鲁木齐市中级人民法院民事判决书（2017）新01民终3475号。

及马清所持股权份额记载于乌鲁木齐市鲤鱼山饭店有限责任公司股东名册。

一审法院认定事实：鲤鱼山饭店系1981年7月16日成立的集体所有制企业。2001年10月18日改制后更名为乌鲁木齐市鲤鱼山饭店有限责任公司。该公司章程于2001年10月18日经新市区鲤鱼山饭店职工大会通过，其中公司章程第十一条规定，集体股的所有者为改制方案生效前的企业在职职工、退休职工及经组织批准的非在职职工，集体股由企业另设工会持有；第十二条规定，工会121人，出资212万元，出资比例占88.7%，个人所占比例0.73%，员工个人股是企业改制三年内的奖金全部认购部分，工会、领导个人股份分设：分配股、基本股；董事长出资金额12万元，分配股10万元，基本股2万元，出资比例为5.02%等。第十三条规定，一般员工个人股可在内部自愿转让，但不得抽回股份，转让后需在公司备案，并更换出资证明书。公司股东为：工会委员会、马某丰、何某某、张某某、大买某提、何某萍、马某华、马某芳、赵某。工会委员会分配股212万元、股权88.7%；8个自然人股东持有的股权共计11.3%。工会委员会的负责人为何某某，何某某管理工会委员会的印章。2006年6月26日，鲤鱼山饭店召开股东大会，工会委员会及公司股东马某丰、何某某、张某某、赵某等参加股东大会，马会珍等60名职工列席与会，经股东大会决议，将工会委员会名义持有的88.7%股权全部转让给实际股权所有人121名职工持有，由121名职工推荐50名代表到工商部门办理股权转让备案。股东大会决议通过后，工会委员会与50名代表在股权转让协议书上签名、盖章，股东马某丰、何某某、张某某、大买某提、何某萍、马某华、赵某亦均在股权转让协议书上签名。50名代表中有马清与工会委员会签订的股权转让协议书，工会委员会将192742元即8.0645%股权转让给马清。随后，鲤鱼山饭店公司在工商部门办理了股权转让备案手续。鲤鱼山饭店公司股东为何某萍、赵某、张某某、何某某及马清等50人，其中马清持有鲤鱼山饭店公司8.7976%股权。2008年7月10日鲤鱼山饭店公司在工商部门备案章程并于2011年11月15日经全体股东大会通过章程修正案，载明："股东之间可以相互转让其全部或者部分股权。""股东依照上述两款转让股权后，公司应当注销原股东的出资证明书，向新股东签发出资证明书，并相应修改公司章程和股东名册中有关股东及其出资额的记载，对公司章程的该项修改不需再有股东会表决。"

自2008年，马清陆续与鲤鱼山饭店公司显名股东及隐名股东（吾某某木等人）签订股权转让协议收购其所持有的鲤鱼山饭店股权，并支付股权转让价款。马清要求鲤鱼山饭店按照其已收购的股权向其签发出资证明书并修改公司章程和股东名册,并向工商备案机关申请办理股权变更备案手续,但鲤鱼山饭店未予办理,马清遂诉至一审法院。

|裁判结果| 一审法院判决:(1)乌鲁木齐市鲤鱼山饭店有限责任公司向公司备案机关乌鲁木齐市工商局办理股权变更备案手续;(2)乌鲁木齐市鲤鱼山饭店有限责任公司将变更后的马清持股比例45.8637%记载于乌鲁木齐市鲤鱼山饭店有限责任公司股东名册。

一审宣判后,鲤鱼山饭店不服判决,提起上诉。

二审裁判结果:驳回上诉,维持原判。

|裁判理由| 二审法院认为,本案的争议焦点为:(1)一审法院审理程序是否违法;(2)马清是否享有鲤鱼山饭店股东身份;(3)马清在本案一审中提出的诉讼请求应否得到支持。

(1)程序问题。马清在本案一审中提交了转让款支付凭证、股权收购协议、确认表、收款收据、委托书、公证书等书证材料,上述证据可相互印证,且已形成完整的证据锁链,足以证实马清陆续收购鲤鱼山饭店显名及隐名股东股权并支付了相应对价的事实,马清就其提出的事实主张已经完成基本的举证责任。鲤鱼山饭店对马清提供的上述证据不予认可,但未能提供合法有效的反驳证据,理应承担举证不能的不利后果。鲤鱼山饭店在本案中主张追加股权转让人为本案当事人,鉴于该主张所涉法律关系与马清在本案中主张的法律关系并不相同,超出了本案审理范畴,故法院对鲤鱼山饭店该项上诉主张不予采信。另,11名股东继承人另案提起诉讼请求人民法院确认被继承人享有鲤鱼山饭店股权,但该诉讼请求成立与否与本案争议仍然是基于不同的法律事实,法律关系亦不同,故法院对鲤鱼山饭店据此请求中止审理本案不予采信。

(2)关于马清是否具有鲤鱼山饭店股东身份的问题。生效判决确认的事实,当事人无须举证证实。业已生效的民事判决书已确认马清持有鲤鱼山饭店8.7972%股权,亦已确认其通过从鲤鱼山饭店工会委员会受让的方式继受取得该公司股权,加之马清的股东身份已经在工商档案中登记备案,故鲤鱼山饭店关于马清不享有鲤鱼山饭店股东身份的主张无事实及法律依据,法院不予采信。

(3)关于马清在本案一审中提出的诉讼请求应否得到支持的问题。第一、公司章程对公司、股东、董事、监事、高级管理人员具有约束力。本案中,鲤鱼山饭店章程明确载明,"股东之间可以相互转让其全部或者部分股权""股东依照上述两款规定转让股权后,公司应当注销原股东的出资证明书,向新股东签发出资证明书,并相应修改公司章程和股东名册中有关股东及其出资额的记载，对公司章程的该项修改不需再有股东会表决"。据此，马清作为鲤鱼山饭店股东有权收购其他股东股权，且无须鲤鱼山饭店股东会就股权转让事宜另行作出决议。鲤鱼山饭店上诉关于马清不是公司股东，其收购其他股东股权的行为应当行到全体股东过半数同意，其他股东享有优先受偿权的主张与法院查明的事实不符，于法无据，法院不予采信。第二、公司应当将股东的姓名或者名称向公司登记机关登记；登记事项发生变更的，应当办理变更登记。未经登记或者变更登记的，不得对抗第三人。我国《公司法》第七十一条关于股东优先购买权的规定，只适用于名义股东转让股权的纠纷，至于隐名股东转让股权，我国《公司法》没有明确规定。法院认为，有限责任公司不同于股份有限公司的地方在于，有限责任公司更强调人合性，即公司股东之间相互信任。审判实践中，隐名股东虽非经工商登记，但满足一定条件仍可依法转让股权。公司的隐名股东转让其在公司的实际股权，只是将对名义股东所享有的特殊的债权转让给了第三人，对于公司的其他股东而言，没有任何影响。本案中，马清作为受让人，对其所受让的一部分股权持有人系鲤鱼山饭店隐名股东的事实是明知的，其与股权转让人签订的协议也不违反公司章程及法律、法规的禁止性规定，故而合法有效，上述股权转让行为也无须履行其他前置法律程序。鲤鱼山饭店上诉主张隐名股东须先向公司申请确认其股东资格，之后方能转让股权缺乏法律依据，法院不予采信。

综上所述，鲤鱼山饭店的上诉请求不能成立，应予驳回；一审判决认定事实清楚，适用法律正确，应予维持。

（二）裁判旨要

我国《公司法》第七十一条关于股东优先购买权的规定只适用于名义股东转让股权的纠纷，至于隐名股东转让股权，我国《公司法》没有明确规定。审判实践中，隐名股东虽非经工商登记，但满足一定条件仍可依法转让股权。

（三）律师评析

隐名出资在我国的公司中较为普遍，同时，名义出资人、实际出资人、第三人等众多利益主体之间也潜藏着各种各样的纠纷，从而导致不同的法律风险。由股权转让引起的纠纷是最容易引发诉讼的情形，在实践中也较为常见。本案是涉及隐名股东的案件,在诉讼类型上属于给付之诉,其与确认之诉具有较大区别。

1. 关于本案判决的类型

民事诉讼理论通说认为,诉的种类根据诉讼请求不同,分为给付之诉、确认之诉和形成(变更)之诉三种。与这三种诉讼相对应的判决也主要有三种:给付判决、确认判决和形成(变更)判决。"给付判决是指确定当事人之间实体民事权利、义务关系,责令当事人履行一定民事义务的判决,包括财产给付和行为给付的判决。"[5] 就本案而言,其判决属于给付判决,败诉当事人负有履行一定的民事义务。

《公司法》第三十二条第三款规定:"公司应当将股东的姓名或者名称向公司登记机关登记;登记事项发生变更的,应当办理变更登记。未经登记或者变更登记的,不得对抗第三人。"由此可见,公司股东的股权比例发生变更后,有限责任公司负有变更公司登记事项的法定义务。同时根据《公司法》第七十一、第七十二条的规定,公司股权变更登记包括当事人达成合意的变更登记和司法强制变更登记两种形式。

2. 隐名股东已获得立法的承认,其权利被侵犯可获得救济

从现代经济学的视角来看,公司是重要的市场主体,也是一系列合同的联结体。合同自治是私法的主要特征之一,对公司而言也是适用的。从这个意义上说,公司法是一种"赋权"法律,它允许管理者和投资者能够按照他们自己的意愿来建构公司治理体系,而不需要监管者去作大量的实质性审查。[6] 因此,公司内部的涉及私权如何分配的问题可以由当事人依照意思自治的原则来处理,司法实践中,法院也应当尊重公司的意思自治。2005年《公司法》修改之后,公司自治原则得到了充分体现。

隐名股东在我国《公司法》的实践中一直存在,但从立法来看,直到2005年《公司法》修改后,隐名股东的问题才在立法中得以体现。《〈公司法〉司法解释(三)》生效后,才明确了隐名股东的存在,并对其权利予以承认。围绕着隐名股东的资格,一直存在着"实质说"和"形式说"的论争。[7] 由于商法的

---

[5] 蒋先华、邵萌:《具有给付内容的确认判决符合执行案件受理条件》,载《人民司法·案例》2012年第24期。
[6] 参见[美]弗兰克·伊斯特布鲁克、丹尼尔·费希尔:《公司法的经济结构》,张建伟、罗培新译,北京大学出版社2005年版。
[7] 参见蒋大兴:《公司法的展开与评判——方法·判例·制度》,法律出版社2001年版。

外观主义特性，如果严格采取"实质说"，对隐名股东的各种权利均直接承认，就会否定工商登记的意义，对市场秩序形成冲击。[8] 就《〈公司法〉司法解释（三）》的内容来看，该司法解释对"实质说"和"形式说"进行了平衡。一方面，明确认可了隐名股东的权利，在其第二十四条第一款、第二款以及第二十五条第二款中允许隐名股东向名义股东主张《合同法》《公司法》的权利；另一方面，该解释还强调工商登记的公示原则，非经变更登记隐名股东的权利不能对抗第三人。

3. 隐名股东虽非经工商登记，但满足一定条件仍可转让股权

对于有限责任公司而言，其与股份有限公司的主要区别就是更强调人合性，强调股东之间的相互信任，因此，在审判实践中，对于这两种类型的公司，法院的裁判会予以区分。

隐名股东虽非经工商登记，但《公司法》并未明确规定隐名股东不能转让股权，因此，法院一般认为满足一定条件隐名股东仍可依法转让股权。在本案中，马清作为受让人，对其所受让的一部分股权持有人系鲤鱼山饭店隐名股东的事实是明知的，其与股权转让人签订的协议也不违反法律、法规的禁止性规定，应当认定合法有效。由于这种股权转让行为没有法律的禁止性规定和前置性规定，因此上述股权转让行为无须履行其他前置法律程序。二审法院充分考虑了隐名股东转让的条件，支持了股权转让行为，支持了马清请求鲤鱼山饭店向乌鲁木齐市工商局办理股权变更登记手续并记载于股东名册的请求。

（四）相关法条及司法解释

《中华人民共和国公司法》

第四条 公司股东依法享有资产收益、参与重大决策和选择管理者等权利。

第三十二条 有限责任公司应当置备股东名册，记载下列事项：

（一）股东的姓名或者名称及住所；

（二）股东的出资额；

（三）出资证明书编号。

记载于股东名册的股东，可以依股东名册主张行使股东权利。

公司应当将股东的姓名或者名称向公司登记机关登记；登记事项发生变更

---

[8] 参见邓峰：《物权式的股东间纠纷解决方案——〈公司法〉司法解释（三）评析》，载《法律科学》2015年第1期。

的，应当办理变更登记。未经登记或者变更登记的，不得对抗第三人。

《最高人民法院关于适用〈中华人民共和国公司法〉若干问题的规定（三）》

第二十二条 当事人之间对股权归属发生争议，一方请求人民法院确认其享有股权的，应当证明以下事实之一：

（一）已经依法向公司出资或者认缴出资，且不违反法律法规强制性规定；

（二）已经受让或者以其他形式继受公司股权，且不违反法律法规强制性规定。

第二十三条 当事人依法履行出资义务或者依法继受取得股权后，公司未根据公司法第三十一条、第三十二条的规定签发出资证明书、记载于股东名册并办理公司登记机关登记，当事人请求公司履行上述义务的，人民法院应予支持。

三、在有相反证据时，股东名册的推定效力可以被推翻

股东名册是公司成立后以书面形式记载股东信息的文件，对于股东而言，股东名册的确定效力和推定效力是非常关键的。但是，就公司内部的股东而言，如有相反的证据可以证明股东名册是错的，股东名册的推定效力可以被推翻。纪玉山与周长玉股东资格确认纠纷案［(2016)鲁17民终1750号］就是一个股东名册的推定效力被推翻的案例。

（一）典型案例

☞ 纪玉山与周长玉股东资格确认纠纷案[9]

【关键词】股东资格 证明责任

|基本案情| 上诉人（原审被告）：周长玉；被上诉人（原审原告）：纪玉山；原审第三人：曹县金牛纺织有限责任公司。

上诉人周长玉因与被上诉人纪玉山、原审第三人曹县金牛纺织有限责任公司（以下简称金牛公司）股东资格确认纠纷一案，不服山东省曹县人民法院(2015)曹商初字第812号民事判决，向菏泽市中级人民法院提起上诉。

---

[9] (2016)鲁17民终1750号。

纪玉山原审诉称，其于2000年3月24日申请成立金牛公司，由于当时国家政策限制，纪玉山一人不能设立有限公司，因此与周长玉协商借用其姓名。金牛公司设立中的一切工作由纪玉山开展，出资由纪玉山一人承担，金牛公司成立至今一切事务由纪玉山一人进行管理。注册登记中股东周长玉显示出资额为100万元，周长玉并未实际交纳，只是挂名股东。现请求依法判令周长玉不是金牛公司的股东。

周长玉原审辩称，其虽未实际出资，但是以技术管理入股取得的股权，将股权登记在名下，就证明双方履行周长玉以技术管理入股取得的事实，其不是名义股东；购买织布设备款并不是纪玉山一人的出资，是包括纪玉山和周长玉在内的几十人出资购买，所以，出资购买人并不能证明就是股东；纪玉山诉请与周长玉是否出资没有必然的因果关系，股东身份的取得并不是仅有出资一种情况取得，股东是否出资并不能否定其作为股东的身份。综上所述，请求依法驳回纪玉山的诉讼请求。

金牛公司原审辩称，周长玉不是本公司股东。

原审法院认定以下事实：2000年2月29日，纪玉山通过拍卖的形式，以500万元的价格竞买取得曹县棉纺厂的48台喷汽织机。同年3月28日在曹县工商管理局注册成立金牛公司，从事纺织品的生产、销售业务，公司登记档案显示法定代表人为纪玉山，股东为纪玉山和周长玉，注册资本为300万元。公司验资报告显示，纪玉山出资200万元，占注册资本的67%，周长玉出资100万元，占注册资本的33%。出资方式为纪玉山通过拍卖方式竞买取得的机器设备实物出资方式。后因公司扩大经营规模，公司法定代表人纪玉山于2000年8月3日申请增资215万元，公司法定代表人仍为纪玉山，注册资金变为515万元。增资的资金来源仍为通过菏泽拍卖行购得曹县棉纺厂48台喷汽织机（2000年2月29日拍卖成交时，成交额为500万元，公司成立时，纪玉山以拍卖时预交菏泽拍卖行300万元，取得竞买的机器设备作为注册资金，先行注册成立公司，欠下的200万元和拍卖佣金15万元，共计215万元，作为此次增资资金）。增资后，公司的注册资金为515万元。公司成立时及变更后出资方式均显示周长玉出资形式为实物出资，未有显示技术出资的内容。

另查明，在金牛公司筹建、成立及变更过程中，在工商管理部门办理相关手续中均系纪玉山及其委托人员袁某、翟某办理，注册登记文书的周长玉署名均系二委托人代签。2011年，周长玉离开金牛公司，不再参与实际经营。周长玉在金牛公司工作期间，仅是领取工资报酬，并不参与分摊公司红利及亏损。

再查明，截止到2014年12月15日，金牛公司的工商登记信息记载公司股东为纪玉山、周长玉，出资方式为实物，出资时间为2000年3月28日，持股比例分别为80.85%、19.42%。

|裁判结果| 原审法院判决：被告周长玉不是第三人曹县金牛纺织有限公司的实际出资股东。案件受理费13800元，由被告周长玉负担。二审判决：驳回上诉，维持原判。

|裁判理由| 经审理，二审查明的事实与原审法院查明事实一致。

二审法院认为，根据上诉人的上诉与被上诉人的答辩，本案争议的焦点为上诉人周长玉是否具有股东资格。

针对该焦点，二审法院认为，有限责任公司股东资格的确认，应当根据出资数额、公司章程、股东名册、出资证明书，工商登记等多种因素综合审查确定。一般来说，规范运作的有限责任公司，其股东应具备的主要特征包括：在公司章程上被记载为股东并在章程上签名盖章、实际履行出资义务、在工商登记的公司文件中列名为股东、被载入股东名册、取得公司签发的出资证明书等。这些特征是判断股东身份成立与否的依据，但并非具备上述某个特征就能被确认为股东。在上述特征中，出资是确认股东资格的实质要件，签署章程、股东名册、工商登记、参与公司重大决策是确认股东资格的形式要件。上述特征必须综合分析才能判断股东资格成立与否，具备某种特征并不意味着股东资格的必然成立，当股东或公司内部发生股东资格争议时，无论是要求确认未被公示为股东者的股东身份，还是要求否定已公示为股东者的股东身份，关键是应根据当事人具体实施民事行为的真实意思结合上述特征要件进行综合审查认定。

具体到本案，首先，从实质要件进行审查。实际出资是股东对公司最重要的义务，也是认定股东身份的重要依据。结合本案的证据和实际情况分析，金牛公司的工商登记注册股东的出资方式为实物，而该出资实物全部为被上诉人纪玉山通过拍卖方式所购买的设备，应认定被上诉人纪玉山享有该公司全部股权。上诉人周长玉辩称自己享有金牛公司19.4%的股权，但未能举出其履行出资义务的有效证据，故上诉人周长玉应当承担举证不能的法律后果。综上，上诉人周长玉上诉称其对金牛公司已出资的依据不足。

其次，从形式要件进行审查。股东名册反映出行为人成为股东的真实意思表示，其效力优于其他形式要件。本案中，作为对外具有公示性质的股东名册，虽然对股东资格的确认具有推定证明力，但对公司内部股东而言，在有相反证据时，股东名册的推定效力可以被推翻。综合本案的实际情况，本案股东资格确认，属于公司内部股东之间对股东出资引发的争议，应当根据公司设立的合意、实际出资行为、参与公司日常经营管理等综合因素判断确认。从本案认定的事实可以看出，金牛公司注册文书中周长玉的签名均由他人代签，办理公司登记的行为并不是上诉人周长玉的行为，因此，上诉人周长玉对公司设立并不存在合意，且未实际出资，上诉人周长玉在公司中的身份与公司登记机关登记在案的股东名册记载的情形相冲突。除此之外，上诉人周长玉也无证据证明其实际行使过股东权利、参与公司分红等事项。

（二）裁判旨要

根据《公司法》相关规定，有限责任公司股东资格的确认，应当根据出资数额、公司章程、股东名册、出资证明书，工商登记等多种因素综合审查确定。作为对外具有公示性质的股东名册，虽然对股东资格的确认具有推定证明力，但对公司内部股东而言，在有相反证据时，股东名册的推定效力可以被推翻。

（三）律师评析

所谓"名义股东"在理论上应以股东名册之记载而非工商登记为判断标准，但由于实践中公司置备股东名册的情形并不多见，法院径直将登记股东视为名义股东。"盖股东身份，仅为针对公司而言之称谓，股东行使股权之主张，亦只能针对公司而主张"[10]，因此，所谓"隐名""显名""名义""实际"亦针对公司而言。在"隐名""显名"股东产生纠纷时，一些问题就浮现了。

1. 隐名股东与显名股东之间的法律关系的性质

从《〈公司法〉司法解释（三）》第二十五条的规定来看，隐名股东与显名股东之间是合同关系。在现实经济生活中，所有的隐名股东都是为了规避某些法律政策而找替身作为股东出现。而这种替身违反约定甚至出现很多侵害隐名股东权利的情况。为了保护隐名股东的利益，《〈公司法〉司法解释（三）》第二十五条第二款规定："前款规定的实际出资人与名义股东因投资权益的归属发生争议，实际出资人以其实际履行了出资义务为由向名义股东主张权利的，人民法院应予支持。名义股东以公司股东名册记载、公司登记机关登记为由否认实

---

[10] 参见李建伟：《公司法学》（第四版），中国人民大学出版社2018年版。

际出资人权利的,人民法院不予支持。"由此可见,隐名股东与显名股东之间的法律关系是一种债权债务的民事法律关系。

但是,需要注意的是,合同并不能帮助隐名股东"现身"为显名股东,还必经过一定的程序。

2. 股东登记与权利外观的关系

《公司法》规定,公司成立后,公司应将股东等有关事项向公司登记机关申请登记,或者有关应当登记的事项变更后应当及时向公司登记机关申请登记。对有限责任公司的登记要求规定在《公司法》第三十二条之中,股份有限责任公司的登记要求规定在《公司法》第九十二条中。可见股东登记是法律上的应然要求,只有经登记的股权才有对抗第三人的效力。

隐名股东没有显名,也没有登记,因此,隐名股东从根本上就无抗第三人的法律基础。经公司登记机关登记的股权可能构成权利外观,但权利外观适用于商事主体的商事交易行为,而不适用于民事主体的民事法律行为。

3. 对股东身份的证明需要提供充分的证据

在司法实践中,对股东身份的证明需要提供充分的证据,这些证据分为三个层次。第一个层次是基础证据,即出资方面的证据,这个是认定股东身份的基础证据。第二个层次是推定证据,主要是公司内部的出资证明、公司制备的股东名册等内部文件。第三个层次是对抗证据,主要是公司登记机关备案的登记文件。

《公司法》规定公司应当将股东的姓名或者名称向公司登记机关登记,未经登记或者变更登记的,不得对抗第三人,因此公司登记机关备案的登记文件具有对抗效力。因此在确认股东资格类纠纷案件中,法院并不会以单一的证据作为认定依据,而是会综合考虑。例如,在本案中,法院认为有限责任公司股东资格的确认,应当根据出资数额、公司章程、股东名册、出资证明书,工商登记等多种因素综合审查确定。在本案中,纠纷是公司内部股东之间产生的,是对股东出资引发的争议,应当综合各种因素判断确认。作为对外具有公示性质的股东名册,对股东资格的确认具有推定证明力,但对公司内部股东而言,在有相反证据时,股东名册的推定效力可以被推翻。在本案中,二审法院认定上诉人周长玉对公司设立并不存在合意,也未实际出资,且周长玉在公司中的身份与公司登记机关登记在案的股东名册记载的情形相冲突,因此法院综合做了判断。

4. 实际权利人与名义权利人的关系,应注重财产的实质归属

有限公司的股权的表现形式有三种:出资证明书、股东名册和公司注册登记文件。这三种书面文件都可以视为股权权属和股东身份的证明。一般情况下，上述文件对股东身份的记载是一致的，不会发生矛盾和冲突。但在实践中，由于各种原因，也会出现相互间的不一致的问题。那么，一个问题就产生了：究竟是以出资证明书的转让、股东名册的记载，还是以股东的工商变更登记作为股权权属变更的标志？对此，《公司法》等相关法律法规未作明确规定，在理论界和司法实践中也有不同的观点。

在"王英林、卡斯特贸易有限公司与北京恒亿盛世葡萄酒有限公司、李伟革、北京东海鑫业国际酒业有限公司、李景股权转让纠纷案"中，法院认为形式上在公司章程、股东名册等记载姓名，但实质上未出资且也未参与公司决策、分红、行使股东权利的股东不享有股东资格，实际出资人享有股东资格。[11] 该种观点在目前也得到了强化。

2019年11月8日，最高人民法院发布的《九民纪要》指出，实际权利人与名义权利人的关系，应注重财产的实质归属，而不单纯地取决于公示外观。实际出资人能够提供证据证明有限责任公司过半数的其他股东知道其实际出资的事实，且对其实际行使股东权利未曾提出异议的，对实际出资人提出的登记为公司股东的请求，人民法院依法予以支持。公司以实际出资人的请求不符合《〈公司法〉司法解释（三）》第二十四条的规定为由抗辩的，人民法院不予支持。

（四）相关法条及司法解释

《中华人民共和国公司法》

第四条 公司股东依法享有资产收益、参与重大决策和选择管理者等权利。

第三十一条 有限责任公司成立后，应当向股东签发出资证明书。

出资证明书应当载明下列事项：

（一）公司名称；

（二）公司成立日期；

（三）公司注册资本；

（四）股东的姓名或者名称、缴纳的出资额和出资日期；

（五）出资证明书的编号和核发日期。

---

[11] 参见（2009）高民终字第516号民事判决书。

出资证明书由公司盖章。

《最高人民法院关于适用〈中华人民共和国公司法〉若干问题的规定（三）》

第二十三条 当事人依法履行出资义务或者依法继受取得股权后，公司未根据公司法第三十一条、第三十二条的规定签发出资证明书、记载于股东名册并办理公司登记机关登记，当事人请求公司履行上述义务的，人民法院应予支持。

第三章 请求变更公司登记纠纷

一、请求变更公司登记纠纷概述

《公司登记管理条例》第九条规定，公司的登记事项包括：（一）名称；（二）住所；（三）法定代表人姓名；（四）注册资本；（五）公司类型；（六）经营范围；（七）营业期限；（八）有限责任公司股东或者股份有限公司发起人的姓名或者名称。公司登记信息直接关系到股东资格的认定以及股权的行使。而实践中，法定代表人更替、股权转让过程中，由于各种原因，造成了事实情况与登记情况不一致，相关方要求公司变更登记的情形。应当注意的是，基于公司法内部性和外部性的特征，内部的强制性组织管理规范，并不能直接判定公司行为的效力。根据合同法原理，其只是管理性强制规定，而非效力性强制性规定。因此，出现了公司应当向公司登记机关申请变更登记而未予办理，进而损害了股东利益的情况，故有必要对此类关系进行调整。

请求变更公司登记纠纷是指股东对于公司登记中记载的事项请求予以变更而产生的纠纷。根据《公司法》第三十二条的规定，公司登记事项发生变更的，应当办理变更登记，股东可以请求变更公司登记纠纷为案由，起诉公司进行变更登记。多发生于法定代表人变更登记股权转让变更登记等情况。其中，法定代表人变更纠纷常见类型为名义法定代表人在面临风险时请求变更登记；股东变更情形主要包括：隐名股东请求变更登记、因股东股权转让产生纠纷而请求变更登记等情形[1]。2011年4月1日《民事案件案由规定》第二十一条"与公司有关的纠纷"中第二百四十四款中规定了请求变更公司登记纠纷。变更

---

[1] 参见刘凯湘：《股东资格认定规则的反思与重构》，载《国家检察官学院学报》2019年第1期。

公司登记直接关系到股东权利的确认与行使，实践中存在大量此类纠纷，故制定该案由。

二、请求公司变更登记属于公司内部治理问题，一般不属于法律调控范畴

请求公司变更登记纠纷，法定代表人是否具有《企业法人法定代表人登记管理规定》第四条及第八条规定的禁止担任情形，只是启动变更法定代表人程序的前提条件，并非法律或法院直接对其作出否定性判断的实质要件。是否召开公司董事会决定上述事宜，属于公司内部治理的问题，不属于法律强制调控和法院裁量的范畴。福建省高级人民法院审理的陈某某、厦门嘉裕德汽车电子科技有限公司请求变更公司登记纠纷就表明了此种观点。

（一）典型案例

☞ 陈某某、厦门嘉裕德汽车电子科技有限公司请求变更公司登记纠纷[2]

【关键词】公司章程　董事会　决议效力

|基本案情| 原告：陈某某；被告：谢某某、厦门嘉裕德汽车电子科技有限公司。

陈某某与谢某某于2009年6月8日共同出资在厦门火炬高新区依法设立厦门嘉裕德汽车电子科技有限公司（以下称嘉裕德公司），陈某某原告占股60%。谢某某作为嘉裕德公司的法定代表人，自2015年6月起因涉嫌挪用和侵占嘉裕德公司资金被公安机关立案侦查，后又被采取取保候审强制措施，依法不得再担任嘉裕德公司的法定代表人。陈某某作为嘉裕德公司出资最多的股东，依法于2016年3月21日组织、召开股东特别会议，作出《依法变更公司法定代表人股东特别会议之决议》，决定免去谢某某的法定代表人职务，将嘉裕德公司的法定代表人变更为陈某某。然而，前述决议作出后，嘉裕德公司、谢某某一再拒绝配合办理相关工商变更手续。陈某某遂起诉至法院。一审法院认为，公司

---

[2]（2017）闽02民初369号；（2017）闽民终1086号。

章程是股东共同一致的意思表示，是公司的宪章，是公司组织和活动的基本准则。陈某某要维护股东自身的合法权益，也应先行按照公司章程规定提请召开董事会决定是否变更法定代表人，而不能自行召开股东特别会议。此外，即谢某某是否具有《企业法人法定代表人登记管理规定》第四条及第八条规定的情形，只是启动变更法定代表人程序的前提条件，并非法律或法院直接对其作出否定性判断的实质要件。至于是否依据公司章程召开公司董事会决定上述事宜，属于公司内部治理的问题，不属于法律强制调控和法院裁量的范畴。

| 裁判结果 | 厦门市中级人民法院驳回起诉。原告不服判决，提起上诉。福建省高级人民法院法院维持了原判。

| 裁判理由 | 本案争议焦点为陈某某提交的《依法变更公司法定代表人股东特别会议之决议》是否具有法律效力的问题。

法院认为：第一，嘉裕德公司的法定代表人变更事项，应根据公司章程的规定由董事会决定。公司章程是股东共同一致的意思表示，是公司的宪章，是公司组织和活动的基本准则。公司章程一经生效，即产生法律约束力。公司章程的社团规章特性，决定了公司章程的效力及于公司及股东成员。因此，对于陈某某关于其召开股东特别会议并作出变更法定代表人的决议是依法进行的主张，不予支持。陈某某提交的《依法变更公司法定代表人股东特别会议之决议》，并未得到嘉裕德公司及谢某某的认可，该《股东特别会议之决议》及其所载内容不足以认定为是嘉裕德公司董事会的真实意思表示，对陈某某提交《依法变更公司法定代表人股东特别会议之决议》的法律效力不予认定。

第二，谢某某是否具有《企业法人法定代表人登记管理规定》第四条及第八条规定的情形，并非法律或法院直接对其作出否定性判断的实质要件。一审法院认为，因嘉裕德公司未在谢某某被采取刑事强制措施期间按照公司章程的规定，召开董事会并作出变更法定代表人的决议，故不能仅因谢某某在任法定代表人期间曾被公安机关采取刑事强制措施，就否定谢某某作为公司法定代表人的身份。即谢某某是否具有《企业法人法定代表人登记管理规定》第八条规定的情形，只是启动变更法定代表人程序的前提条件，并非法律或法院直接对其作出否定性判断的实质要件。至于是否依据公司章程召开公司董事会决定上述事宜，属于公司内部治理的问题，不属于法律强制调控和法院裁量的范畴。

（二）裁判旨要

公司章程是股东共同一致的意思表示，是公司的宪章，是公司组织和活动的基本准则。要维护股东自身的合法权益，也应先行按照公司章程规定提请召开董事会决定是否变更法定代表人，而不能自行召开股东特别会议。

（三）律师评析

本案件是福建省高级人民法院的案例，在一定程度上体现了法官充分尊重意思自治原则的考虑。本案有两个问题值得关注。

1. 关于要求变更公司法定代表人的前提条件

我国《民法总则》和《民事诉讼法》规定，法定代表人可以代表公司行使职权，代表公司应诉，履行诉讼行为的法律效力。公司不履行生效法律文书义务的，法定代表人可以承担罚款、拘留的民事责任。但是，法定代表人的责任与退出条件并不平衡。目前，我国法定代表人资格的取得相对宽松。有关法律未对涉案法定代表人的"撤销"或"变更"作出相应规定，也未对恶意侵害债权人和涉案法定代表人的其他合法权益作出相应规定[3]。本案中，陈某某要求变更嘉裕德公司法定代表人的前提是谢某某因涉嫌挪用和侵占公司资金被公安机关立案侦查，后又被采取取保候审强制措施。根据法院查明的事实，谢某某因被陈某某举报涉嫌挪用和侵占嘉裕德公司资金，于2015年6月被公安机关立案侦查，2016年12月26，检察机关对谢某某作出不起诉决定，该刑事案件的程序完结。值得注意的是，《公司法》第十一条规定，设立公司必须依法制定公司章程。公司章程对公司、股东、董事、监事、高级管理人员具有约束力。如前所述，公司章程是股东共同一致的意思表示，是公司的宪章，是公司组织和活动的基本准则。公司章程一经生效，即产生法律约束力[4]。而根据涉诉公司的公司章程约定，董事会是公司的最高权力机构，决定公司的一切重大事宜，召开董事会会议的通知应当在会议召开的10日前以书面形式发给全体董事。董事会年会和临时会议应当有3名董事出席方能举行。

涉诉公司并没有设置股东会。根据《企业法人法定代表人登记管理规定》

---

[3] 参见李文超：《恶意变更法定代表人规避执行的司法认定与规制路径——基于对三类规制方式与四种裁决思路的研究》，载《民事程序法研究》2016年第2期。
[4] 参见周建平：《论公司章程意思自治的边界》，载《法制与社会》2017年第22期。

第八条规定，法定代表人任职期间出现本规定第四条所列情形之一的，该企业法人应当申请办理法定代表人变更登记。这里规定的是"应当申请办理变更登记"，而不是直接变更登记。申请变更登记时仍须合乎公司章程的关于变更法定代表人程序的约定。

2. 关于变更公司法定代表人的程序

股东会决议程序性瑕疵解释方法的选择关键在于契合决议程序适法性问题的本质，应以意思表示内容的识别与确认为目标[5]。根据涉诉公司的公司章程，董事会是公司的最高权力机构，决定公司的一切重大事宜，召开董事会会议的通知应当在会议召开的10日前以书面形式发给全体董事。董事会年会和临时会议应当有3名董事出席方能举行。如果一方或数方所委派的董事不出席董事会会议也不委托他人代表其出席会议，致使董事会60日内不能就法律、法规和公司章程所列之公司重大问题或事项作出决议，则其他方（通知人）可以向不出席董事会会议的董事及委派他们的一方或数方（被通知人），按照该方法定地址（住所）再次发出书面通知，敦促其在规定日期内出席董事会会议。而本案中陈某某并未根据公司章程规定的程序召集董事会，也未穷尽催告及救济手段后作出相关决议，而是通过《股东特别会议之决议》免去谢某某的法定代表人职务，由于嘉裕德公司并未设置股东会，陈某某以此形式免除谢某某的法定代表人职务在程序上不符合公司章程及公司法的相关规定，因此，该决议的效力法院不予认定。

（四）相关法条及司法解释

《中华人民共和国公司法》

第十一条 设立公司必须依法制定公司章程。公司章程对公司、股东、董事、监事、高级管理人员具有约束力。

第十二条 公司法定代表人依照公司章程的规定，由董事长、执行董事或者经理担任，并依法登记。公司法定代表人变更，应当办理变更登记。

第二十条 公司股东应当遵守法律、行政法规和公司章程，依法行使股东权利，不得滥用股东权利损害公司或者其他股东的利益；不得滥用公司法人独立地位和股东有限责任损害公司债权人的利益。

---

[5] 参见彭真明、温长庆：《股东会决议程序性瑕疵的体系解释》，载《江海学刊》2019第2期。

《中华人民共和国涉外民事关系法律适用法》

第十四条 法人及其分支机构的民事权利能力、民事行为能力、组织机构、股东权利义务等事项，适用登记地法律。

法人的主营业地与登记地不一致的，可以适用主营业地法律。法人的经常居所地，为其主营业地。

《企业法人法定代表人登记管理规定》

第四条 有下列情形之一的，不得担任法定代表人，企业登记机关不予核准登记：

（一）无民事行为能力或者限制民事行为能力的；

（二）正在被执行刑罚或者正在被执行刑事强制措施的；

（三）正在被公安机关或者国家安全机关通缉的；

（四）因犯有贿赂罪、侵犯财产罪或者破坏社会主义市场经济秩序罪，被判处刑罚，执行期满未逾五年的；因犯有其他罪，被判处刑罚，执行期满未逾三年的；或者因犯罪被判处剥夺政治权利，执行期满未逾五年的；

（五）担任因经营不善破产清算的企业的法定代表人或者董事、经理，并对该企业的破产负有个人责任，自该企业破产清算完结之日起未逾三年的；

（六）担任因违法被吊销营业执照的企业的法定代表人，并对该企业违法行为负有个人责任，自该企业被吊销营业执照之日起未逾三年的；

（七）个人负债额较大，到期未清偿的；

（八）有法律和国务院规定不得担任法定代表人的其他情形的。

第八条 法定代表人任职期间出现本规定第四条所列情形之一的，该企业法人应当申请办理法定代表人变更登记。

三、请求公司变更登记，既要遵守法律规定，又要尊重章程约定

请求公司变更登记纠纷，多发于公司内部程序性问题。该问题的解决，既要遵守《公司法》关于公司内部治理机构的程序规定，又要尊重公司章程关于公司管理层议事程序的约定。广西壮族自治区高级人民法院郑某某与被上诉人袁某某、广西贺州市长兴电力有限公司请求变更公司登记纠纷案就体现了此观点。

（一）典型案例

👉 郑某某与被上诉人袁某某、广西贺州市长兴电力有限公司请求变更公司登记纠纷案[6]

【关键词】 公司章程　股东会决议　决议方式

|**基本案情**| 原告：袁某某；被告：郑某某；被告：广西贺州市长兴电力有限公司，法定代表人：袁连业。

广西贺州市长兴电力有限公司（以下简称长兴公司）为有限责任公司（中外合资），袁某某、郑某某分别持有长兴公司51%、49%的股份，公司法定代表人由郑某某担任，监事由袁某某担任。长兴公司章程第十一、第十二、第十三条载明：股东会会议由股东按照出资比例行使表决权。股东会会议分为定期会议和临时会议。召开股东会会议，应当于会议召开15日以前通知全体股东。定期会议按季定时召开。代表十分之一以上表决权的股东，执行董事，监事提议召开临时会议的，应当召开临时会议。股东会会议由执行董事召集和主持。执行董事不能履行或者不履行召集股东会会议职责的，由公司的监事召集和主持；监事不能召集和主持的，代表十分之一以上表决权的股东可以自行召集和主持。

2017年7月8日，公司召开股东会会议，袁某某到会，郑某某未到会。股东会会议经袁某某以51%的表决权通过并作出《股东会决议》，该股东会决议主要内容为：免去郑某某公司执行董事（兼经理）、法定代表人职务，选举袁某某为公司执行董事（兼经理）、法定代表人；免去袁某某公司监事职务，选举郑某某为公司监事；委托袁某某先生办理执行董事、经理、法定代表人、监事等相关工商变更登记及登报挂失原公司公章、财务专用章，刻制新的公司公章、财务专用章。后，袁某某认为二被告未配合其办理相关公司变更登记手续，故向法院提起诉讼。

|**裁判结果**| 一审法院判令郑某某配合袁某某办理变更登记手续。郑某某提出上诉。二审法院维持了原判。

|**裁判理由**| 法院生效裁判认为：原告作为公司的监事，有权依据上述的规定召集和主持召开临时股东会议。且原告也于2017年6月7日、6月12日两

---

[6] （2017）桂11民初24号；（2018）桂民终218号。

次通过 EMS 专递向两被告邮寄了《广西贺州市长兴电力有限公司关于召开股东会的通知》，该通知在股东会会议召开前十五日送达两被告，故原告召集股东会议在召集程序上符合法律规定及公司章程的规定。《公司法》第四十三条规定："股东会会议由股东按照出资比例行使表决权；但是公司章程另有规定的除外。"长兴公司章程第十一条规定："股东会会议由股东按照出资比例行使表决权"。原告袁某某持有公司 51% 的股份，被告郑某某持有公司 49% 的股份，经原告召集，2017 年 7 月 8 日于贺州市八步区桂岭镇七里河段长兴公司办公室召开的股东会会议，袁某某到会，郑某某未到会。股东会会议经袁某某以 51% 的表决权通过并作出《股东会决议》，股东会会议表决方式符合法律的规定及公司章程的规定，股东会的决议内容也未违反公司章程。故判令郑某某配合袁某某办理变更登记手续。二审法院维持了原判。

（二）裁判旨要

公司在不违反《公司法》效力性强制性规定的前提下，公司内部的管理制度和议事规则均要依照公司章程。因公司没有设立董事会，股东会议未经提议直接召集合乎章程约定。

股东会议的召集和主持主体适格，且会议出席人数达到了章程之规定，故认定股东会决议有效。

（三）律师评析

股东会的召开程序和表决方式合法性问题，是公司决议效力纠纷的关键分歧点，实务中，公司的章程设置可谓五花八门，而股东各方往往对章程规则设置不甚了解，这就导致股东的权益面临不确定的风险。

法人三会（股东会、董事会、监事会）决议、内部治理结构及法人成员职权安排等事项是法人内部关系的具体内容，法人根据内部事务对外作出法律行为，形成法人外部法律关系。《中外合资经营企业法》第十四条的立法用意旨在调整法人内部法律关系，至于法人成立后与外界发生的如合同关系等涉外民商事关系,应由该具体法律关系的准据法调整,与法人准据法无关。[7]《中外合资经营企业法》第六条第二款规定,董事会的职权是按合营企业章程规定,讨论决定合营企业的一切重大问题:企业发展规划、生产经营活动方案、收支预算、利润分配、劳动工资计划、停业,以及总经理、副总经理、总工程师、总会计师、审计师的任命或聘请及其职权和待遇等。其并未对设立股东会、监事会等机构作出否定性规定。但合资企业股东形成决议、修改章程,报经原企业设立审批机构审批并办理变更登记方为有效。本案中,长兴公司作为中外合资经营企业是由外商独资企业变更而来,其变更设立过程中所涉的合营企业协议和章程等文件均已依法提交审批,并已经报请贺州市人民政府批准后办理变更登记,所以,该章程对内及对外已经产生效力。

《公司法》体现的是商品经济保护交易、意思自治的立法精神,公司章程作为公司治理"意思自治"的最高体现形式,充分尊重并支持股东对于公司内部治理的意思表示与协调统一。《公司法》作为商事法律,应更多地体现商事主体的意思自治原则,给予公司及股东更大的自治空间,应该强调其规范的任意性,减少其强制性规范的范围[8]。如法院所述,中外合资经营企业法规定合资企业设立董事会,系企业最高权力机构,没有要求设立股东会、监事会,而公司法规定设立有限责任公司必须在设立董事会以外设立股东会和监事机构,如此导致企业权力机构的规定存在差异,但又非绝对对立,此种情况下,中外合资经营企业可以适用《公司法》设立股东会。但适用《公司法》应通过合资企业股东形成决议、修改章程,报经原企业设立审批机构审批并办理变更登记方为有效。

关于被上诉人未经提议直接召开股东大会是否违法。因为长兴公司不设董事会,所以不存在董事会主席召集股东会临时会议的情况。而尽管长兴公司尚未设立董事会,但公司章程的第十二条和第十三条已经明确规定了召集和主持股东大会。由于执行董事郑某某在接到会议通知后没有组织召开和主持会议,因此,作为公司股东和监事代表公司10%以上表决权的袁某某召集并主持会议。按照公司章程,由他本人亲自召开股东大会的要求没有错。综上所述,股东大会的决议是有效的,上诉人认为股东大会违规程序的上诉理由没有法律以及公司章程的依据。

---

[7] 参见郭燕明:《我国涉外法人法律适用的司法分歧与解决思路——〈法律适用法〉第14条实施的实证研究》,载《国际法研究》2017年第2期。
[8] 参见李新:《试析公司法的意思自治原则》,载《技术经济与管理研究》2007年第2期。

（四）相关法条及司法解释

《中华人民共和国涉外民事关系法律适用法》

第十四条 法人及其分支机构的民事权利能力、民事行为能力、组织机构、股东权利义务等事项，适用登记地法律。

《中华人民共和国公司法》

第四十一条第三款 董事会或者执行董事不能履行或者不履行召集股东会会议职责的，由监事会或者不设监事会的公司监事召集和主持；监事会或者监事不召集和主持的，代表十分之一以上表决权的股东可以自行召集和主持。

第四十二条 召开股东会会议，应当于会议召开十五日前通知全体股东；但是，公司章程另有规定或者全体股东另有约定的除外。

第四十三条 股东会会议由股东按照出资比例行使表决权；但是公司章程另有规定的除外。

《中华人民共和国中外合资经营企业法》

第六条 合营企业设董事会，其人数组成由合营各方协商，在合同、章程中确定，并由合营各方委派和撤换。董事长和副董事长由合营各方协商确定或由董事会选举产生。中外合营者的一方担任董事长的，由他方担任副董事长。董事会根据平等互利的原则，决定合营企业的重大问题。

董事会的职权是按合营企业章程规定，讨论决定合营企业的一切重大问题：企业发展规划、生产经营活动方案、收支预算、利润分配、劳动工资计划、停业，以及总经理、副总经理、总工程师、总会计师、审计师的任命或聘请及其职权和待遇等。

正副总经理（或正副厂长）由合营各方分别担任。

合营企业职工的录用、辞退、报酬、福利、劳动保护、劳动保险等事项，应当依法通过订立合同加以规定。

第十四条 合营企业如发生严重亏损、一方不履行合同和章程规定的义务、不可抗力等，经合营各方协商同意，报请审查批准机关批准，并向国家工商行政管理主管部门登记，可终止合同。如果因违反合同而造成损失的，应由违反合同的一方承担经济责任。

第四章 股东出资纠纷

一、股东出资纠纷概述

《公司法》第二十七条第一款规定：股东可以用货币出资，也可以用实物、知识产权、土地使用权等可以用货币估价并可以依法转让的非货币财产作价出资；但是，法律、行政法规不得作为出资的财产除外。股东出资是股东对公司的法定义务、基本义务，是公司财产的基础。在出资额度上，股东的认缴出资额完全由股东自行约定并在章程中载明。出资时间上，亦由股东自行约定并在章程中载明。股东按约定时间足额完成出资即可。当约定的出资时间到期，但股东认为需要延期的，可以通过修改公司章程的方式调整出资时间。在出资方式上，股东不得以劳务、信用、自然人姓名、商誉、特许经营权或者设定担保的财产等作价出资。

股东出资形成了公司最基本的资产和对外信用基础。真实有效的股东出资对于公司的存续经营、公司实质资产信用的形成以及债权人利益的保障，都有着极为重要的意义。[1] 如果股东未按照《公司法》的规定、公司章程的约定，在出资期限、出资方式上存在瑕疵，或者进行虚假出资、出资不足、抽逃出资[2]等行为，可能会引起公司内部、外部的出资纠纷。存在上述行为的股东应当依法承担继续履行出资义务、承担赔偿责任等法律责任。股东出资纠纷包含四种类型，虚假出资、出资不足、逾期出资、抽逃出资。2011年4月1日《民事案件

---

[1] 参见陆文芳、程勇跃：《股东出资纠纷案件的审理思路和裁判要点》，载上海市第一中级人民法院官方微信公众号。

[2] 参见曲天明、解鲁：《股东实质性抽选出资行为认定的裁判规则——以青岛森田金属公司诉日本SAN-R股东出资纠纷案为例》，载《法律适用：司法案例》2018年第4期。

案由规定》第二十一条"与公司有关的纠纷"中第二百四十五款中规定了请求股东出资纠纷。司法实践中，股东出资纠纷案件存在行为方式多样、内部管理规范不明确的问题，因此实有必要对此类案件的审理思路与裁判要点予以梳理和总结。

二、在有关股东出资前后协议相矛盾的情况下，双方的合同权利义务应根据协议具体内容确定

意思自治原则的历史发展是"从身份到契约"与"从契约到身份"两种运动的必然结果。一方面，意思自治原则逐步从合同领域渗透到非合同领域；另一方面，意思自治原则在合同领域里的运用有缩小的趋势[3]。以下案件是最高人民法院的案例，体现了法官充分尊重意思自治原则的考虑。

（一）典型案例

☞ 湖北团结高新技术发展集团有限公司、中联控股集团有限公司股东出资纠纷案[4]

【关键词】股东出资　认缴出资期限　协议效力

|**基本案情**|原告：湖北团结高新技术发展集团有限公司，法定代表人：陈海兵；被告：中联控股集团有限公司，法定代表人：李世和；被告：北京中联智汇投资中心（有限合伙），法定代表人：李世和；被告：中联资本管理有限公司，法定代表人：穆东升。

2014年4月5日，中联控股集团有限公司（以下简称中联控股公司）与团结激光公司签订《中联控股集团重组团结激光控股集团框架协议》（以下简称《框架协议》），约定：中联控股公司入股团结激光公司。由中联控股公司主导控股收购陈海兵（含其他原创人）持有的团结激光公司股份，中联控股公司（含其他）67%，陈海兵33%，该项持股比例为中联控股公司和陈海兵持有的湖北团结高新技术发展集团有限公司（以下简称团结高新公司）、团结激光公司和其

---

[3]　参见徐伟功：《法律选择中的意思自治原则在我国的运用》，载《法学》2013年第9期。
[4]　(2016) 鄂民初60号；(2018) 最高法民终415号。

他一切团结系企业的持股比例，重组后的团结系企业的控股母公司无论是单一母体还是一个以上母体，均应满足上述股比，双方均不在该股比之外，另行持有团结系企业的股权。陈海兵及其他原创人的股权包括在33%的范围内，亦不能以在下属企业持股的办法实质改变该股权结构。团结激光公司注册资本1亿元，中联控股公司（含其他）出资6700万元受让67%股份，并将6700万元转付给原出资人。中联控股公司不对团结激光公司的注册资本审计，认可陈海兵在团结激光公司的出资及出资方式。若因股权转让涉税而增加受让方负担，可在本条规定的实际利益结构框架下，按增资扩股的形式完成股权变更和对陈海兵原出资款的支付。

2014年4月30日，中联控股公司、陈海兵、陈某甲、团结高新公司、团结激光公司签订《协议书》，主要约定：（1）团结高新公司、团结激光公司为同一控制下关联实体，并称团结；团结高新公司、团结激光公司及其控股参股企业的产业群并称为团结系，陈海兵为团结系现控股股东和实际控制人，陈某甲与陈海兵属一致行动人。中联控股公司与陈海兵、陈某甲、团结高新公司、团结激光公司就重组团结系企业事项达成一致。（2）陈海兵提供的团结高新公司、团结激光公司财务报表未经审计，基本上反映了2013年12月31日的资产负债状况和当年损益状况，不存在故意隐瞒债权债务。陈海兵提供的团结高新公司、团结激光公司股权结构和企业组织结构反映了陈海兵实际控制企业状况，其中部分其他股权持股实际上为陈海兵代持。中联控股公司控股团结后不得稀释陈海兵股份，即中联控股公司与陈海兵股权相对比例在2024年年底以前不得改变，任何一方有减持行为的，均扣除计算。在此期间必须增资扩股的，涉及陈海兵原则上从独享的资本公积和资本公益中转增。如独享部分不足，由中联控股公司负责。对团结资产评估不作为本协议交易的依据，其目的是服从于团结资本运营的需要，也是作为陈海兵未来保持本协议约定股权相对份额需转增出资的需要。中联控股公司在本协议项下取得的股权，为中联控股公司和其管理的中联智汇中心分别持有，比例为32%和35%。

2014年5月28日，以王某某为代表人的中联方（中联控股公司、中联智汇中心、中联资本公司）与以陈海兵为代表人的团结方（陈海兵、陈某甲、段某某、张某某、许某某、周某某、团结高新公司、团结激光公司）签订《增资重组协议》，基本内容与《协议书》相同，不同约定的内容有：（1）中联方在本协议项下取得的股权，为中联控股公司、中联智汇中心、中联资本公司按份共同持有。(2)①中联方对团结高新公司进行增资,团结高新公司对团结激光公司进行全资收购。重组完成后团结股比为:中联控股公司、中联智汇中心、中联资本公司分别为32%、32%、3%,陈海兵33%,该项持股比例为中联方和陈海兵持有的团结高新公司和其他一切团结系企业最终持股企业的权益比例。②中联方认缴团结高新公司全部新增出资1.01亿元,并分期为团结高新公司激光产业投入资金25亿元。(3)本协议生效后7个工作日内,中联方支付陈海兵保证金1000万元,陈海兵收到保证金后,签订团结高新公司增资入股协议,经工商注册中联控股公司、中联智汇中心及中联资本公司为团结高新公司股东,共计认缴新增出资1.01亿元,本协议生效三个月内,完成清产核资,五个月内完成企业组织构架重组,收回所有代持股权及其权益。另外,无"陈海兵取得6700万元股权转让款"及"通过对中联控股公司、陈海兵法人持股公司特别分红的方式,取得1亿元资产,注入团结高新公司,实现中联控股公司对团结高新公司认缴资本的足额到位。陈海兵取得的分红全额转交中联控股公司抵作归还中联控股公司给付陈海兵的资金"等内容。

2014年6月10日,中联智汇中心通过银行转账方式先后向陈海兵转款100万元、320万元、280万元、300万元,共计1000万元。6月11日,中联智汇中心通过银行转账方式向团结高新公司转账1000万元。上述2000万元转款凭证上均载明购股款。2014年6月12日,团结高新公司形成股东会变更决议。团结高新公司章程记载:中联方应于2015年6月前完成认缴全部新增注资10151.515152万元。2014年7月22日,团结激光公司进行了工商变更登记,变更前股东持股情况为:注册资本1亿元,陈海兵占72%、段某某占9%、张某某占8%、许某某占6%、周某某占5%。变更后为:中联控股公司占32%、中联智汇中心占32%、中联资本公司占3%、武汉桐华管理咨询有限公司(以下简称桐华公司)占33%。团结高新公司向一审法院起诉请求中联方履行合同义务,实缴新增注册资本9100万元及支付延期给付利息。

|裁判结果| 湖北省高级人民法院驳回原告团结高新公司的诉讼请求。原告不服判决,提起上诉。最高人民法院维持了原判。

|裁判理由| 《协议书》的解除后果并不能对外部债权人产生对抗效力,外部债权人以登记股东及认缴出资范围为其信赖利益的权利边界,在外部债权人对中联方主张认缴出资范围内的瑕疵出资补充赔偿责任时,中联方无权援用

《协议书》约定及股权被判决转至陈海兵名下的实际情况进行对抗,仍应负担相应责任。中联方承担责任后,有权向拟承接增资股权但未实际履行缴资义务的陈某某追偿。

(二)裁判旨要

针对《协议书》与《增资重组协议》约定不相一致的部分内容,根据《协议书》第八条"补充协议系本协议的有效组成部分,与本协议具有同等效力,其中补充协议中与本协议直接冲突的,应明示对本协议进行调整方为有效"的约定,在《增资重组协议》未依约对上述调整内容进行明示的情况下,对于本案双方争议的团结高新公司增资款缴纳相关事宜的处理,应以《协议书》的约定为依据。

(三)律师评析

上述案例,体现了法官充分尊重意思自治原则的考虑。在前后协议相矛盾的情况下双方的合同权利义务是由哪份协议确定?

合同解释的对象主要是合同条款。无论是明确的条款还是含糊不清的条款,都是合同解释的对象。但是,两者适用的法律法规不同,法律后果也不同。根据上述意思表示,初步协议、意向协议、备忘录构成本合同的,自然是合同解释的对象;符合约定条件的,也是合同解释的对象;即使它们不具有积极的法律约束力,不是合同解释的对象,但可以看作是合同的周边情况。[5] 从《合同法》第四条"当事人依法享有自愿订立合同的权利,任何单位和个人不得非法干预"的规定来看,意思自治最重要的乃是"自愿"二字。所谓自愿就是当事人按照其自己的意思去决定是否订立合同、用何种形式订立合同以及与何人订立合同。自愿不仅在形式上是真实的意思表示,而且实质上也必须是真实的意思表示[6]。

本案中,双方就合营企业参股团结企业的有关事项签订了《协议书》和

---

[5] 参见崔建远:《合同解释的对象及其确定》,载《华东政法大学学报》2018年第5期。
[6] 参见王玉:《民法中的意思自治原则浅论——以我国〈合同法〉为中心》,载《法制博览》2016年第17期。

《增资重组协议》。这两个协议都是双方的真实意图，并不违反法律的强制性规定，是有效协议。《协议书》第四条第二项规定："总经理、监事长、财务总监由中联重科控股公司委派，总经理为公司法定代表人"；第五条第一项规定"中联重科控股公司支付陈海兵股权转让定金2000万元"。《增资重组协议》第一条规定："重组完成后，中联控股、中联智汇中心、中联资本分别持股32%、32%、3%，陈海兵、陈一佳等持股33%。"根据《增资重组协议》，中联重科须认缴团结高新技术股份有限公司新增出资1.01亿元，但未明确中联重科认缴出资来源。根据《协议书》第八条，"补充协议是本协议的有效部分，与本协议具有同等效力，其中补充协议中与本协议直接冲突的，应明示对本协议进行调整方为有效"。在明确上述调整内容的前提下，不符合《增资重组协议》的规定的，本案中，双方对团结高新技术公司增资款的支付有争议的，按《协议书》办理。

关于《协议书》《增资重组协议》效力及以哪份协议确定双方权利义务的问题值得关注。关于《协议书》与《增资重组协议》关系及以何者为准的问题，中联方主张《增资重组协议》系《协议书》的对外形式合同，应以《协议书》为准；团结高新公司、团结激光公司、陈海兵主张《增资重组协议》系《协议书》的补充协议，变更了《协议书》的部分内容，应以《增资重组协议》为准。律师同意法院以中联方主张更具现实合理性及相应事实依据。主要理由如下：第一，尽管《增资重组协议》中增加了中联智汇中心、中联资本公司两个缔约主体，但中联重科的三家公司为行动一致人而三方转让的股权总数和增资金额仍按照《协议书》约定。第二，《增资重组协议》约定团结高新技术有限公司收购团结激光有限公司完全不考虑股权转让。显然，后续的实际履行更符合《协议书》。第三，根据《协议书》，如果另一补充协议与本协议有直接冲突，应明示对本协议进行调整方为有效。综上所述，甲乙双方在其他合作事项下的权利和义务以《协议书》为准，而合资企业的范围以工商登记的实际履行为准。

（四）相关法条及司法解释

《中华人民共和国合同法》

第四条 当事人依法享有自愿订立合同的权利，任何单位和个人不得非法干预。

《最高人民法院关于适用〈中华人民共和国公司法〉若干问题的规定（三）》

第十三条 股东未履行或者未全面履行出资义务，公司或者其他股东请求其向公司依法全面履行出资义务的，人民法院应予支持。

三、关于股东是否构成抽逃出资应从实质要件层面进行分析

抽逃出资须发生公司不能清偿债务的情形，公司不清偿债务，股东同时抽回出资的，即可以追究股东的补充赔偿责任。关于股东是否构成抽逃出资应从实质要件层面进行分析。

（一）典型案例

☞ 赵敏、卫占青股东出资纠纷案[7]

【关键词】虚构决议　伪造决议　决议无效

|基本案情| 原告：青海铭方智远投资有限公司，法定代表人：康作新；被告：赵敏、崔璟、卫占青。

2015年6月17日，黄河公司作为发起人制定青海铭方智远投资有限公司（以下简称铭方公司）章程，约定铭方公司的注册资本为2亿元。2015年6月30日，铭方公司取得西宁市大通县工商行政管理局核发的《企业法人营业执照》。截至2015年8月13日，铭方公司收到股东黄河公司实物出资11136.6万元，黄河公司与铭方公司于2015年8月12日就出资的房屋建筑物办理了财产交接手续。

2015年11月12日，铭方公司作出《关于变更股东、股东出资额及变更章程的股东会决议》，主要决议：铭方公司股东由黄河公司变更为康某某、赵敏、崔璟、卫占青、李志臣、康作文、康沛、张利华、康雪梅；黄河公司将其所占铭方公司100%的股权转让给康某某（占51%）、赵敏（占17.5%）、崔璟（占6.5%）、卫占青（占5%）、李志臣（占5%）、康作文（占4%）、康沛（占4%）、康雪梅（占4%）、张利华（占3%）。

---

[7]（2017）青民初63号；（2018）最高法民终374号。

2016年1月7日，东大公司向康某某银行卡转款4233万元、向赵敏银行卡转款3767万元，共计转款8000万元。康某某收到4233万元转款后，于2016年1月10日向崔璟银行卡转款576.1万元，2016年1月11日崔璟将该款作为补充出资转入铭方公司；2016年1月11日，康某某将东大公司向其转入的剩余3656.9万元，加上从大通众帮机动车检测有限公司出借的863.9万元，共计4520.8万元作为出资汇至铭方公司账户。赵敏在收到东大公司转款3767万元后，向卫占青、李志臣银行卡分别转款443.2万元，向康作文、康沛、康雪梅银行卡分别转款354.5万元；向张利华银行卡转款266万元。2016年1月11日，李志臣、康作文、康沛、康雪梅、张利华将赵敏向其所转款项作为出资转入铭方公司账户。2016年1月12日，卫占青将赵敏向其转入的443.2万元作为补充出资转至铭方公司。2016年1月12日，赵敏将剩余1551.1万元作为其补充出资转入铭方公司账户。

2016年1月14日，青海夏都会计师事务所有限公司对铭方公司股东出资完成验资后，上述铭方公司股东未经法定程序，于2016年1月14日将补充的现金出资转入黄河公司，同日黄河公司将该款又转入东大公司。2016年1月15日，时任铭方公司总经理的赵敏向公司财务部门出具《情况说明》，证明"以上捌仟万元款项来源，以董事长赵总个人名义从青海东大借款，用于股东增资及担保公司注册，后因担保公司注册未成，故转入黄河公司给东大予以还款"，赵敏、康某某在该《情况说明》上签字。2016年9月13日，赵敏、卫占青将其所持铭方公司17.5%、5%股权转让给铭方公司现有股东。铭方公司要求赵敏、卫占青、崔璟向铭方公司返还出资款及利息。

|裁判结果| 一审法院认为，赵敏、卫占青、崔璟构成抽逃出资，判令其向铭方公司支付未履行的出资义务。一审宣判后，被告提出上诉。二审法院则认为不构成抽逃出资，撤销了一审判决，驳回了铭方公司的请求。

|裁判理由| 根据一、二审查明的事实，法院认为，铭方公司有关赵敏等抽逃出资的证据不足。主要理由如下：第一，从铭方公司的成立及运作模式看，铭方公司由黄河公司原合伙人成立，作为项目运作的平台，其出资和资产采取的是由黄河公司移转的方式，各股东获得的股权也是由黄河公司出让，而给付的对价实际上也即黄河公司原有资产。第二，从铭方公司名下的资产充实看，铭方公司虽认为黄河公司有关资产并未实际移转到该公司名下，但这属资产登记问题，并不影响本案上述资产移转模式和股东出资方式的成立。第三，从铭方公司各股东对本案8000万元的出资模式均无异议看，铭方公司各股东对本案

8000万元的出资及资产移转模式，由赵敏、康某某对东大公司出具借据，分别打给铭方公司各股东，验资完成后铭方公司转出时由赵敏、康某某签字，由公司财务以购房款形式转入黄河公司，最终由黄河公司实际代各股东归还东大公司。第四，在铭方公司已将黄河公司原共有资产作为自己的资产及原资产共有人登记为其股东后，实际上已基本完成出资，而出资以借款验资加以完备仅具有形式的意义。同时，还需注意的是，与铭方公司成立前的股权估值相比，赵敏等人在股权转让时其转让价格均低于之前的估值，赵敏转让价格1750万元，卫占青为500万元。据此，赵敏等转让虽与铭方公司无关，但与受让其股份的各股东比较，其再行补缴出资实际将造成明显不公。

（二）裁判旨要

关于股东是否构成抽逃出资应从实质要件层面进行分析。实际上并未转移到公司名下，是一个资产登记问题，不影响资产转移方式的建立和股东出资方式。

（三）律师评析

股东抽逃出资是股东出资纠纷中最常见到的情形，但对于抽逃自出资，起初法律并没有对此抽象概念作出明确界定，以致在实务中难以操作。《〈公司法〉司法解释（三）》首次对这一问题作出了详细解释，——公司成立后，公司、股东或者公司债权人以相关股东的行为符合下列情形之一且损害公司权益为由，请求认定该股东抽逃出资的，人民法院应予支持：（一）制作虚假财务会计报表虚增利润进行分配；（二）通过虚构债权债务关系将其出资转出；（三）利用关联交易将出资转出；（四）其他未经法定程序将出资抽回的行为。有学者认为，在认缴制度下，股东抽回出资仍有其存在价值，因为虽然取消了最低出资要求，但抽回出资仍存在，而其侵害公司财产和公司债权的后果也存在。禁止股东抽逃出资的规定必须保留，但在适用中必须坚持保护债权人的合理性，选择适当的证明方式，以适应公司立法政策的变化[8]。

---

[8] 参见曲天明、解鲁：《股东实质性抽逃出资行为认定的裁判规则——以青岛森田金属公司诉日本SAN-R股东出资纠纷案为例》，载《法律适用》2018年第4期。

1. 抽逃出资须发生公司不能清偿债务的情形

从《〈公司法〉司法解释（三）》第十四条"股东抽逃出资，公司或者其他股东请求其向公司返还出资本息、协助抽逃出资的其他股东、董事、高级管理人员或者实际控制人对此承担连带责任的，人民法院应予支持。公司债权人请求抽逃出资的股东在抽逃出资本息范围内对公司债务不能清偿的部分承担补充赔偿责任、协助抽逃出资的其他股东、董事、高级管理人员或者实际控制人对此承担连带责任的，人民法院应予支持"来看，并不要求存在这样的因果关系，即公司无力清偿债务并非资本的抽逃所致。公司不清偿债务，股东同时抽回出资的，即可以追究股东的补充赔偿责任[9]。

2. 关于股东是否构成抽逃出资应从实质要件层面进行分析

股东是否构成抽逃出资应从实质要件层面进行分析。首先，在这个案例中，在第二次股权转让过程中，存在8000万元的争议，在铭方公司完成验资后，这笔钱进入了黄河公司，但它的名义是购买黄河公司的房地产。这样一来，一方面可以将黄河公司的资产合法转让给铭方公司；另一方面，黄河公司将上述资金支付给东大公司后，形成了黄河公司代他人偿还赵敏等人的事实，形成了以黄河公司名义分配全体股东的共同资产。本投资方式符合各股东以黄河公司名义将资产划转至铭方公司出资的方式。应视为各股东的真实意图，不违反有关法律法规的禁止性规定。虽然铭方公司没有召开股东大会，但各方对已支付的股权转让款均无异议。因此，缺少召开股东会这一环节，不构成抽逃出资的决定条件。

其次，从赵、崔的股权价值来看，实际出资额应与铭方公司注册的出资额相类似。但是，验资程序只是一种形式上的义务，铭方公司以黄河公司原有的普通资产为自有资产，原资产共有人登记为股东，因此应当认定赵、崔实际已完成出资。从铭方公司名下资产的充实来看，虽然铭方公司认为黄河公司的相关资产实际上并未转移到公司名下，但这是一个资产登记问题，不影响上述资产转移方式的建立和本案股东出资方式。根据铭方公司2016年1月24日股东大会决议，铭方公司以黄河公司名义持有的资产为自有资产，剩余资产24625万元。也就是说，尽管铭方公司此前转让了8000万元，但其资产并未减少。因此，不构成抽逃出资。

---

[9] 参见冯静：《抽逃出资民事责任的性质及认定》，载《法学》2015年第6期。

(四)相关法条及司法解释

《中华人民共和国合同法》

第六十条 当事人应当按照约定全面履行自己的义务。

当事人应当遵循诚实信用原则,根据合同的性质、目的和交易习惯履行通知、协助、保密等义务。

《最高人民法院关于适用〈中华人民共和国公司法〉若干问题的规定(三)》

第十二条 公司成立后,公司、股东或者公司债权人以相关股东的行为符合下列情形之一且损害公司权益为由,请求认定该股东抽逃出资的,人民法院应予以支持:……(四)其他未经法定程序将出资抽回的行为。

第五章 股东知情权纠纷

一、股东知情权纠纷概述

在现代公司制度中,公司的所有权与经营权分离,大多数股东并不直接参与公司的经营管理,在控制公司和制定公司经营决策的过程中常常陷于信息缺乏的弱势地位,造成股东权利的保护犹如水中之月。确认股东知情权,并加强其保护力度是现代世界各国公司法律制度的重要内容。同时,知情权的权利设计,既关涉股东利益的实现,也影响公司利益的保护。股东知情权制度又不只是简单地强化与保护这样一个单向的选择,而是在权力制衡下的博弈。[1]

股东知情权,是指股东享有的知道和了解公司经营状况和公司高级管理人员业务活动的权利。股东参与公司经营管理的前提是要全面了解公司的经营状况和相关信息,公司应当向股东履行相关信息报告和披露的义务。股东知情权作为一项股东享有的基本权利,也是股东参与公司管理的重要手段。[2] 股东知情权是由财务会计报告查阅权、账簿查阅权和检查人选任请求权三项权利所组成的权利体系,其本质是股东对公司经营过程中的某些真实信息有知晓的权利,同时公司负有依法向股东提供有关真实信息的义务。

股东提起查阅权之诉的目的,可能不仅在于获得信息本身,还有利用信息采取进一步的法律行动,正当的如要求盈余分配、申请公司清算或者对管理层

---

[1] 庞梅:《股东知情权:从利益平衡到法律适用》,载《法律适用》2007年第8期。
[2] 朴永春、金河禄:《股东知情权保护的法律问题研究——分析《公司法司法解释四》的相关规定》,载《延边大学学报(社会科学版)》第53卷第4期。

提起派生诉讼等[3]，不正当的如搞不正当竞争行为。法的一项基本任务就是平衡利益，如何预防、减少股东与公司之间的利益冲突，是股东知情权的制度设计必须解决的。[4] 这在查阅会计账簿等核心资料的场合下尤为如此，故此《公司法》特别设定"正当目的"的检验标准，希望借此有效平衡股东的知情利益与公司的正常经营秩序。

《公司法》第三十三条的规定："股东有权查阅、复制公司章程、股东会会议记录、董事会会议决议、监事会会议决议和财务会计报告。股东可以要求查阅公司会计账簿。股东要求查阅公司会计账簿的，应当向公司提出书面请求，说明目的。公司有合理根据认为股东查阅会计账簿有不正当目的，可能损害公司合法利益的，可以拒绝提供查阅，并应当自股东提出书面请求之日起十五日内书面答复股东并说明理由。公司拒绝提供查阅的，股东可以请求人民法院要求公司提供查阅。"

根据该条规定，有限责任公司的股东所享有的知情权包括绝对知情权和相对知情权，这两种知情权的行使具有不同的法定条件。查阅、复制股东会会议记录、执行董事的决议、监事的决议、财务会计报告属于股东绝对知情权范畴，可以无条件查阅；查阅会计账簿属于股东相对知情权范畴，其查阅须受正当目的限制。司法实践中，股东知情权纠纷也往往发生于股东查阅会计账簿的情况之下。

一般来说，认定目的不正当的着重考虑因素包括：其一，股东与公司具有特殊关系。其二，竞业关系的影响。其三，查阅会计账簿的敏感性。[5]

《〈公司法〉司法解释（四）》第九条列举了人民法院应当认定股东有《公司法》第三十三条第二款规定的"不正当目的"的几种情形，即：

（一）股东自营或者为他人经营与公司主营业务有实质性竞争关系业务的，但公司章程另有规定或者全体股东另有约定的除外；

（二）股东为了向他人通报有关信息查阅公司会计账簿，可能损害公司合法利益的；

（三）股东在向公司提出查阅请求之日前的三年内，曾通过查阅公司会计账簿，向他人通报有关信息损害公司合法利益的；

---

[3] 参见周友苏：《新公司法论》，法律出版社2006年版；马强：《股东知情权基本问题研究》，载赵旭东主编《公司法评论》第5辑，人民法院出版社2006年版。
[4] 参见庞梅：《股东知情权：从利益平衡到法律适用》，载《法律适用》2007年第8期。
[5] 李建伟：《股东知情权诉讼研究》，载《中国法学》2013年第2期。

（四）股东有不正当目的的其他情形。

据统计，自2014年至今，有关股东知情权的诉讼案件共有3900多件，并且呈直线上升的趋势。[6]

二、公司拒绝股东查阅文件的，对查阅目的不正当性负有举证责任

在股东说明其查阅目的后，公司认为查阅目的不具有正当性的，属于对对方主张事实的否认。在民事诉讼中，否认者无须承担证明责任，只需提供相应证据进行否认即可。公司否认股东查阅会计账簿的正当性，仅需提供证据否认，其提供的否认证据只需达到证明查阅会计账簿存在损害公司利益的可能即可达到否认的法律效果，无须证明实际损害公司利益。杨洪利、王志云等七人诉重庆万水源水产品销售有限公司股东知情权纠纷案就表明了这种观点。

（一）典型案例

杨洪利、王志云等七人诉重庆万水源水产品销售有限公司股东知情权纠纷案[7]

【关键词】 股东知情权　举证责任

|基本案情| 原告：杨洪利、王志云、代成林、曹明麟、王中文、李兴、李盛英；被告：重庆万水源水产品销售有限公司。

经审理查明：2008年3月18日，重庆万水源水产品销售有限公司成立，公司经营范围为销售水产品，物业管理，停车场管理。杨洪利、王志云、代成林、曹明麟、王中文、李兴、李盛英为公司部分股东。

2016年8月28日，杨洪利等七股东向重庆万水源水产品销售有限公司送达《要求查阅、复制公司会计账簿和股东会会议记录的申请书》，主要载明近一年来公司没有召开股东会，也没有向股东通报公司经营情况，公司经营混乱，对外投资和重大经营决定不经股东同意，管理人员工资不经股东会讨论，管理人

---

[6] 彭炜玉、陈春雷：《论股东知情权——以〈公司法司法解释四（征求意见稿）〉为背景的考察》，《山西广播电视大学学报》2017年第3期。

[7] （2016）渝0105民初15477号。

员失职,公司未按股东会决议半年分红等。据此,为了解公司经营的真实情况,申请查阅公司财务报告及会计账簿。重庆万水源水产品销售有限公司拒绝签收该申请书。

2015年9月21日,重庆海与泉水产品销售有限公司(以下简称海与泉公司)成立,工商登记信息记载公司经营范围为销售水产品、渔具、冰砖、冰块(限工业用),物业管理(凭相关资质置业),停车场管理,冻库出租。该公司法定代表人为王中文,并兼任执行董事及经理。王中文、李盛英为公司部分股东,出资额及持股比例分别为20万元(20%)、10万元(10%)。

2015年9月16日,重庆老渔翁水产品有限公司(以下简称老渔翁公司)成立,工商登记信息记载公司经营范围为销售水产品、渔具、冰砖、冰块(限工业用),物业管理(凭相关资质执业),停车场管理,冻库出租。该公司法定代表人为曹明麟,并兼任执行董事及经理。曹明麟、李兴、代成林为公司部分股东,出资额及持股比例分别为20万元(20%)、10万元(10%)、20万元(20%)。

2015年11月25日,重庆市乐邦水产品有限公司(以下简称乐邦公司)成立,工商登记信息记载公司经营范围为销售水产品、渔具、冰砖、冰块(限工业用),利用互联网销售水产品,货运代理,仓储服务(不含危险化学品),物业管理(凭相关资质证书执业)。其中,重庆老渔翁水产品有限公司、重庆海与泉水产品销售有限公司为公司部分股东,出资额及持股比例分别为480万元(30%)、480万元(30%)。

|裁判结果| (1)被告重庆万水源水产品销售有限公司于本判决生效之日起十日内如实、完整提供2014年1月1日至2016年11月23日的股东会会议记录、执行董事的决议、监事的决议、财务会计报告(包括但不限于资产负债表、损益表、财务状况变动表、财务情况说明书、利润分配表)供原告杨洪利、王志云、代成林、曹明麟、王中文、李兴、李盛英查阅、复制;(2)驳回原告杨洪利、王志云、代成林、曹明麟、王中文、李兴、李盛英的其他诉讼请求。

|裁判理由| 法院认为,本案的争议焦点为:

(1)杨洪利等七股东是否有权要求查阅、复制股东会会议记录、执行董事的决议、监事的决议、财务会计报告。根据《公司法》第三十三条的规定,杨洪利等七股东作为重庆万水源水产品销售有限公司的股东,其对查阅、复制公司章程、股东会会议记录、董事会会议决议、监事会会议决议和财务会计报告享有绝对知情权,且无须说明目的,公司不得以任何理由拒绝股东行使该权利。

杨洪利等七股东要求查阅、复制股东会会议记录、执行董事的决议、监事的决议、财务会计报告的诉讼请求，符合法律规定，法院予以支持。

（2）杨洪利等七股东要求查阅会计账簿（含总账、明细账、日记账、其他辅助性账簿）和会计凭证（含记账凭证、相关原始凭证及作为原始凭证附件入账备查的有关资料）的请求是否成立。根据《公司法》第三十三条的规定，股东要求查阅会计账簿的权利属于相对知情权，该项权利的行使需满足如下条件：第一，应当向公司提出书面请求并说明目的。第二，查阅目的需具有正当性。结合本案，具体情况如下：

第一，关于是否向公司提出书面请求并说明目的的问题。2016年8月28日，杨洪利等七股东向重庆万水源水产品销售有限公司送达了《要求查阅、复制公司会计账簿和股东会会议记录的申请书》，要求查阅公司会计账簿，并说明查阅目的是了解公司经营情况。虽然重庆万水源水产品销售有限公司拒绝签收，但杨洪利等七股东已履行了提交书面查阅申请的前置程序，重庆万水源水产品销售有限公司拒绝签收的行为不影响股东知情权的行使。

第二，关于查阅目的是否具有正当性的问题。法院认为，重庆万水源水产品销售有限公司有合理根据认为杨洪利等七股东查阅会计账簿的目的不具有正当性，可能损害公司利益。杨洪利等七股东虽然系重庆万水源水产品销售有限公司的股东，但王中文、李盛英系海与泉公司的股东，曹明麟、李兴、代成林系老渔翁公司的股东，海与泉公司、老渔翁公司系乐邦公司的股东，海与泉公司、老渔翁公司、乐邦公司与重庆万水源水产品销售有限公司的主要经营业务相同，王中文、李盛英、曹明麟、李兴、代成林作为重庆万水源水产品销售有限公司的股东自营与其存在竞争性关系的公司，且曹明麟、王中文担任法定代表人、执行董事、经理职务，其有权对内制定相应经营决策方针，对外代表公司进行民事活动。重庆万水源水产品销售有限公司的会计账簿（包括原始凭证）中，必然会涉及客户资料信息、产品价格信息、产品销售渠道信息等商业秘密。杨洪利等七股东查阅会计账簿了解上述情况后，必然会掌握重庆万水源水产品销售有限公司的商业秘密，存在为其自营公司提供该商业秘密并供其使用获取利益，从而损害重庆万水源水产品销售有限公司利益的可能。杨洪利、王志云虽不是与重庆万水源水产品销售有限公司存在竞争性关系公司的股东或高级管理人员，但其与王中文、李盛英、曹明麟、李兴、代成林共同申请查阅重庆万水源水产品销售有限公司的会计账簿并共同诉讼，应视为利益共同体，故对其查阅请求法院不予支持。因此，重庆万水源水产品销售有限公司拒绝杨洪利等七股东查阅会计账簿的主张，理由正当，法院予以支持。杨洪利等七股东要求查阅重庆万水源水产品销售有限公司会计账簿的目的并非行使股东知情权，法院对其该项诉讼请求不予支持。

（二）裁判旨要

股东知情权分绝对知情权和相对知情权，绝对知情权指的是股东对查阅、复制公司章程、股东会会议记录、董事会会议决议、监事会会议决议和财务会计报告享有绝对知情权，且无须说明目的，公司不得以任何理由拒绝股东行使该权利；查阅会计账簿的权利属于相对知情权，该项权利的行使需满足如下条件：第一，应当向公司提出书面请求并说明目的。第二，查阅目的需具有正当性。股东提出的书面请求被公司拒绝签收的，不影响股东知情权的行使。但是股东如果同时又具有竞业公司股东身份，则可以考虑认定其查阅目的的存在不正当性。

（三）律师评析

股东知情权是指法律赋予股东通过查阅公司的财务会计报告、会计账簿等有关公司经营、管理、决策的相关资料，实现了解公司的经营状况和监督公司高管人员活动的权利。股东知情权分为查阅权、检查人选任请求权和质询权。

公司股东有权查阅公司账簿，除非公司证明或审理认定其具有不正当目的，并可能损害公司合法利益，否则不应限制。

股东账簿查阅权行使的范围应当包括会计账簿（含总账、明细账、日记账和其他辅助性账簿）和会计凭证（含记账凭证、相关原始凭证及应作为原始凭证附件入账备查的有关资料）。

1. 关于股东身份的把握

审判实务中时常发生争议的主要有以下几类：

（1）已转让股权的前股东。对于这类主体，学者们有绝对有权、绝对无权和相对有权三种观点。相对有权说，即股东在转让股权后，如发现证据证明公司隐瞒利润，则应有权查阅其作为股东期间公司的相关财务文件，该权利不因其诉讼时无股东身份而失权，如此才能较好地保护股东盈余分配权。

（2）公司的隐名实际出资人。股东行使知情权，应当以其股东身份显名为前提，如果原告为隐名实际出资人，在未成为显名股东之前，无权起诉。事实上，实际出资人往往通过显名股东行使权利、承担义务，其仍可通过显名股东提起知情权之诉，权利并不会因此受到损害。

（3）未完全履行出资义务的股东。律师认为，对于出资不到位，但是股东名册或工商登记已经载明的股东，其对公司或其他股东应当承担的是违约责任，不影响其股东身份，仍享有知情权。对于未出资，股东名册或工商登记也未载明的，不享有知情权。

2. 关于审查诉请范围

股东知情权纠纷的本质是侵权之诉，请求权基础是侵权请求权，股东应当请求的是判决公司履行提供财务资料的义务。但是实践中，有些股东还会附带提出要求公司分配盈余、解聘高管、公司解散、进行清算等，实质是将多个请求合并起诉。法院对此应严格审查，依法限制股东知情权诉讼的审理范围，如果原告超范围起诉，应当告知其另行起诉，而不能合并审理。[8]

3. 关于举证责任分配规则

在庭审中，原被告双方常常就举证责任应由何方承担发生严重分歧。律师认为，对请求查阅、复制公司章程、会议记录及决议的，股东应承担证明责任，只要证明其股东身份及公司拒绝其请求即可。对请求查阅、复制公司财务会计报告的，因《公司法》规定了公司向股东送交财务会计报告的义务，因此，股东只要证明其股东身份即可，公司如果认为已经送交报告则应承担举证责任。对请求查阅会计账簿的，股东应当证明其股东身份、已向公司提出要求查阅财务账簿的书面请求并在该书面请求中已说明了查阅目的及公司拒绝了其查阅请求，或者公司未在法律规定的15日内给予书面答复；应当注意的是，股东不需要证明其目的正当性，而公司则应举证证明其拒绝查阅的正当性，即股东的查阅请求有"不正当目的"。对请求查阅会计凭证的，对待此类请求应设置比查阅会计账簿更为严格的举证责任，故应当由股东举证证明其查阅目的的正当性。

4. 关于公司的侵权责任承担

如法院判令公司承担向股东提供财务资料，公司应将相关资料置于公司合理地点供股东查阅、复制。公司拒不履行的，股东可以申请法院强制执行。如果查阅的对象已经毁损或灭失，造成股东损失的，股东可以请求公司赔偿损失。

---

[8] 李坤：《有限责任公司股东知情权的行使边界及限制》，载《人民法院案例选》2016年第7辑。

审判实务中，有的股东起诉时提出证据保全申请，要求对公司财务资料进行保全。律师认为，对待此类请求应持审慎态度，因为对公司财务资料保全极有可能对公司正常经营造成影响，尤其是股东起诉的目的是意图解散公司、进行清算时，更要严格把握。

本案中，杨洪利等七股东已向重庆万水源水产品销售有限公司送达《要求查阅、复制公司会计账簿和股东会会议记录的申请书》，说明了查阅目的，履行了查阅会计账簿的正当目的的说明义务。重庆万水源水产品销售有限公司否认其查阅目的的正当性，并举示了重庆老渔翁水产品有限公司等公司的工商登记资料予以否认，证明杨洪利等七股东自营与公司存在竞争性关系的业务和曹明麟、王中文担任公司高级管理人员的事实。申请查阅公司会计账簿的股东自营与公司存在竞争性业务，同时担任公司高管，其查阅公司会计账簿后必然会掌握公司的商业秘密，并极有可能使用该商业秘密为自营公司谋取利益，从而损害重庆万水源水产品销售有限公司的利益。因此，重庆万水源水产品销售有限公司举示的相应证据足够证明杨洪利等其股东查阅会计账簿可能损害公司利益，从而否认其查阅目的具有正当性，故其有权拒绝查阅。

（四）相关法条及司法解释

《中华人民共和国公司法》

第三十三条　股东有权查阅、复制公司章程、股东会会议记录、董事会会议决议、监事会会议决议和财务会计报告。股东可以要求查阅公司会计账簿。股东要求查阅公司会计账簿的，应当向公司提出书面请求，说明目的。公司有合理根据认为股东查阅会计账簿有不正当目的，可能损害公司合法利益的，可以拒绝提供查阅，并应当自股东提出书面请求之日起十五日内书面答复股东并说明理由。公司拒绝提供查阅的，股东可以请求人民法院要求公司提供查阅。

三、股东只有具有正当目的才能行使知情权

股东知情权在股东享有的一系列权利中处于基础性地位，这是因为，股东出资设立公司的目的是获得资产收益，股东的资产收益权依赖于股东在公司经营管理过程中作出正确的决策，而股东行使重大事项决策权、人事任免权等股东权利是以掌握公司相关真实信息为前提的。《公司法》第三十三条对于查阅目

的仅为概括式规定,对于"不正当目的"的认定没有列明,给予法官自由裁量权。

(一)典型案例

☞ **深圳市美赛达科技股份有限公司诉北京车联天下科技有限公司股东知情权纠纷案**[9]

【关键词】股东知情权 目的正当性

|**基本案情**| 上诉人(原审原告):深圳市美赛达科技股份有限公司;被上诉人(原审被告):北京车联天下科技有限公司。

北京车联天下科技有限公司(以下简称车联公司)系于2013年10月8日在北京市工商行政管理局通州分局注册登记成立的有限责任公司,深圳市美赛达科技股份有限公司(以下简称美赛达公司)系车联公司的股东。自2015年年初以来,美赛达公司获悉车联公司处于亏损状态,遂多次要求车联公司向美赛达公司说明车联公司的财务状况并提供相应的资料,并且美赛达公司于2015年7月22日、2015年9月2日两次以书面形式向车联公司申请要求查阅自车联公司设立之日起至今的所有账簿和文件,包括但不限于公司章程、股东会及董事会会议记录及决议、全部合同、银行流水、账簿、凭证和财务会计报告等,但是车联公司至今没有回应美赛达公司的申请。《公司法》第三十三条规定:"股东有权查阅、复制公司章程、股东会会议记录、董事会会议决议、监事会会议决议和财务会计报告。股东可以要求查阅公司会计账簿。股东要求查阅公司会计账簿的,应当向公司提出书面请求,说明目的。公司有合理根据认为股东查阅会计账簿有不正当目的,可能损害公司合法利益的,可以拒绝提供查阅,并应当自股东提出书面请求之日起十五日内书面答复股东并说明理由。公司拒绝提供查阅的,股东可以请求人民法院要求公司提供查阅。"作为车联公司的股东,美赛达公司的股东知情权明显受到了侵害,故美赛达公司诉至法院要求:(1)判令车联公司立即提供2013年10月8日车联公司成立以来的公司会计账簿(包含总账、明细账、日记账、其他辅助性账簿)和会计凭证(含记账凭证、

---

[9] (2015)通民(商)初字第20779号;(2016)京03民终3220号,载《人民法院案例选》,2016年第7辑。

相关原始凭证及作为原始凭证附件入账备查的有关资料）供美赛达公司查阅；（2）判令车联公司提供2013年10月8日车联公司成立以来的公司章程、股东会会议记录、董事会会议决议、监事会会议决议和财务会计报告供美赛达公司查阅、复制；（3）判令车联公司承担本案诉讼费用。

| 裁判结果 | 一审判决：（1）被告北京车联天下科技有限公司于判决生效之日起十日内提供2013年10月8日至2015年12月18日的公司章程、股东会会议记录、董事会会议决议、监事会会议决议和财务会计报告供原告深圳市美赛达科技股份有限公司查阅、复制；（2）驳回原告深圳市美赛达科技股份有限公司的其他诉讼请求。

二审判决：驳回上诉，维持原判。

| 裁判理由 | 一审法院审理查明：车联公司成立于2013年10月8日，美赛达公司系其法人股东。2015年9月2日，美赛达公司向车联公司邮寄《申请书》，载明：美赛达公司系车联公司登记在册的股东，曾于2015年7月22日发函给公司及主要股东，要求查阅公司自设立至今的所有账簿及文件，美赛达公司申请于7月30日前往审计，但车联公司至今未予安排。另外，在8月18日参加车联公司股东会时，大股东秦力洪总也同意审计可由美赛达公司自行安排，秦力洪总指定由其助理张勋具体配合美赛达公司审计，美赛达公司之后也多次联系张勋及秦总审计配合事宜，但公司及大股东至今都未给予明确安排。根据《公司法》第三十三条和第九十七条规定，股东知情权是股东的一项法定权利，为了解公司经营情况，现美赛达公司申请要求查阅公司账簿，查阅范围包括但不限于公司章程、股东会及董事会会议记录及决议、全部合同、银行流水、账簿、凭证和财务会计报告等。查阅时段为公司自成立至今的所有账簿及文件。关于美赛达公司审计车联公司事宜，现再次请车联公司及大股东于9月8日前予以配合安排，美赛达公司计划于9月10日前委派会计师前往审计，否则美赛达公司将诉之法律。车联公司于2015年9月5日收到《申请书》。2015年9月9日，车联公司向美赛达公司邮寄《回函》，载明：美赛达公司9月2日的《申请书》收悉，特答复如下，（1）车联公司同意美赛达公司查阅、复制公司章程、股东会会议记录、执行董事决议、监事决议和财务会计报告。（2）根据《公司法》的规定，股东要求查阅公司会计账簿，应当提出书面请求，说明目的。美赛达公司《申请书》未向车联公司书面说明查阅会计账簿的目的，车联公司无法了解贵司查阅会计账簿的真实用途和目的，无法判断对公司合法利益是否有损害，因此美赛达公司要求不符合股东查阅公司会计账簿的条件，在此情况下，

车联公司无法同意贵司查阅会计账簿。(3)《公司法》及本公司章程未赋予股东查阅公司合同文件及进行审计的权利,美赛达公司要求查阅车联公司全部合同及委派会计师对车联公司进行审计于法无据。但为了切实保护全体股东的知情权,车联公司已经按照8月18日公司股东会决议决定,着手公司财务审计的联系工作,并拟于近期对公司财务进行一次审计,具体会计师事务所及审计时间由车联公司统一安排。2015年9月10日,美赛达公司收到《回函》。此后,美赛达公司实际未查阅、复制车联公司相关资料。

一审法院另查一,2013年9月15日,美赛达公司与案外人杨泓泽、唐颖、陈大路签订《合作协议书》,约定各方在北京市成立新的公司,即车联公司,各方通过合资公司的运营完成各方的合作。合作范围主要为美赛达公司研发、生产和采购的车载设备、车联网产品等,运营方式为市场开发、渠道建设和运营维护。协议第五条约定竞业禁止条款,各方一致承诺,在合作期间,非经其他方书面同意,否则各方、各方的近亲属(配偶、子女、父母)以及各方的关联公司均不得与任何第三人或者独自以任何形式从事与合资公司业务相竞合的业务。

一审法院另查二,前海公司成立于2014年5月20日,美赛达公司认缴出资175万元,占出资比率35%。前海公司经营范围为计算机软硬件的技术开发及销售。车载智能导航产品的研发及销售。车联网系统方案设计。车联网产品、通信终端、通信设备、电子产品的研发及销售。计算机系统、网络产品、APP应用、监控系统的研发;通信技术咨询。通信综合集成系统、通信系统设备、通信系统自动化软硬件的设计、开发、安装、维修(不含限制项目)。市场营销策划。计算机、电子专业、信息科技领域内的技术开发、技术咨询。互联网信息服务业务。车载智能导航产品的生产。车联网产品、通信终端、通信设备、电子产品的生产。移动运营商转售业务的集成、运营。

一审法院判决认定:根据车联公司的工商登记信息,美赛达公司于2013年10月8日向车联公司出资,系车联公司股东。

根据《公司法》第三十三条第一款之规定,股东有权查阅、复制公司章程、股东会会议记录、董事会会议决议、监事会会议决议和财务会计报告。故美赛达公司要求车联公司提供2013年10月8日至今的公司章程、股东会会议记录、董事会会议决议、监事会会议决议和财务会计报告供其查阅、复制的诉讼请求,该院予以支持。

根据《公司法》第三十三条第二款之规定,股东可以要求查阅公司会计账簿。股东要求查阅公司会计账簿的，应当向公司提出书面请求，说明目的。公司有合理根据认为股东查阅会计账簿有不正当目的，可能损害公司合法利益的，可以拒绝提供查阅，并应当自股东提出书面请求之日起十五日内书面答复股东并说明理由。现车联公司以美赛达公司出资设立同业竞争企业，其查阅公司会计账簿具有不正当目的，可能损害车联公司的合法利益为由拒绝美赛达公司查阅。该院认为，首先，美赛达公司在出资设立车联公司之前，与案外人签订《合作协议书》，四方明确约定在合作期间，非经其他方书面同意，各方、各方的近亲属（配偶、子女、父母）以及各方的关联公司均不得与任何第三人或者独立以任何形式从事与车联公司业务相竞合的业务，故各股东对同业竞争负有严格的禁止义务；其次，会计账簿包括记账凭证和原始凭证，其中会涉及车联公司以往产品的销售渠道、客户群、销售价格等商业秘密，这些商业秘密是车联公司享有的应受法律保护的利益；再次，美赛达公司存在"有不正当目的，可能损害公司合法利益"的可能。美赛达公司在出资设立车联公司之后，又出资设立前海公司，前海公司的经营范围与车联公司的经营范围相类似，难免构成同业竞争。通过查阅会计账簿了解车联公司的商业秘密，美赛达公司存在占领车联公司开发、销售市场及损害车联公司合法利益的可能，从其结果看，符合可能损害公司合法利益这一条款；最后，根据利益平衡原则，美赛达公司可以采取查阅不涉及车联公司商业秘密的会计报告等资料或者通过中间人审计的方式了解公司经营情况，实现其股东知情权。禁止美赛达公司查阅车联公司会计账簿可能对美赛达公司合法利益造成的损害，小于允许美赛达公司查阅车联公司会计账簿可能对车联公司合法利益造成的损害。综上，对于美赛达公司要求车联公司立即提供2013年10月8日车联公司成立以来的公司会计账簿（包含总账、明细账、日记账、其他辅助性账簿）和会计凭证（含记账凭证、相关原始凭证及作为原始凭证附件入账备查的有关资料）供美赛达公司查阅的诉讼请求，该院不予支持。依据《公司法》第三十三条、《民事诉讼法》第六十四条第一款之规定，判决：（1）车联公司于判决生效之日起10日内提供2013年10月8日至2015年12月18日的公司章程、股东会会议记录、董事会会议决议、监事会会议决议和财务会计报告供美赛达公司查阅、复制；（2）驳回美赛达公司的其他诉讼请求。

美赛达公司不服北京市通州区人民法院（2015）通民（商）初字第20779号民事判决，向北京市第三中级人民法院提起上诉。

美赛达公司向二审法院提交以下新的证据：证据（1）《合资成立公司协议

书》1份，用以证明前海公司的经营模式是通过申请虚拟营运商牌照来开展移动通信的转售业务，由于虚拟运营商牌照一直没有申请，故前海公司一直没有实际开展经营，因此前海公司与车联天下公司并非同业公司；证据（2）《住所托管服务协议书》1份，用以证明前海公司的注册地址属于托管地址，是以深圳市前海商务秘书有限公司的地址作为注册地址，故前海公司并没有实际经营地址；证据（3）《联络单》1份，内容为杨泓泽现任美赛达公司总裁、美赛达公司委托车联天下公司代缴杨泓泽的社保及公积金，用以证明杨泓泽于2014年1月至5月担任美赛达公司的代理总裁，因此前海公司设立时，杨泓泽兼任美赛达公司的代理总裁和车联天下公司的法定代表人，但杨泓泽或车联公司都没有提出异议；证据（4）《2014年4月份总裁办公会会议纪要》1份，证明目的同证据3；证据（5）《深圳市市场监督管理局商事主体登记及备案信息查询单》，用以证明美赛达公司所持有的前海公司的股权已被人民法院冻结及轮候冻结，目前无法办理股权转让或公司注销的手续。

车联公司未向二审法院提交新的证据。

二审法院认为：根据双方当事人的诉辩意见，本案二审的争议焦点为美赛达公司是否有权查阅车联公司2013年10月8日以来的会计账簿和会计凭证。

股东知情权是指法律赋予股东通过查阅公司的财务会计报告、会计账簿等有关公司经营、管理、决策的相关资料，实现了解公司的经营状况和监督公司高管人员活动的权利。车联公司系依法成立的有限责任公司，美赛达公司作为车联公司的股东，有权依法行使股东知情权。根据本案查明事实，美赛达公司已于2015年9月2日向车联公司提出书面请求，履行了行使股东知情权的前置程序义务，车联公司于2015年9月9日实际作出拒绝回复，故美赛达公司的诉请符合《公司法》规定的前置条件。

关于应否允许美赛达公司查阅车联公司会计账簿和会计凭证。第一，美赛达公司在出资设立车联公司之前与杨泓泽等案外人签订了四方《合作协议书》，该协议明确约定在合作期间，非经其他方书面同意，否则各方、各方的近亲属（配偶、子女、父母）以及各方的关联公司均不得与任何第三人或者独立以任何形式从事与车联公司业务相竞合的业务，故各股东对同业竞争负有严格的禁止义务。第二，美赛达公司在出资设立车联公司之后，又出资设立前海公司，占股比例均为35%。根据四方《合作协议书》的约定，车联公司的设立目的系为美赛达公司研发、生产和采购车载设备、互联网产品等，此范围与前海公司的经营范围高度重合，有理由相信两公司在业务上存在竞争关系，美赛达公司设立前海公司存在占领车联公司开发、销售市场、损害车联公司合法利益的可能。第三，会计账簿包括记账凭证和原始凭证，其中会涉及车联公司以往产品的销售渠道、客户群、销售价格等商业秘密，通过查阅车联公司的会计账簿可了解车联公司的商业秘密。前海公司一旦获悉商业秘密，将在与车联公司的竞争中处于优势地位并可能损害车联公司的利益。第四，美赛达公司可以通过查阅会计报告等资料或者通过中间人审计的方式了解车联公司经营情况实现其股东知情权。车联公司为保障股东的知情权，已分10次向包括美赛达公司法定代表人庄亮在内的公司全体股东发送2013年12月至2014年12月、2014年度及2015年1—2月的财务会计报告，每份财务会计报告均包含资产负债表、损益表和现金流量表，此外还向美赛达公司提供了车联公司《审计报告》及《关于车联公司杨泓泽同志离任经济责任审计报告》，上述材料能在宏观上反映车联公司的总体经营情况，又不会过于详细的反映交易细节，既为车联公司股东了解公司的财务经营状况提供了有效途径，同时不会造成车联公司经济利益及商业秘密受到严重损害。第五，股东知情权应在利益平衡的基础上行使。经过利益衡量，禁止美赛达公司查阅车联公司会计账簿可能对美赛达公司合法利益造成的损害，小于允许美赛达公司查阅车联公司会计账簿可能对车联公司合法利益造成的损害。

保障公司权益与股东知情权不受损害互为条件，在保护股东利益的同时也应适当保障公司利益，使双方利益均衡，因此股东行使知情应受到一定限制，且该限制不以已实际产生损害为条件。一审法院根据本案查明的事实、涉案公司成立背景及利益衡量原则认定美赛达公司提出的要求查阅车联公司会计账簿的诉讼请求可能损害车联公司合法利益，具有依据，车联公司有权拒绝美赛达公司查阅会计账簿和会计凭证。美赛达公司的上诉请求缺乏事实及法律依据，二审法院不予支持。故，二审作出驳回上诉，维持原判的判决。

（二）裁判旨要

如果在有限责任公司在成立时，股东已经签署相关的禁止竞业协议，那么在要求行使查阅公司会计账簿的知情权时，权利应当受到相应限制，且该限制不以已实际产生损害为条件。

(三) 律师评析

1. 查阅会计账簿"正当目的"的认定规则

股东知情权系股东基本权利之一，其行使不仅关涉股东自身利益，还牵涉公司利益和其他股东的合法权益。因此，一方面法律规定股东可无条件查阅、复制公司章程、股东会会议记录、董事会会议决议、监事会会议决议和财务会计报告，保障股东的基本知情权行使。另一方面，因会计账簿和凭证是公司的核心财务资料，记载了公司日常经营信息，内含诸多商业秘密，如果允许这些内容被无条件查阅，会损害公司利益，故对特定内容知情权的行使设定了立法限制，要求股东查阅会计账簿须具有"正当目的"。对于"正当目的"的判断，纵观世界各国立法，部分国家采列举式立法方式，明确规定了各种不正当查阅目的的情形，例如《日本商法》第二百九十三条的规定。部分国家采概括式立法方式，例如美国要求股东在提出查阅请求时所陈述的正当目的应当是和他作为股东的地位相关、合法且不能与公司利益相违背或有害于公司。

因《公司法》第三十三条未明确"正当目的"的证明责任分配标准，导致了实践中裁判标准的不统一。股东应当说明查阅目的与公司应当说明股东具有"不正当目的"，实际上是对同一个问题从正反两个方面进行的规定。应当结合民事诉讼法及民事诉讼法司法解释关于举证证明责任的相关规定和公司法目的解释、体系解释方法对"正当目的"举证证明责任分配进行解读。

2. 股东对查阅"正当目的"负举证证明责任

根据《民事诉讼法司法解释》第九十条第一款和九十二条关于举证证明责任的规定，股东行使会计账簿查阅权，应当对其查阅目的正当负举证责任。从目的解释和体系解释角度出发，显然《公司法》第三十三条规定的立法旨意更侧重于保护股东行使知情权，故该条第二款前段规定实质上降低了股东的证明标准，即股东仅需说明其正当查阅目的即可，而无须提供证据充分证明。股东为表明查阅目的具有正当性，其说明的查阅目的须符合善意且无害于公司、与实现股东利益密切相关且必要两项原则。如果股东未能说明查阅会计账簿的正当目的，公司有权拒绝其查阅请求。

3. 公司否认"正当目的"应提供相应证据

在股东说明其查阅目的后，公司认为查阅目的不具有正当性的，属于对对方主张事实的否认。在民事诉讼中，否认者无须承担证明责任，只需提供相应证据进行否认即可。公司否认股东查阅会计账簿的正当性,其提供的否认证据只需达到证明查阅会计账簿存在损害公司利益的可能即可达到否认的法律效果,无须证明实际损害公司利益。[10]

(四)相关法条及司法解释

《中华人民共和国公司法》

第三十三条 股东有权查阅、复制公司章程、股东会会议记录、董事会会议决议、监事会会议决议和财务会计报告。

股东可以要求查阅公司会计账簿。股东要求查阅公司会计账簿的,应当向公司提出书面请求,说明目的。公司有合理根据认为股东查阅会计账簿有不正当目的,可能损害公司合法利益的,可以拒绝提供查阅,并应当自股东提出书面请求之日起十五日内书面答复股东并说明理由。公司拒绝提供查阅的,股东可以请求人民法院要求公司提供查阅。

---

[10] 参见吴克坤:《股东查阅会计账簿"正当目的"认定与举证证明责任分配》,载《人民法院案例选》2016年第7辑。

第六章　请求公司收购股权纠纷

一、请求公司收购股份纠纷概说

股东一旦向公司出资，其出资即转化为公司财产，股东因其出资而享有公司的股份，股东除依法转让其股份外，一般不得要求退出或抽逃其出资。[1] 在资本多数决规则下，中小股东的意志经常被大股东绑架，而有限公司的人合性和封闭性特征，使得中小股东在公司发生基础性变更、自身期待利益受损时难以退出公司。为保护中小股东的利益，避免股东投资于与其预期完全不符的其他公司，异议股东股份回购请求权制度应运而生。

异议股东股份回购请求权，同时也称作反对股东股份买卖请求权、异议股东评价权等。该请求权强调在特定状况下，针对企业股东大会所提出的一些决定在会议开展表决之前以及在进行表决的时候，存在一些股东，其已经持否定态度，那么其可以选择退股，同时要求企业将自己所持有的股份以合适的价格予以买断。[2] 也可以看作是"在股东会作出严重影响股东利害关系的决议时，股东有权请求公司购回自己的股份"[3] 的制度。

异议股东股份收购请求权，实质上是立法赋予中小股东在一定情形下的退股权。我国法定退股权的确立因资本维持等理念的变化而经历了一个先否定后肯定的过程。[4]

---

[1] 赵康雪：《论有限公司异议股东股份回购请求权之适用事由》，中国政法大学出版社2016年版，第18页。
[2] 参见赵旭东：《新公司法制度设计》，法律出版社2006年版。
[3] 参见刘俊海：《新公司法的制度创新：立法争点与解释难点》，法律出版社2006年版。
[4] 参见江苏省常州市中级人民法院课题组：《现行法律框架内异议股东股份收购请求权的行使》，载《法律适用》2015年第5期。

公司收购股份纠纷是一种在司法实践中比较常见的纠纷形式，2005年10月27日修订的《公司法》首次在第七十五条确立了有限责任公司股东行使股份收购请求权的条件和程序，在第一百四十三条确立了股份有限公司股东行使股份收购请求权的条件和程序。2013年《公司法》再次修订时对该条进行了保留变成现行《公司法》第七十四条，具体规定为：

"有下列情形之一的，对股东会该项决议投反对票的股东可以请求公司按照合理的价格收购其股权：

（一）公司连续五年不向股东分配利润，而公司该五年连续盈利，并且符合本法规定的分配利润条件的；

（二）公司合并、分立、转让主要财产的；

（三）公司章程规定的营业期限届满或者章程规定的其他解散事由出现，股东会会议通过决议修改章程使公司存续的。

自股东会会议决议通过之日起六十日内，股东与公司不能达成股权收购协议的，股东可以自股东会会议决议通过之日起九十日内向人民法院提起诉讼。"

由上述规定我们可以得出结论，非因自身过错未能参加股东会的股东，虽未对股东会决议投反对票，但对公司转让主要财产明确提出反对意见的，其请求公司以公平价格收购其股权，法院应予支持。

通过对该类案件的司法统计，可以看到我国有限公司异议股东股份回购请求权制度在实践中的适用概况及发展趋势：

第一，异议股东股份回购请求权制度在司法实践中的应用比较有限，尚没有完全发挥其功效；

第二，从历年案件数量上看，此类案件数呈现逐年上升的态势；

第三，该制度在东部沿海发达地区应用比较广，而在中西部地区的应用较少，有很多省份甚至没有出现过此种类型的案件；

第四，通过对裁判结果的分析，看到胜诉的比例和败诉的比例持平，基本上各占一半。这和前些年判决结果一刀切即基本都驳回情形大相径庭；

第五，三种适用事由在实践中的适用情况比较均衡，占比没有较大区别。

上述适用情况进一步看出我国有限公司异议股东股份回购请求权制度在实践中不断进步完善，审理案件的法官的专业水平也在不断提高，我国的司法环境不断得到改善，为司法的公开、公平、公正提供了有利条件，但在司法实践中，虽然《公司法》第七十四条对有限责任公司股东行使股份收购请求权的条件和程序作出了明确规定，但在具体权利行使方面存在诸多障碍，主要体现为法律适用方面的争议较多。

二、根据自愿原则商定股权退出方式及价格对当事人具有法律约束力

在公司章程对股东退股的价格确定有明确约定的情况下，一般应当按照章程的约定执行，除非控制股东故意利用"资本多数决"规则通过对小股东不利的退股方案，而小股东在章程修正时投反对票。若章程规定以股份的面值为退股价格，而股份的实际价值已经大大低于或远远高于此股份面值，以股份的面值为退股价格将显失公平的，可以根据异议股东或公司的申请依据公司净资产额予以适当调整。

（一）典型案例

☞ **中国信达资产管理股份有限公司与太西集团有限责任公司请求公司收购股份纠纷**[5]

【关键词】请求公司收购股份　公司章程

｜基本案情｜ 上诉人（原审原告）：中国信达资产管理股份有限公司，法定代表人：侯建杭；上诉人（原审被告）：太西集团有限责任公司，法定代表人：王俭。

2000年5月29日，信达公司（原中国信达资产管理股份有限公司）与中国华融资产管理公司（以下简称华融公司）、石炭井矿务局签订《石炭井矿务局债权转股权协议》，三方就石炭井矿务局实施债转股的有关事宜达成如下协议：债权方信达公司、华融公司以转股债权按照1∶1转换比例折合的债转股资产作为出资，石炭井矿务局以转入新公司的净资产按照1∶1转换比例折合的资产作为出资，共同设立太西集团，公司初始注册资本为133976万元，其中石炭井矿务局出资107783万元，占注册资本的80.45%，华融公司出资20000万元，占注册资本的14.93%，信达公司出资6193万元，占注册资本的4.62%。协议还约定，华融公司、信达公司所持有新公司的股权可采取新公司回购、债权方转让和丙

---

[5] （2011）宁民商初字第16号；（2016）最高法民终34号。

方（石炭井矿务局）收购三种退出方式，退出的时间为7年，从2000年开始退出，在2007年前全部退出。2000年6月9日，信达公司与华融公司、石炭井矿务局签订《债权转股权补充协议》，约定债权方的股权通过新公司回购方式退出时，股权退出价格为债权方转股债权原值，不采取溢价方式计算，即在补充协议约定的回购期限内，债权方通过新公司回购债权方股权所得金额等于转股债权原值。

2002年6月，太西集团给华融公司、信达公司核发《股权证明书》，载明太西集团出资为106258万元，出资比例占80.22%，华融公司出资比例15.10%，信达公司出资比例4.68%。

2002年11月22日，宁夏回族自治区人民政府下发文件决定成立宁夏煤业集团，性质为国有独资公司，同意将宁夏亘元集团有限责任公司、太西集团、灵州集团有限责任公司、宁煤集团有限责任公司全部国有资产授权新组建的集团公司经营。2006年1月13日，宁夏回族自治区政府国资委与神华集团签订《增资扩股协议》，决定成立神华宁煤集团，由神华集团以人民币现金出资51亿元，占注册资本的51%，宁夏回族自治区政府国资委以宁夏煤业集团现有经评估的全部净资产出资50亿元，占注册资本的49%。

2011年8月18日，太西集团向各股东发出《关于以信函方式召开太西集团临时股东会会议的通知》，通知载明："各股东接到此通知后，如无异议，请在'关于太西集团延长经营期限股东会决议'加盖相应印鉴……如果就延长经营期限事项有异议，不能加盖印鉴，请回函明示为放弃表决或反对表决……"2011年8月28日，太西集团形成《关于太西集团有限责任公司延长经营期限股东会决议》，将营业期限延长至2016年6月28日，太西集团和华融公司在决议上盖章，信达公司未盖章。信达公司于2011年9月13日向太西集团发出《关于对太西集团有限责任公司临时股东会议题表决的函》，表示不同意延长太西集团经营期限。2011年9月20日经工商登记部门核准，太西集团营业期限延长至2014年6月28日。

2011年10月20日，信达公司向神华宁煤集团发出《关于要求以合理价格收购我公司持有的太西集团有限责任公司股权的函》，要求在法定期限内收购信达公司的股权，但双方未能达成一致意见。

2002年至2007年，信达公司每年均获得上一年度的股份分红，2007年以后再未获得分红。《石炭井矿务局债权转股权协议》《债权转股权补充协议》关于债权方股权通过新公司回购方式退出的约定，除2002年6月太西集团支付信达公司股权回购款 35 万元，信达公司持股比例由 4.68% 减少为 4.65%，出资额由 6193 万元减少为 6158 万元之外，其他债权方股权回购内容没有履行。

| 裁判结果 | 一审判决：（1）太西集团于判决生效之日起 10 日内支付信达公司 4.65% 股份的股份回购款 6158 万元及股份回购款 6158 万元自 2007 年 1 月 1 日至判决生效之日按中国人民银行同期贷款基准利率计算的利息。（2）驳回信达公司的其他诉讼请求。一审案件受理费 1454062 元，由太西集团负担 535566 元，信达公司负担 918496 元。原被告均不服一审判决，提起上诉。

二审判决：驳回上诉，维持原判。二审案件受理费 1454062 元，由中国信达资产管理股份有限公司和太西集团有限责任公司各半承担。

| 裁判理由 | 本案上诉争议焦点为信达公司是否有权依照《公司法》第七十四条规定请求太西集团收购其股份以及收购股权价格如何确定和是否应当支付利息的问题。

法院认为，在股东之间对股权回购有明确约定的情况下，《公司法》第七十四条有关股东请求公司以合理的价格收购其股权的规定，并非能够完全脱离原出资协议约定而另行确定。本案当事人争议的是信达公司是否有权请求由石炭井矿务局、华融公司及信达公司三方股东共同出资设立的新公司太西集团收购或回购其股权以及以何种价格收购或回购，而并非要求原出资一方购买股权，二者有本质区别。至于原出资人石炭井矿务局主体资格演变如何认定，并不影响对本案中由原出资一方购买股权和新设立的公司购买股权两种性质的判断。

对于股权退出方式及价格，是三方股东根据自愿原则自由商定的，对当事人具有法律约束力。至于成立的新公司后来资产发生了变化，并非必然导致股权价值的变化，股权价值还取决于公司其他因素。不能以股权回购时企业财产的实际状况已经发生减少，约定的股权收购价值就必须相应减少，当事人对此亦没有明确约定。况且信达公司债权转为股权作为对太西集团的出资，为太西集团减负，支持其经营，所起作用是显然的，要求相应减少股权回购款，对信达公司亦有不公。太西集团关于原审判决其承担 2007 年 1 月 1 日至判决生效之日的利息无事实和法律依据的上诉主张，本院认为，鉴于双方当事人在《碳井矿务局债权转股权协议》《债权转股权补充协议》约定信达公司股权必须到 2007 年前退出完毕，但太西集团并没有按照约定履行其义务，太西集团迟延履行支付回购股权的款项，相应地给予利息，属法定孳息，具有合法依据。

（二）裁判旨要

在股东之间对股权回购有明确约定的情况下，股东请求公司以合理的价格收购其股权，应参考原出资协议。

对于股权退出方式及价格，是三方股东根据自愿原则自由商定的，对当事人具有法律约束力。不能以股权回购时企业财产的实际状况已经发生减少，约定的股权收购价值就必须相应减少。

（三）律师评析

从实践的案例中我们可以发现，公司收购股份纠纷的争议焦点主要集中于以下几点：

1. 股东主张公司连续五年不分红，但未形成股东会决议

异议股东行使股利分配请求权的前提是存在应向股东重大权益的股东会决议，因"资本多数决"原则，即使股东持有异议，仍无法改变公司决策，故法律赋予其选择退出公司的权利。而如果股东会决议本来就没有形成，那么股东行使权利的对象就也就并不存在，权利的行使就会变成一句空谈。在这种情况下，从最大化维护股东权益的角度来看，对公司不具有控制权的中小股东在遇到这种情况时，应当及时依法采取其他途径进行权利救济。具体来说，股东可以依据《公司法》第三十九条的规定，要求公司召开临时股东会，专门就红利分配作出决议；控制股东拒绝召开的，代表十分之一以上表决权的股东可以依据《公司法》第四十条第三款的规定，自行召集和主持股东会；股东可以依据《公司法》第三十三条的规定行使知情权；通过查阅公司的财务账目避免与减少控制股东与管理层通过财务造假规避红利分配和股东退股等风险；如果股东能够找到股权转让的对象，可以依据《公司法》第七十一条第一款、第二款的规定对内或对外转让股权。[6] 虽然这些途径在救济力度方面或许不能取得最理想的效果，但是这些途径是股东需要考虑的维护自身权益的选择。

2. 对于公司分立、转让主要财产的理解

在实践中，总公司为了实现资产扩张，降低投资风险，往往将其部分重要

---

[6] 江苏省常州市中级人民法院课题组：《现行法律框架内异议股东股份收购请求权的行使》，载《法律适用》2015 年第 5 期。

资产对外投资设立具有法人资格的全资子公司。此时是否属于公司分立，尚存争议。笔者认为，在此处应着重考虑的是是否形成了独立的法人，如果股东会决议将公司部分重要资产对外投资设立具有法人资格的全资子公司，则意味着将公司原来的财产分给了两个不同的公司。从这个角度入手，准备相关证据，更容易在司法实践中被法庭采纳，从而更好地维护股东的权益。

3. 公司收购股份的价格确定问题

这是异议股东股份收购请求权实现的核心内容。在此处应分不同情况来讨论。

（1）公司章程有约定的情形。公司章程是公司的宪章。是公司组织和行为的纲领性文件，因此，它是公司设立时的核心文件[7]。其也是全体股东在设立和经营公司过程中达成的合意，是公司活动的行为准则，是确定股东权利义务的依据，对股东具有约束力。

（2）收购股份的价格确定。公司收购异议股东的股份所要支付的对价，一般理解是按公司净资产计算出来的股权价值。在司法实践中，如果异议股东主张的退股价格不超过公司资产负债表或审计报告记载的净资产额和所有者权益，法院一般予以支持。但是受一些客观情况的影响，公司提供的财务报告和资产负债表有可能并不能反映公司真实的资产情况，在此时就涉及举证责任分配的问题。从客观上看，提供充分、完整的财务资料是公司的义务，如果公司提供的财务资料不全，异议股东能够提供线索或初步证据证明公司确实存在该部分资产，在公司无法作出合理解释或提供证据反驳的情况下，仍可采信异议股东提供的资产数额。

《公司法》第七十四条的立法精神是为了保护异议股东的合法权益。在这一立法精神的指导下，异议股东在"公司连续五年不向股东分配利润，而公司该五年连续盈利，并且符合本法规定的分配利润条件的；公司合并、分立、转让主要财产的；公司章程规定的营业期限届满或者章程规定的其他解散事由出现，股东会会议通过决议修改章程使公司存续的"情况下，都可以请求公司按照合理价格收购其股权。

另外，如果公司章程中有规定，股东权利受到公司侵犯，股东可书面请求公司限期停止侵权活动，并补偿因被侵权导致的经济损失。如公司经法院或公

---

[7] 参见覃有土：《商法学》（第四版），高等教育出版社2017年版。

司登记机关证实：公司未在所要求的期限内终止侵权活动，被侵权的股东可根据自己的意愿退股，其所拥有的股份由其他股东协议摊派或按持股比例由其他股东认购。

三、异议股东行使股份收购请求权，以提出异议的股东会决议作出之日为评估基准日

在司法实践中，在公司章程未作明确约定的情况下，法院一般先征求双方的意见，如果能协商确定一个评估基准日的，则按双方协商确定的日期来评估；如果双方不能达成一致意见的，则由法院合理确定收购股份的价格评估基准日，一般情况下应当以提出异议的股东会决议作出之日为评估基准日，同时还要考虑发生股权回购的因素和异议股东退出公司的预期。

（一）典型案例

☞ 袁朝晖与长江置业（湖南）发展有限公司
请求公司收购股份纠纷案[8]

【关键词】异议股东　收购价格

|基本案情| 再审申请人（一审被告、二审上诉人）：长江置业（湖南）发展有限公司，法定代表人：沈良；被申请人（一审原告、二审被上诉人）：袁朝晖。

2010年3月5日，长江置业（湖南）发展有限公司（以下简称长江置业公司）形成股东会决议，明确由沈良、钟继光、袁朝晖三位股东共同主持工作，确认全部财务收支、经营活动和开支、对外经济行为必须通过申报并经全体股东共同联合批签才可执行，对重大资产转让要求以股东决议批准方式执行。但是，根据长江置业公司与袁朝晖的往来函件，在实行联合审批办公制度之后，长江置业公司对案涉二期资产进行了销售，该资产转让从定价到转让，均未取得股东袁朝晖的同意，也未通知其参加股东会。

长江置业公司在没有通知袁朝晖参与股东会的情况下，于2010年5月31日

---

[8]（2013）湘高法民二终字第91号；（2014）民申字第2154号。

作出股东会决议，取消了袁朝晖的一切经费开支。

| **裁判结果** | 法院判决：驳回长江置业（湖南）发展有限公司的再审申请。

| **裁判理由** | 法院认为：（1）根据长江置业公司与袁朝晖的往来函件，在实行联合审批办公制度之后，长江置业公司对案涉二期资产进行了销售，该资产转让从定价到转让，均未取得股东袁朝晖的同意，也未通知其参加股东会。根据《公司法》第七十四条之规定，对股东会决议转让公司主要财产投反对票的股东有权请求公司以合理价格回购其股权。本案从形式上看，袁朝晖未参加股东会，未通过投反对票的方式表达对股东会决议的异议。但是，《公司法》第七十四条的立法精神在于保护异议股东的合法权益，之所以对投反对票作出规定，意在要求异议股东将反对意见向其他股东明示。本案中袁朝晖未被通知参加股东会，无从了解股东会决议，并针对股东会决议投反对票，况且，袁朝晖在2010年8月19日申请召开临时股东会时，明确表示反对二期资产转让，要求立即停止转让上述资产，长江置业公司驳回了袁朝晖的申请，并继续对二期资产进行转让，已经侵犯了袁朝晖的股东权益。

（2）从本案实际处理效果看，长江置业公司股东之间因利益纠纷产生多次诉讼，有限公司人合性已不复存在，通过让股东袁朝晖退出公司的方式，有利于尽快解决公司股东之间的矛盾和冲突，从而保障公司利益和各股东利益。

（3）长江置业公司在二审中提交了9组证据，经审查，上述证据所证明的款项均已纳入审计范围，不能达到长江置业公司所要证明的目的，不属于《审计报告》第五项"如出现新的证据或资料，由法院经过司法程序查证属实后，可据实调整审计结果"的情形。

（4）关于本案是否存在审判人员应当回避未予回避的情形。经向双方当事人核实，并不存在审判人员私下会见一方当事人的情况。长江置业公司并无证据证明审判人员存在法律规定的其他回避情形，一审法院对其回避申请未予准许，并无不当。

（5）本案系异议股东与公司协商不成，异议股东向公司提出退股请求的诉讼，原告被告明确。其他股东对于异议股东所持股权既无独立请求，也无法律上的利害关系，并非必须参加诉讼的当事人，原审法院未予追加并无不当。

（二）裁判旨要

根据《公司法》第七十四条之规定，对股东会决议转让公司主要财产投反对票的股东有权请求公司以合理价格回购其股权。该条的立法精神在于保护异议股东的合法权益,之所以对投反对票作出规定,意在要求异议股东将反对意见向其他股东明示。公司未通知股东参加股东会,且在股东知悉后,对股东的反对意见不予理会,应当视为侵犯了股东权益。

(三) 律师评析

关于收购股份的价格评估基准日,有多种理解。有以提出异议的股东会决议作出之日为评估基准日的;有以退股时公司上一年度末的净资产为基准的;还有以异议股东主张之日即向法院起诉之日为基准日的,但一般情况下应当以提出异议的股东会议作出之日为评估基准日,同时还要考虑发生股权回购的因素和异议股东退出公司的预期。

关于财务结算期间,如在延长公司经营期限的情形下,因异议股东预期公司结束经营的日期为经营期限届满之日,如果在异议股东起诉时,公司经营期限尚未到期且离到期日还有较长时间的,可以提出异议的股东会决议作出之日或异议股东向法院起诉之日为评估基准日,否则会影响评估的进程;如果在异议股东起诉时,公司经营期限已经到期或即将到期,如在1个月内到期的,则以公司经营期限届满时为评估基准日较为公平。又如公司在提出异议的股东会决议作出之同时或之后增减资本或对外投资等,评估基准日应当定在公司增减资本或对外投资前,一般应确定为提出异议的股东会决议作出之日或之前一个财务结算期间。值得注意的是,如果公司增资导致异议股东的持股份额按比例减少,此时回购股权的份额仍然应以未增资前的持股比例为准,公司净资产也应以增资前的数额为准。[9]

非因自身过错未能参加股东会的股东,虽未对股东会决议投反对票,但对公司转让主要财产明确提出反对意见的,其请求公司以公平价格收购其股权,法院应予支持。

关于异议股东股份回购请求权的行使程序,鉴于异议股东股份回购请求权的立法目的和保护少数股东利益的需要,我国对异议股东行使股份回购请求权的行使程序不应规定得过于严格,而应尽量减少股东行使这一权利的程序性要求,具体程序应包括以下几点:

---

[9] 江苏省常州市中级人民法院课题组:《现行法律框架内异议股东股份收购请求权的行使》,载《法律适用》2015年第5期。

第一，行为及权利告知。公司应该在重大结构性变化决议之前以书面方式告知股东相关内容，并告知其具有异议的权利，从而使股东知晓自己的这一权利，以便决定是否提出异议，行使股份回购请求权。

第二，异议表示。异议股东在知晓公司即将进行重大交易以后，应在股东会就该行动作出决议前以书面方式表示异议。而异议股东是否必须亲自参加股东会会议并在该会议上表明自己对该种交易行为的态度并不作为股东享有回购请求权的前提条件。如果异议股东出席了股东会会议在股东会正式表决时又未投反对票的话则应视为异议股东对股份回购请求权的放弃。

第三，回购请求。异议股东应当在股东会决议后的法定期限内就其持有的股份种类或数额书面请求公司以公平价格予以回购，并且，在股东提出此种评定补偿权时，还应向法定机构（如证券登记保管机构）缴存其持股凭证，其转让股份的权利因此而受到限制，从而可以有效地避免异议股东"脚踩两只船"现象的发生。

第四，回购价格确定。关于确定股份回购价格的方式，我国新《公司法》第七十五条第二款规定了协议确定和法院确定两种方式，同时协议确定的方式是法院确定方式的前提条件，即只有在达不成协议的情况下才能请求法院进行司法估价。[10] 因此，股份回购价格的确定，首先由异议股东与公司在法定期限内协商，超过法定期限而协商不成的，可由股东或公司在此期间经过后30日内请求法院确定价格。如双方未在此期间内向法院提出估价请求，则公司应按异议股东的开价收回购股份。

正如前文所言，关于股份回购价格确定的确定标准，我国《公司法》采取了协议确定回购价格和法院确定回购价格两种方式。[11] 协议股价的标准则比较自由，只要在协商过程中尊重当事人处分权和真实意旨，充分体现意思自治原则，即便估算的价格并不算公平，法律也没有否定的理由，因为这种评估模式的公正性更重要的是体现在过程中而非结果上。而司法估价是确定股份回购价格的最后渠道，实际上也是各国公司立法普遍认可的估价方式。因此，确定司法估价的标准就显得尤为重要。

股份回购价格的确定即公平价格的决定很大程度上依赖于估价方法，公司收购异议股东的股份所要支付的对价，一般理解是按公司净资产计算出来的股

---

[10] 参见高永深：《论异议股东股份回购请求权》，载《河北法学》2008年第4期。
[11] 参见高永深：《论异议股东股份回购请求权》，载《河北法学》2008年第4期。

权价值。在司法实践中，如果异议股东主张的退股价格不超过公司资产负债表或审计报告记载的净资产额和所有者权益，法院一般予以支持。但是受一些客观情况的影响，公司提供的财务报告和资产负债表有可能并不能反映公司真实的资产情况，在此时就涉及举证责任分配的问题。从客观上看，提供充分、完整的财务资料是公司的义务，如果公司提供的财务资料不全，异议股东能够提供线索或初步证据证明公司确实存在该部分资产，在公司无法作出合理解释或提供证据反驳的情况下，仍可采信异议股东提供的资产数额。

（四）相关法条及司法解释

《中华人民共和国公司法》

第七十四条　有下列情形之一的，对股东会该项决议投反对票的股东可以请求公司按照合理的价格收购其股权：

（一）公司连续五年不向股东分配利润，而公司该五年连续盈利，并且符合本法规定的分配利润条件的；

（二）公司合并、分立、转让主要财产的；

（三）公司章程规定的营业期限届满或者章程规定的其他解散事由出现，股东会会议通过决议修改章程使公司存续的。

自股东会会议决议通过之日起六十日内，股东与公司不能达成股权收购协议的，股东可以自股东会会议决议通过之日起九十日内向人民法院提起诉讼。

第七章 股权转让纠纷

一、股权转让纠纷概述

随着我国社会主义市场经济的发展，股权转让行为越来越普遍，股权转让纠纷是商事领域中的一种常见纠纷类型，但其中遇到的问题日益烦冗复杂，也是司法实践中的一个历久弥新的裁判难点。

我国《公司法》将公司划分为有限责任公司和股份有限公司，股份有限公司又可以划分为上市公司和非上市股份有限公司。对于有限责任公司的股权转让，我国《公司法》第七十一条第一款规定，股东向股东以外的人转让股权，应当经其他股东过半数同意，最后一款"公司章程对股权转让另有规定的，从其规定"。这也就为公司自治开辟了路径，为公司章程作出股权转让限制留下了空间。对于股份有限公司的股权转让，上市公司可以在证券交易所自由交易自不必说，其中具有争议的为非上市股份有限公司的股权转让，因其并未上市，资合性弱于上市公司，与有限责任公司的人合性更为接近，因此许多非上市股份有限公司便经常通过公司章程条款约定对股权转让进行限制，然而此种约定效力如何，却存在一定的争议。我国《公司法》对股份有限公司的股权转让规定在第一百三十七条，"股东持有的股份可以依法转让"。其限制条款主要为《公司法》第一百四十一条对发起人和董监高的限制，除此之外，对股份有限公司的股权转让未作"从公司章程另有规定"的处理。基于上市股份有限公司一定程度的人合性，这些条文并未就股权转让限制性规定进行处理，因此，在理论和实务中也引发了许多争议。

2019年3月19日，上海市黄浦区人民法院发布了该院《2012—2018年股权转让纠纷审判白皮书》，该白皮书在罗列股权转让案件审判数据、特色的基础上,论述了股权转让纠纷的6类问题(请求支付股权转让款、请求解除股权转让协议、返还股权转让款、请求确认股权转让协议的效力、请求变更股权的工商登记、请求转让方赔偿受让方经济损失),15个案例,并提出了对策建议。

时隔一年,2020年3月19日,上海市二中院发布了《2014—2018年股权转让纠纷案件审判白皮书》,该白皮书将股权转让纠纷分为股权转让协议、标的股权、股东优先购买权、隐名持股、审批与限制、纯粹财产移转股权转让、股东矛盾退出股权转让、资本引入股权转让8大类,并对每类的风险点(共28个)进行详细列举。根据2014—2018年上海二中院审结的339件股权转让纠纷案件中,标的企业性质共有9类,有限责任公司289个,占85.25%。七成以上股权转让基于纯粹财产流转而产生,其在具体目的和动机层面又呈现多样化,包括整体或部分经营权的转让,实现标的公司特定的股权架构,合作开发项目,为获得标的公司注册商标、建设工程施工资质、土地使用权等有形或无形资产等[1]。居于次位的因资本引入而生的股权转让表现形式相对单一,多为实现标的公司上市。股东矛盾退出主要表现为,公司经营期限届满,股东间就是否继续经营的意见分歧或是经营理念差异,导致一方股东退出。因担保借款发生的股权转让主要表现为实现股权质权、股权让与担保两种形式。

白皮书指出,有限责任公司系股权转让纠纷发生最多的区域。主要原因有:有限责任公司占据市场主体的大部分,且股权转让在本质上构成对有限责任公司人合性的冲击,易引发纠纷;有限责任公司股权转让法律规范较为原则,普适化交易惯例亦尚未形成。相较于股份有限公司,有限责任公司股权转让,没有强制性信息披露规范及具体交易规则,进场交易比例很低,处于监管空白领域,股权转让呈现出更多的样态和问题;有限责任公司规模较小,成立时间通常较短,董事、高管的公司治理能力有限,公司运作不规范现象较多。公司内部治理的缺陷往往投射于股权转让法律关系中,易引发纠纷;中小企业融资难背景下,以资本募集为目的的股权转让在有限责任公司中多发。股权转让与资本引入的设计不完善暴露出更多的问题。

基于此,下文将主要探讨有限责任公司中涉及的股权转让纠纷的案例,对裁判规则进行总结分析。

---

[1] 参见孙良国:《违约方合同解除的理论争议、司法实践与路径设计》,载《法学》2019年第7期。

二、股权作为买卖标的时，与以消费为目的的一般买卖不同

尽管股权的转让形式也是分期付款，但由于买卖的标的物是股权，因此具有与以消费为目的的一般买卖不同的特点。从诚实信用的角度，应当首先选择要求支付全部价款，而不是解除合同；从维护交易安全的角度，动辄撤销合同可能对公司经营管理的稳定产生不利影响。最高人民法院指导案例汤长龙诉周士海股权转让纠纷案就体现了这种观点。

（一）典型案例

☞ 汤长龙诉周士海股权转让纠纷案[2]

【关键词】民事　股权转让　分期付款　合同解除

| 基本案情 | 原告：汤长龙；被告：周士海。

原告汤长龙与被告周士海于2013年4月3日签订《股权转让协议》及《股权转让资金分期付款协议》。双方约定：周士海将其持有的青岛变压器集团成都双星电器有限公司6.35%股权转让给汤长龙。股权合计710万元，分四期付清，即2013年4月3日付150万元；2013年8月2日付150万元；2013年12月2日付200万元；2014年4月2日付210万元。此协议双方签字生效，永不反悔。协议签订后，汤长龙于2013年4月3日依约向周士海支付第一期股权转让款150万元。因汤长龙逾期未支付约定的第二期股权转让款，周士海于同年10月11日，以公证方式向汤长龙送达了《关于解除协议的通知》，以汤长龙违约为由，提出解除双方签订的《股权转让资金分期付款协议》。次日，汤长龙即向周士海转账支付了第二期150万元股权转让款，并按照约定的时间和数额履行了后续第三、第四期股权转让款的支付义务。周士海以其已经解除合同为由，如数退回汤长龙支付的4笔股权转让款。汤长龙遂向人民法院提起诉讼，要求确认周士海发出的解除协议通知无效，并责令其继续履行合同。

---

[2] （2013）成民初字第1815号；（2014）川民终字第432号；（2015）民申字第2532号，载《人民司法·案例》2018年第2期。

2013年11月7日，青岛变压器集团成都双星电器有限公司的变更（备案）登记中，周士海所持有的6.35%股权已经变更登记至汤长龙名下。

|裁判结果| 四川省成都市中级人民法院驳回原告汤长龙的诉讼请求。汤长龙不服，提起上诉。

四川省高级人民法院判决：（1）撤销原审判决；（2）确认周士海要求解除双方签订的《股权转让资金分期付款协议》行为无效；（3）汤长龙于本判决生效后十日内向周士海支付股权转让款710万元。

周士海不服四川省高级人民法院的判决，以二审法院适用法律错误为由，向最高人民法院申请再审。最高人民法院作出裁定，驳回周士海的再审申请。

|裁判理由| 法院生效判决认为：本案争议的焦点问题是周士海是否享有《合同法》第一百六十七条规定的合同解除权。

（1）本案系有限责任公司股东将股权转让给公司股东之外的其他人。尽管案涉股权的转让形式也是分期付款，但由于本案买卖的标的物是股权，因此具有与以消费为目的的一般买卖不同的特点。

（2）本案中，双方订立《股权转让资金分期付款协议》的合同目的能够实现。周士海退回了汤长龙所付710万元，不影响汤长龙按约支付剩余3笔股权转让款的事实的成立，且本案一、二审审理过程中，汤长龙明确表示愿意履行付款义务。因此，周士海签订案涉《股权转让资金分期付款协议》的合同目的能够得以实现。另查明，2013年11月7日，青岛变压器集团成都双星电器有限公司的变更（备案）登记中，周士海所持有的6.35%股权已经变更登记至汤长龙名下。

（3）从诚实信用的角度，《合同法》第六十条规定："当事人应当按照约定全面履行自己的义务。当事人应当遵循诚实信用原则，根据合同的性质、目的和交易习惯履行通知、协助、保密等义务。"鉴于双方在股权转让合同上明确约定"此协议一式两份，双方签字生效，永不反悔"，因此周士海即使依据《合同法》第一百六十七条的规定，也应当首先选择要求汤长龙支付全部价款，而不是解除合同。

（4）从维护交易安全的角度，一项有限责任公司的股权交易，关涉诸多方面，如其他股东对受让人汤长龙的接受和信任（过半数同意股权转让），记载到股东名册和在工商部门登记股权，社会成本和影响已经倾注其中。本案中，汤长龙受让股权后已实际参与公司经营管理、股权也已过户登记到其名下，如果不是汤长龙有根本违约行为，动辄撤销合同可能对公司经营管理的稳定产生不利影响。

（二）裁判旨要

尽管案涉股权的转让形式也是分期付款，但由于本案买卖的标的物是股权，因此具有与以消费为目的的一般买卖不同的特点；双方订立《股权转让资金分期付款协议》的合同目的亦能够实现；从诚实信用的角度，应当首先选择要求汤长龙支付全部价款，而不是解除合同；从维护交易安全的角度，动辄撤销合同可能对公司经营管理的稳定产生不利影响。

（三）律师评析

本案例有几个值得讨论的观点，尤其本案法院"股权为特殊的商品而不同于一般的商品"的论述更是引起了广泛的讨论。

1. 股权是否为特殊的商品

有学者认为，若将股权视为特殊商品而采用例外于一般的合同解除审判规则，会破坏《合同法》关于合同解除以协议解除，约定解除为主、以法定解除为辅，以特定有名合同中的法定解除为补充的体系。但又有人认为，《合同法》第一百六十七条第一款规定，"分期付款的买受人未支付到期价款的金额达到全部价款的五分之一的，出卖人可以要求买受人支付全部价款或解除合同"。第二款规定，"出卖人解除合同的，可以向买受人要求支付该标的物的使用费"。它属于完全条款，可以看作是请求权的独立存在。本条在逻辑结构上有两个要素，即构成要素和法律效力。其法律效力部分使用了法律术语"或"，表明两种法律效力在法律适用上是一种选择性关系[3]。股权价值的不可参照性、实现的外部依赖性从正面揭示股权价值始终在公司的原因，股权价值的平等性从反面表明一旦脱离特定公司，不存在相同的股权价值，解除合同的股权转让人亦不能得到救济[4]。与以标的物为标的物的买卖合同相比，股权转让合同具有一系列特殊性：交付效果具有阶段性，合同生效后分期支付股权转让款的约定不符合分期付款的"首次交付"特征，标的物即股权价值在商业登记变更前具有特殊性，不存在毁损、灭失或者转售的风险标的物；终止成本具有很大的外部性，转让

---

[3] 参见钱玉林：《分期付款股权转让合同的司法裁判——指导案例67号裁判规则质疑》，载《环球法律评论》2017年第4期。

[4] 参见李建伟：《分期付款的股权转让合同解除权的特殊性——兼评最高人民法院第67号指导性案例的约束性规范》，载《清华法学》2019年第1期。

人终止合同可能给公司带来重大的非利益[5]。从此点来看，似乎后一部分学者之观点更为合乎逻辑。

2. "致使合同目的不能实现"是法定解除的实质要件

《最高人民法院关于审理买卖合同纠纷案件适用法律问题的解释》第三十八条规定，"合同法第一百六十七条第一款规定的'分期付款'，系指买受人将应付的总价款在一定期间内至少分三次向出卖人支付。分期付款买卖合同的约定违反合同法第一百六十七条第一款的规定，损害买受人利益，买受人主张该约定无效的，人民法院应予支持"。如果按照上述规定，本案股权转让符合分期付款合同的概念界定，故似乎可以依照《合同法》第一百六十七条第一款之规定解除合同。但是，《合同法》九十四条规定：（一）因不可抗力致使不能实现合同目的；（二）在履行期限届满之前，当事人一方明确表示或者以自己的行为表明不履行主要债务；（三）当事人一方迟延履行主要债务，经催告后在合理期限内仍未履行；（四）当事人一方迟延履行债务或者有其他违约行为致使不能实现合同目的；（五）法律规定的其他情形。应注意第（一）（四）款情形的实现条件明确要求行为"致使合同目的不能实现"，而第（二）款"不履行主要义务"、第（三）款"经催告仍未履行主要债务"的逻辑内涵也都是"合同目的的不能实现"。也就是说，"致使合同目的不能实现"是法定解除的实质要件，是对解除权的一定限缩。综上可知，合同解除制度是以协议解除、约定解除为主、以法定解除为辅、以特定有名合同中的法定解除为补充搭建而成。"合同目的的不能实现"是合同解除首要审查内容。本案中，根据汤长龙履行股权转让款的情况，除第 2 笔股权转让款 150 万元逾期支付两个月，其余 3 笔股权转让款均按约支付，不存在合同目的不能实现的障碍。本着保护交易的原则，股权转让合同应继续履行。

（四）相关法条及司法解释

《中华人民共和国合同法》

第九十四条　有下列情形之一的，当事人可以解除合同：

（一）因不可抗力致使不能实现合同目的；

（二）在履行期限届满之前，当事人一方明确表示或者以自己的行为表明不履行主要债务；

---

[5] 参见李建伟：《分期付款的股权转让合同解除权的特殊性——兼评最高人民法院第 67 号指导性案例的约束性规范》，载《清华法学》2019 年第 1 期。

（三）当事人一方迟延履行主要债务，经催告后在合理期限内仍未履行；

（四）当事人一方迟延履行债务或者有其他违约行为致使不能实现合同目的；

（五）法律规定的其他情形。

第一百六十七条 分期付款的买受人未支付到期价款的金额达到全部价款的五分之一的，出卖人可以要求买受人支付全部价款或者解除合同。出卖人解除合同的，可以向买受人要求支付该标的物的使用费。

三、合同的协议解除与约定解除存在诸多不同，如何适用应具体分析

股权转让纠纷相当一部分是因合同解除而起。合同协议解除与约定解除就行为性质、权利性质、实现条件、解除事由的出现、解除权的归属，解除的方式、解除的后果等方面均存在不同，如果将两者都称作约定解除，在理论和实践中则会引起不必要的混乱与误解。

（一）典型案例

☞ **深圳市标榜投资发展有限公司与鞍山市财政局股权转让纠纷案**[6]

【关键词】股权转让　合同解除

|基本案情| 原告：深圳市标榜投资发展有限公司，法定代表人：杨瑞琼；被告：鞍山市财政局，法定代表人：张晓强。

2011年11月29日，鞍山财政局为委托方，沈阳联合产权交易所（以下简称沈交所）为受托方，双方签订一份《产权转让挂牌登记委托协议》，约定鞍山财政局作为出让方将标的资产，即鞍山银行69300万股国有股权出让信息委托沈交所登记并挂牌公布。

2011年12月30日，在沈交所网站上对鞍山财政局转让27.7161%股权

---

[6]（2015）辽民二初字第00060号；（2016）最高法民终802号，载《最高人民法院公报》，2017年第12期。

（69300万股）及股份转让明细、转让价格、受让股东资格条件、保证金比例金额、挂牌时间等内容进行转让挂牌公告。同时，在沈交所网站招商信息网页上公布了《鞍山银行国有股权转让招商说明书》。该说明书载明，鞍山银行32.3155%国有股权转让项目，已于2011年12月30日在《辽宁日报》和沈交所网站上刊登了股权转让挂牌公告。为使投资者了解鞍山银行，现对鞍山市概况及鞍山银行基本情况、未来发展方向、国有股权结构等情况，做出说明。

2012年2月24日，宏运集团代表四家摘牌企业向鞍山财政局支付了3500万元股权转让保证金。同日，又支付了1348万元[按80800万股股份挂牌总价为161600万元的3%计算，共计4848万元，含本案深圳市标榜投资发展有限公司（以下简称标榜公司）应支付的1350万元]。

2012年3月21日，标榜公司向沈交所提交了挂牌公告中要求提交的摘牌材料。

2012年3月28日，辽宁融信资产经营有限公司、中信红河矿业有限公司、标榜公司、宏运集团有限公司四家公司摘牌，其中标榜公司摘牌2.75亿股，含涉案鞍山财政局股权2.25亿股，另有海城镁矿耐火材料总厂5000万股。

2013年3月25日，鞍山市××委作出鞍国资函〔2013〕13号《关于终止鞍山银行国有股权受让的函》，该函载明："银监部门向市政府反馈了明确意见，认为贵集团等四户企业存在关联交易，不会通过审批。故终止双方鞍山银行国有股权转让事宜。"

2013年6月14日，沈交所根据鞍山财政局上述文件，向标榜公司、宏运集团及中信红河矿业有限公司、辽宁融信资产经营有限公司发出《关于终止鞍山银行国有股权转让的通知》，终止鞍山银行股份有限公司32.3155%国有股权转让。2015年9月1日，标榜公司向一审法院提起本案诉讼。

|裁判结果| 一审法院判令鞍山市财政局赔偿标榜公司损失。二审法院认为原审判决认定事实清楚，但关于标榜公司可得利益损失的赔偿问题处理不当，相应作出了纠正。

|裁判理由| 法院认为，关于涉案《股份转让合同书》解除的方式应如何认定的问题：

第一，涉案《股份转让合同书》应认定为于2013年10月11日协商解除。《合同法》第九十三条规定，当事人协商一致，可以解除合同。当事人可以约定一方解除合同的条件。解除合同的条件成就时，解除权人可以解除合同。本案中，鞍山财政局于2013年6月6日以国有资产明显增值为由，向沈交所发出鞍

财债〔2013〕137号《终止鞍山银行国有股权转让的函》，沈交所根据该函，于2013年6月14日向标榜公司、宏运集团、中信红河矿业有限公司、辽宁融信资产经营有限公司发出《关于终止鞍山银行国有股权转让的通知》。2013年10月11日，宏运集团代表四家挂牌公司向鞍山财政局发出《关于要求返还交易保证金的函》。该函虽未明示同意解除合同，但并未主张继续履行合同，反而对合同解除后如何处理提出要求，即要求返还保证金及支付交易费，该回复函应认定为表示同意解除合同。由此，原审判决认定双方于2013年10月11日达成一致解除合同，合法有据。

第二，鞍山财政局、标榜公司关于涉案合同已单方解除的上诉理由均不能成立。《合同法》第九十六条对合同解除权行使作了规定，只有在存在《合同法》第九十三条第二款规定的"双方合同约定的解除条件成就"或者第九十四条（一）至（五）项情形时，当事人才有权单方解除合同，并以解除通知到达相对方的时间为合同解除时间。一方面，本案中鞍山市××委虽于2013年3月27日作出《关于终止鞍山银行国有股权转让的函》，标榜公司等亦于2013年4月11日回函提出异议，但鞍山市××委并非涉案合同当事人，鞍山财政局也无证据证明鞍山市××委的意思表示可以视为鞍山财政局的意思表示。因此，鞍山市××委终止交易的函，不能产生解除合同的法律效果。鞍山财政局关于涉案合同因鞍山市××委作出终止转让的函而解除的上诉理由，于法无据，不能成立。另一方面，根据前述分析，对于鞍山财政局向沈交所发出的终止交易的函，标榜公司等已发函表示同意，双方就合同解除达成一致，涉案合同应认定为2013年10月11日协商一致解除。标榜公司关于涉案合同于2013年6月14日经鞍山财政局单方通知解除的上诉理由，与事实不符，亦不能成立。

（二）裁判旨要

在对解除合同通知的回函中未明示同意解除合同，但并未主张继续履行合同，反而对合同解除后如何处理提出要求，如作出要求返还保证金及支付交易费等意思表示，应认定回函方为表示同意解除合同。由此，法院判定双方于回函发出之日达成一致解除合同。

(三)律师评析

本案值得关注的是《合同法》第九十三条第一款与第二款的区分问题。律师认为,从概念上来说,"协商一致"是指在合同成立之后、履行期间,双方临时产生的一种意思表示的合意。而不管是从"约定"一词本身的词语含义,还是人们习惯性的用法,都是"事先商定""预先设定""和某人许下诺言在一定的时间去实现"之意,用"约定解除"去概括第九十三条第一款显然不够恰当[7]。相反,第九十三条第二款"当事人可以约定一方解除合同的条件。解除合同的条件成就时,解除权人可以解除合同"是指双方在合同订立之时,设置当时尚未发生的事由,待该事由实现之时,合同一方解除合同的行为。以"约定解除"去概括此条款才更为贴切。

从效率方面来讲,协议解除与约定解除就行为性质、权利性质、实现条件、解除事由的出现,解除权的归属,解除的方式、解除的后果等方面均存在不同,如果将两者都称作为约定解除,在理论和实践中则会引起不必要的混乱与误解。协议解除与约定解除存在着诸多方面的不同:在行为性质方面,前者是双方行为,后者是单方行为;在权利性质方面,前者是相互的请求权,后者是形成权;在实现条件方面,前者是双方协商一致,后者是约定的解除事由;在解除权归属方面,前者是双方,后者是一方或双方(依据约定);在解除的方式方面,前者是协商一致,后者是作出意思表示,并通知对方;在解除的后果方面,前者无须返还或恢复原状,后者需要返还或恢复原状。

因此,律师认为将第九十三条第一款称为协议解除,将第九十三条第二款称为约定解除更为妥当。此外应注意,约定解除与《合同法》第四十五条附条件的解除亦存在区别:对于前者,当约定的解除事由出现以后,需有解除权的一方主动提出并通知对方,合同才"被动"解除;对于后者,当约定的解除事由出现以后,不需双方主张,合同自动解除。

与约定解除或协议解除不同,对法定解除,大家的理解都比较统一:法定解除,即根据法律直接规定而解除,是指在合同有效成立后,当法定的解除条件具备时,根据一方当事人的意思表示,使合同消灭的行为。应注意,就法定解除的权利本质以及其立法目的而言,不能通过合同约定排除适用。律师对法

---

[7] 参见孙良国:《违约方合同解除的理论争议、司法实践与路径设计》,载《法学》2019年第7期。

定解除总结如下：

1. 一般的法定解除情形

《合同法》第九十四条规定：（一）因不可抗力致使不能实现合同目的；（二）在履行期限届满之前，当事人一方明确表示或者以自己的行为表明不履行主要债务；（三）当事人一方迟延履行主要债务，经催告后在合理期限内仍未履行；（四）当事人一方迟延履行债务或者有其他违约行为致使不能实现合同目的；（五）法律规定的其他情形。应注意第（一）（四）款情形的实现条件明确要求行为"致使合同目的不能实现"，而第（二）款"不履行主要义务"、第（三）款"经催告仍未履行主要债务"的逻辑内涵也都是"合同目的不能实现"。也就是说，"致使合同目的不能实现"是法定解除的实质要件，是对解除权的一定限缩。

2. 特殊的法定解除情形

除了《合同法》第九十四条规定的之外，在以下法条也出现了对法定解除的规定，作为对第九十四条的补充。其中，需要以违约为解除条件的称为违约法定解除权，不需要以违约为解除条件的称作任意法定解除：

违约法定解除的情形有以下几种：

（1）《合同法》第六十九条（不安抗辩权的行使）规定：当事人依照本法第六十八条的规定中止履行的，应当及时通知对方。对方提供适当担保时，应当恢复履行。中止履行后，对方在合理期限内未恢复履行能力并且未提供适当担保的，中止履行的一方可以解除合同。

（2）《合同法》第一百六十七条（买卖合同）规定：分期付款的买受人未支付到期价款的金额达到全部价款的五分之一的，出卖人可以要求买受人支付全部价款或者解除合同。出卖人解除合同的，可以向买受人要求支付该标的物的使用费。

（3）《合同法》第二百零三条（借款合同）规定：借款人未按照约定的借款用途使用借款的，贷款人可以停止发放借款、提前收回借款或者解除合同。

（4）《合同法》第二百二十四条第二款（租赁合同）规定：承租人未经出租人同意转租的，出租人可以解除合同。

（5）《合同法》第二百三十三条（租赁合同）规定：租赁物危及承租人的安全或者健康的，即使承租人订立合同时明知该租赁物质量不合格，承租人仍然可以随时解除合同。

任意法定解除的情形有以下几种：

(1)《合同法》第一百八十六条（赠与合同）规定：赠与人在赠与财产的权利转移之前可以撤销赠与。

(2)《合同法》第二百三十二条（租赁合同）规定：当事人对租赁期限没有约定或者约定不明确，依照本法第六十一条的规定仍不能确定的，视为不定期租赁。当事人可以随时解除合同，但出租人解除合同应当在合理期限之前通知承租人。

(3)《合同法》第二百六十八条（承揽合同）规定：定作人可以随时解除承揽合同，造成承揽人损失的，应当赔偿损失。

(4)《合同法》第三百零八条（承运合同）规定：在承运人将货物交付收货人之前，托运人可以要求承运人中止运输、返还货物、变更到达地或者将货物交给其他收货人，但应当赔偿承运人因此受到的损失。

(5)《合同法》第三百三十七条（技术合同）规定：因作为技术开发合同标的的技术已经由他人公开，致使技术开发合同的履行没有意义的，当事人可以解除合同。应注意，法定解除是单方行为，但解除的权利不一定只归属于合同一方。本条款中双方均有解除权。

(6)《合同法》第四百一十条（委托合同）规定：委托人或者受托人可以随时解除委托合同。应注意，在实践中，为了保护交易，可以允许委托合同的双方当事人约定不得随意解除合同，这是约定不能排除法律规定的一个特例。

(7)《保险法》第十五条规定：除本法另有规定或者保险合同另有约定外，保险合同成立后，投保人可以解除合同，保险人不得解除合同。

（四）相关法条及司法解释

《中华人民共和国合同法》

第四十四条 【合同的生效】依法成立的合同，自成立时生效。

法律、行政法规规定应当办理批准、登记等手续生效的，依照其规定。

第五十二条 【合同无效的法定情形】有下列情形之一的，合同无效：

（一）一方以欺诈、胁迫的手段订立合同，损害国家利益；

（二）恶意串通，损害国家、集体或者第三人利益；

（三）以合法形式掩盖非法目的；

（四）损害社会公共利益；

（五）违反法律、行政法规的强制性规定。

第九十三条 【合同约定解除】当事人协商一致，可以解除合同。

当事人可以约定一方解除合同的条件。解除合同的条件成就时，解除权人可以解除合同。

第九十六条 【解除权的行使】当事人一方依照本法第九十三条第二款、第九十四条的规定主张解除合同的，应当通知对方。合同自通知到达对方时解除。对方有异议的，可以请求人民法院或者仲裁机构确认解除合同的效力。

法律、行政法规规定解除合同应当办理批准、登记等手续的，依照其规定。

第八章 公司决议纠纷

一、公司决议纠纷概述

在公司的日常工作中，公司通过召开股东会、股东大会、董事会会议作出相关决议是公司正常运行的重要方式，因此合法有效的公司决议就是公司能够实现有效治理的基础。如果公司的股东会、股东大会、董事会的决议出现有瑕疵的问题，股东可以依照《公司法》的相关规定提起相关诉讼。

我国《公司法》以及《〈公司法〉司法解释（四）》均对公司决议纠纷之诉作出了规定。根据《民事案件案由规定》第八部分的规定，"与公司、证券、保险、票据等有关的民事纠纷"系一级案由，二级案由为"与公司有关的纠纷"，"公司决议纠纷"系"与公司有关的纠纷"项下的三级案由，其项下包括"公司决议效力确认纠纷"与"公司决议撤销纠纷"两项四级案由。《公司法》第二十二条将公司瑕疵决议分为无效决议与可撤销决议两种情形。《〈公司法〉司法解释（四）》对于决议不成立的情形作出规定，进一步完善了存在瑕疵的公司决议的救济范围。

由于上述三种公司决议类诉讼"在诉讼请求的表现形式、瑕疵理由、原告范围、除斥期间等方面均存在差异，因此我国各级法院几乎均将它们作为相互独立的诉对待"[1]。在实践中，公司决议不成立、无效和撤销的理由是有重叠之处的，在有些时候区分十分困难，如当事人选择了不合适的理由，提出了不合适的诉讼请求，诉讼风险是巨大的。

---

[1] 周翠：《公司决议诉讼的功能定位与程序机制》，载《中外法学》2019年第3期。

二、股东可对存在瑕疵的公司决议提起公司决议无效或撤销之诉

实务中有的股东会决议或者董事会决议是伪造的,对这种伪造的文件应如何认定?我国《公司法》原先只有撤销和无效之诉的划分,《公司法》第二十二条采用两分法,对决议无效和撤销制度作出规定。《〈公司法〉司法解释(四)》进一步规定了决议不成立的情形。《最高人民法院公报》2007年第9期刊登的张艳娟诉江苏万华工贸发展有限公司、万华、吴亮亮、毛建伟股东权纠纷案就是一个股东会及其决议实际上并不存在的典型案例,在其中可以看出法院对此类案件的裁判态度。

(一) 典型案例

☞ **张艳娟诉江苏万华工贸发展有限公司、万华、吴亮亮、毛建伟股东权纠纷案**[2]

【关键词】 虚构决议　伪造决议　决议无效

| 基本案情 | 原告:张艳娟;被告:江苏万华工贸发展有限公司;被告:万华;被告:吴亮亮;被告:毛建伟。

原告张艳娟诉称:被告江苏万华工贸发展有限公司(以下简称万华工贸公司)成立于1995年,注册资本为106万元,发起人为被告万华(原告的丈夫)、原告张艳娟及另外两名股东朱玉前、沈龙。其中万华出资100万元,张艳娟等三名股东各出资2万元。2006年6月,原告因故查询工商登记时发现万华工贸公司的股东、法定代表人均已于2004年4月发生了变更,原告及朱玉前、沈龙都已不再是该公司股东,原告的股权已经转让给了被告毛建伟,万华也将其100万元出资中的80万元所对应的公司股权转让给了被告吴亮亮,公司法定代表人由万华变更为吴亮亮。万华工贸公司做出上述变更的依据是2004年4月6日召开的万华工贸公司股东会会议决议,但原告作为该公司股东,从未被通知参加该次股东会议,从未转让自己的股权,也未见到过该次会议的决议。该次股东会

---

[2]《最高人民法院公报》2007年第9期。

议决议以及出资转让协议中原告的签名并非原告本人书写。因此，原告认为该次股东会议实际并未召开，会议决议及出资转让协议均属虚假无效，侵犯了原告的合法股东权益。原告既没有转让过自己的股权，也不同意万华向公司股东以外的人转让股权。万华系原告的丈夫，却与吴亮亮同居，二人间的股权转让实为转移夫妻共同财产，并无真实的交易。万华与吴亮亮之间的股权转让行为也违反了万华工贸公司章程中关于"股东不得向股东之外的人转让股权"的规定，并且未依照万华工贸公司章程告知其他股东，未征得其他股东的同意。故原告请求法院确认所谓的2004年4月6日万华工贸公司股东会决议无效，确认原告与毛建伟之间的股权转让协议无效，确认万华与吴亮亮之间的股权转让协议无效，或者撤销上述股东会议决议和股权转让协议。

被告万华工贸公司辩称：万华工贸公司于2004年4月6日通过的股东会决议内容并无违反法律之处，万华工贸公司原股东朱玉前、沈龙均知道该次股东会决议内容及股权转让的事实，因而该决议是合法有效的。原告张艳娟认为其本人未收到会议通知，没有参加该次股东会议，即便其主张成立，也只能说明2004年4月6日的万华工贸公司股东会会议程序不符合法律和该公司章程的规定。修订后的《公司法》第二十二条规定："股东会或者股东大会、董事会的会议召集程序、表决方式违反法律、行政法规或者公司章程，或者决议内容违反公司章程的，股东可以自决议作出之日起六十日内，请求人民法院撤销。"原告起诉时已超过申请撤销决议的60天法定期限，故2004年4月6日的万华工贸公司股东会决议已然生效。原告无权否定该次股东会决议的效力。此外，原告不是本案的适格原告，因为2004年4月6日原告的全部股权已转让给了被告毛建伟，原告已不再具有股东资格，故无权提起本案诉讼。请求法院驳回原告的诉讼请求。

被告万华辩称：万华工贸公司于2004年4月6日召开的股东会是合法的，本人享有万华工贸公司的全部表决权，经本人表决同意的股东会决议应为有效。本人将80万元个人出资对应的公司股权转让给被告吴亮亮，征得了公司所有股东的同意，该转让行为也是有效的。原告张艳娟诉称其未参加股东会，也未在相应文件中签字属实，但因本人与原告系夫妻关系，财产是混同的，且双方曾约定公司股权归本人所有，因此本人代原告参加股东会并在股东会决议和股权转让协议中代为签字，均是合法有效的。自2004年4月6日起原告已不再是万华工贸公司股东，其无权提起本案诉讼。

被告吴亮亮辩称：本人作为股权的受让方不应当成为本案的被告，其受让股权的程序是合法的。原告张艳娟与被告万华系夫妻关系，本人有理由相信万华可以代表原告作出放弃对于万华股权的优先购买权的表示。即便原告没有授权万华表达放弃优先购买权的意思，本人作为善意购买人，其合法权益亦应受到保护。原告与万华之间的夫妻矛盾应依据《中华人民共和国婚姻法》进行处理，与本人无关。万华工贸公司 2004 年 4 月 6 日股东会决议和出资转让协议均应认定为有效。本人受让股权并被选任为万华工贸公司董事长已经两年多，该公司经营正常，在此期间原告从未提出过股东会决议违法或侵权等主张。2004 年 4 月 6 日本人以 80 万元对价购买了万华在万华工贸公司的部分股权，现原告或万华如以同样的价格受让，本人同意将股权再转让给原告或万华。

被告毛建伟辩称：被告万华工贸公司曾借用过本人的身份证，但本人根本不知道自己已经受让了原告张艳娟等人在万华工贸公司的股权，从未参加过 2004 年 4 月 6 日的万华工贸公司股东会，也不认识该公司股东沈龙、朱玉前等人。万华工贸公司章程、2004 年 4 月 6 日的股东会决议及股权转让协议中的毛建伟签名也非本人所签。

南京市玄武区人民法院一审查明：被告万华工贸公司成立于 1995 年 12 月 21 日，发起人为被告万华、原告张艳娟和其他两名股东朱玉前、沈龙，注册资本为 106 万元，其中万华出资 100 万元，朱玉前、沈龙、张艳娟各出资 2 万元。1995 年 11 月 23 日，万华、朱玉前、沈龙、张艳娟签订了万华工贸公司章程，该章程规定：公司股东不得向股东以外的人转让其股权，只能在股东内部相互转让，但必须经全体股东同意；股东有权优先购买其他股东转让的股权；股东会由股东按照出资比例行使表决权，每 10 万元为一个表决权；股东会议分为定期会议和临时会议，并应于会议召开五日前通知全体股东；定期股东会议应一个月召开一次；股东出席股东会议也可书面委托他人参加，行使委托书载明的权利；股东会议应当对所议事项作出决议，决议应当由代表二分之一以上表决权的股东表决通过；股东会对公司增加或减少注册资本、股东转让股权及公司的合并、分立、变更公司形式、解散、清算等事项作出的决议，应由代表三分之二以上表决权的股东表决通过；股东会议应当对所议事项的决定作出会议记录，出席会议的股东应当在会议记录上签名；等等。

被告万华工贸公司成立后，由被告万华负责公司的经营管理。

2004 年 4 月 12 日，被告万华工贸公司向公司登记机关申请变更登记，具体事项为：（1）将公司名称变更为江苏办公伙伴贸易发展有限公司（以下简称伙伴贸易公司）；（2）法定代表人变更为被告吴亮亮，股东变更为被告万华、吴亮亮、毛建伟及股东邢小英四人；（3）变更了公司章程的部分内容。

被告万华工贸公司申请上述变更公司登记所依据的材料为：（1）2004年4月6日股权转让协议两份，其主要内容分别为：被告万华将其100万元出资中的80万元出资对应的公司股权转让给被告吴亮亮；朱玉前将其出资2万元对应的公司股权转让给邢小英，沈龙将其2万元出资中的1万元对应的股权转让给被告毛建伟，将另1万元对应的公司股权转让给邢小英，原告张艳娟将2万元出资对应的公司股权转让给毛建伟。上述两份股权转让协议落款处有全部转让人及受让人的签名。（2）被告万华工贸公司的公司章程（2004年4月6日修正）一份，该章程除记载并确认了关于公司股东、董事、监事和公司住所地、名称的变更外，还作了如下规定：公司股东有权出席股东会议，并按照出资比例行使表决权，有权选举公司的董事或监事，同时享有被选举权；公司股东有权依法及公司章程的规定转让其出资；公司股东向股东以外的人转让其股权，必须经过半数以上的股东同意，不同意的股东应当购买被转让的股权，如果不购买被转让的股权，则视为同意向股东以外的人转让股权；经公司股东同意转让的股权，在同等条件下，其他股东对该部分股权有优先购买权；股东依法转让股权后，公司编制新的股东名册；股东会议分为定期会议和临时会议，定期会议应每年召开一次，临时会议由代表四分之一以上表决权的股东、三分之一的董事或监事提议方可召开；公司股东出席股东会议也可书面委托他人参加股东会议，行使委托书中载明的权力；召开股东会议，应当于会议召开前十五日以书面形式通知全体股东，股东会应对所议事项的决定作成会议记录，出席会议的股东应当在会议记录上签名，等等。该章程有被告吴亮亮、毛建伟、万华及股东邢小英的签名。（3）2004年4月6日被告万华工贸公司股东会决议一份，主要内容是：全体股东一致同意上述股权转让；转让后各股东出资额及占注册资本的比例为：被告吴亮亮出资80万元、占75.5%，被告万华出资20万元、占18.9%，邢小英出资3万元、占2.8%，被告毛建伟出资3万元、占2.8%；全体股东一致同意将公司名称变更为"江苏办公伙伴贸易发展有限公司"；全体股东一致同意公司住所地变更为"南京市洪武北路116号"；全体股东一致同意免去朱玉前、沈龙董事职务，重新选举吴亮亮、毛建伟为董事，与万华组成董事会；全体股东一致同意免去原告张艳娟的监事职务，选举邢小英为监事；全体股东一致同意2004年4月6日所修改的公司章程。

另查明，原告张艳娟与被告万华于1988年结婚，现为夫妻。

上述事实有被告万华工贸公司的公司章程、2004年4月6日股权转让协议书、2004年4月6日股东会决议、万华工贸公司章程（2004年4月6日修正）、工商档案资料、南京市栖霞区档案馆证明及庭审笔录等证据证实。

│裁判结果│（1）2004年4月6日的被告万华工贸公司股东会决议不成立。（2）2004年4月6日原告张艳娟与被告毛建伟的股权转让协议不成立。（3）2004年4月6日被告万华与被告吴亮亮签订的股权转让协议无效。一审宣判后，各方当事人在法定期间内均未提出上诉，一审判决已发生法律效力。

│裁判理由│ 南京市玄武区人民法院一审认为本案的争议焦点问题是：（1）被告万华工贸公司于2004年4月6日作出的股东会决议以及涉案股权转让协议是否有效；（2）原告张艳娟对上述股东会决议和股权转让协议申请确认无效或者申请撤销，应否支持。

有限责任公司的股东会议，应当由符合法律规定的召集人依照法律或公司章程规定的程序，召集全体股东出席，并由符合法律规定的主持人主持会议。股东会议需要对相关事项作出决议时，应由股东依照法律、公司章程规定的议事方式、表决程序进行议决，达到法律、公司章程规定的表决权比例时方可形成股东会决议。有限责任公司通过股东会对变更公司章程内容、决定股权转让等事项作出决议，其实质是公司股东通过参加股东会议行使股东权利、决定变更其自身与公司的民事法律关系的过程，因此公司股东实际参与股东会议并作出真实意思表示，是股东会议及其决议有效的必要条件。本案中，虽然被告万华享有被告万华工贸公司的绝对多数的表决权，但并不意味着万华个人利用控制公司的便利作出的个人决策过程就等同于召开了公司股东会议，也不意味着万华个人的意志即可代替股东会决议的效力。根据本案事实，不能认定2004年4月6日万华工贸公司实际召开了股东会，更不能认定就该次会议形成了真实有效的股东会决议。万华工贸公司据以决定办理公司变更登记、股权转让等事项的所谓"股东会决议"，是当时该公司的控制人万华所虚构，实际上并不存在，因而当然不能产生法律效力。

被告万华工贸公司、万华、吴亮亮主张原告张艳娟的起诉超过了修订后《公司法》第二十二条规定的申请撤销股东会决议的期限，故对其诉讼请求不应支持。对此法院认为，本案发生于《公司法》修订前，应当适用当时的法律规定。鉴于修订后的《公司法》第二十二条规定股东可以对股东会决议提起确认无效之诉或者申请撤销之诉，而修订前的公司法未对相关问题作出明确规定，因此根据《〈公司法〉司法解释（一）》第二条的规定，本案可以参照适用修订后《公司法》第二十二条的规定。但是，修订后《公司法》第二十二条关于

"股东会或者股东大会、董事会的会议召集程序、表决方式违反法律、行政法规或者公司章程，或者决议内容违反公司章程的，股东可以自决议作出之日起六十日内，请求人民法院撤销"的规定，是针对实际召开的公司股东会议及其作出的会议决议作出的规定，即在此情况下股东必须在股东会决议作出之日起六十日内请求人民法院撤销，逾期则不予支持。而本案中，2004年4月6日的万华工贸公司股东会及其决议实际上并不存在，只要原告在知道或者应当知道自己的股东权利被侵犯后，在法律规定的诉讼时效内提起诉讼，人民法院即应依法受理，不受修订后的《公司法》第二十二条关于股东申请撤销股东会决议的60日期限的规定限制。

股东向其他股东或股东之外的其他人转让其股权，系股东（股权转让方）与股权受让方协商一致的民事合同行为，该合同成立的前提之一是合同双方具有转让、受让股权的真实意思表示。本案中，不能认定原告张艳娟与被告毛建伟之间实际签署了股权转让协议，亦不能认定被告万华有权代理张艳娟转让股权，毛建伟既未实际支付受让张艳娟股权的对价，也没有受让张艳娟股权的意愿，甚至根本不知道自己已受让了张艳娟等人的股权，诉讼中也明确表示对此事实不予追认，因此该股权转让协议依法不能成立。据此，被告万华工贸公司、万华、吴亮亮关于张艳娟已非万华工贸公司股东，不能提起本案诉讼的主张不能成立，依法不予支持。

关于被告万华与吴亮亮签订的股权转让协议，根据修订前的《公司法》及万华工贸公司章程的相关规定，股东向股东以外的人转让股权的，须经全体股东过半数同意。本案中，万华向吴亮亮转让股权既未通知其他股东，更未经过全体股东过半数同意，因此该股权转让行为无效。

（二）裁判旨要

有限责任公司召开股东会议并作出会议决议，应当依照法律及公司章程的相关规定进行。未经依法召开股东会议并作出会议决议，而是由实际控制公司的股东虚构公司股东会议及其会议决议的，其他股东申请确认虚构的股东会议及其决议无效的，人民法院应当支持。

(三) 律师评析

这个案件是最高人民法院的公报案例，具有一定的指导性，在一定程度上体现了法官进行利益衡量的考虑。

1. 公司决议撤销之诉有一个发展过程，股东的权利保护获得强化

1993年的《公司法》对公司决议撤销之诉并无明确规定。2000年，《民事案件案由规定（试行）》（法发〔2000〕26号），将此类纠纷归结为公司决议侵害股东权纠纷。2008年，《最高人民法院关于印发民事案件案由规定的通知》（法发〔2008〕11号）将此类纠纷规定为"股东会或者股东大会、董事会决议效力纠纷"。2011年，最高人民法院又对上述案由进行了修改，修改成了公司决议纠纷。

2. 法院在公司决议撤销纠纷案件中的司法审查范围的限定

当公司决议存在瑕疵时，根据《公司法》第二十二条的规定，股东可以提起公司决议无效或撤销之诉。从该规定看，公司决议可撤销的原因包括：召集程序违反法律、行政法规或公司章程，表决方式违反法律、行政法规或公司章程，决议内容违反公司章程。因此，法院在公司决议撤销纠纷案件中的司法审查范围原则上限于对上述三个可撤销原因的审查。

具体包括：（1）召集程序方面的瑕疵。常见的召集程序瑕疵包括召集人不适格、未按照规定期限发送召集通知、未采用规定的方式发送召集通知等。（2）表决方式的瑕疵。常见的表决方式瑕疵包括未达到法定的表决比例、参与表决的主体不具备表决资格、表决权行使受到不当干扰等。（3）决议内容是否符合章程。《公司法》将违反章程列为公司决议可撤销的原因，而非无效的原因。在公司决议撤销纠纷案件中，对决议内容的审查是看决议的内容是否符合章程的规定，而不是审查其内容是否合法。如果决议的内容违反了法律或行政法规的强制性规定，其结果是决议无效，而不是可撤销。

3. 诉讼时效的重要性

关于诉讼时效，值得肯定的是，法官在处理这个案子时不是机械地理解《公司法》关于股东会决议撤销的相关规定，而是进行了体系性论证。

本案的情形发生在《公司法》2005年修订之前，2005年修订后《公司法》第二十二条关于"股东可以自决议作出之日起六十日内，请求人民法院撤销"的规定，是针对实际召开的公司股东会议及其作出的会议决议作出的规定，即在此情况下股东必须在股东会决议作出之日起六十日内请求人民法院撤销，逾期则不予支持。本案中，2004年4月6日的万华工贸公司股东会及其决议实际上并不存在，法院认为，只要原告在知道或者应当知道自己的股东权利被侵犯后在法律规定的诉讼时效内提起诉讼，人民法院即应依法受理。

4. 决议不成立、无效和撤销的理由重叠交织，区分很困难

在公司的实践中，决议不成立、无效和撤销的理由是有重叠与交织的，当事人区分起来十分困难，这也增加了当事人选择恰当诉讼请求的难度。

在审判实践中，"不论在最高法院引入决议不成立之诉之前还是之后，各级法院就瑕疵理由的认定均存在意见分歧。"[3] 例如对于"表决结果未达到比例"的瑕疵，在厦门中院、聊城中院都有判决认为应当通过无效之诉主张[4]，但江苏高院的审判人员认为应当通过撤销之诉主张[5]。不同地方的法院在"相同股东针对同一决议基于同一事实主张提起的不成立、无效或撤销之诉是否构成重复起诉"这一问题上持不同见解。例如，徐州中院认为，当事人基于相同事实先后提起的无效之诉与不成立之诉构成重复起诉[6]，但江苏高院认为无效之诉与不成立之诉属于相互独立的诉[7]。对于同样的事由，不同地区法院的态度是不同的，裁判尺度也是不一样的，这不仅会导致原告面临错误选择诉讼类型从而败诉的风险，而且还可能致使原告面临首次起诉败诉之后再次提起的其他形式的诉讼被法院认为是重复起诉而不予受理或驳回起诉的风险。

（四）相关法条及司法解释

《中华人民共和国公司法》

第二十二条　公司股东会或者股东大会、董事会的决议内容违反法律、行政法规的无效。

股东会或者股东大会、董事会的会议召集程序、表决方式违反法律、行政

---

[3] 周翠：《公司决议诉讼的功能定位与程序机制》，载《中外法学》2019年第3期。
[4] 参见吴国璋诉厦门市同安区捷强市政工程有限公司决议效力确认纠纷案，（2013）厦民终字第668号，聊城市隆昌投资有限公司等与杨庆宏等公司决议效力确认纠纷上诉案，（2017）鲁15民终2169号。
[5] 参见周富根、姜亦军与徐州市长盛建筑工程有限公司决议纠纷申诉、申请民事裁定书，（2017）苏民申2855号。
[6] 参见尹丽苹诉徐州建筑工程机械有限公司公司决议纠纷案，（2017）苏03民终8397号。
[7] 马仁勇、蒋平美与南京峰缘光学仪器有限公司决议纠纷再审民事判决，（2017）苏民再124号。

法规或者公司章程，或者决议内容违反公司章程的，股东可以自决议作出之日起六十日内，请求人民法院撤销。

股东依照前款规定提起诉讼的，人民法院可以应公司的请求，要求股东提供相应担保。

公司根据股东会或者股东大会、董事会决议已办理变更登记的，人民法院宣告该决议无效或者撤销该决议后，公司应当向公司登记机关申请撤销变更登记。

三、符合诉的利益原则的当事人才能提起决议无效的确认之诉

为了维护公司稳定经营和交易安全，在诉的利益原则的基础之上，各国公司法对决议效力确认之诉的原告范围作出了很多限制，我国《公司法》第二十二条也作出了适当限制，但由于该规定较为原则，司法实务中对其具体含义存在一定争议。《最高人民法院公报》2019 年第 7 期（总第 273 期）中许明宏诉泉州南明置业有限公司、林树哲与公司有关的纠纷案就明确了对原告资格的审查标准。

（一）典型案例

☞ **许明宏诉泉州南明置业有限公司、林树哲与公司有关的纠纷案**[8]

【关键词】无效　撤销　民事权利

| **基本案情** | 上诉人（原审原告）：许明宏（曾用名许明良），男，香港特别行政区居民，住香港特别行政区。

被上诉人（原审被告）：泉州南明置业有限公司，住所地：福建省泉州市丰泽区泉山路水上乐园，法定代表人：林树哲。

被上诉人（原审被告）：林树哲，男，香港特别行政区居民，住香港特别行政区。

---

[8]（2017）最高法民终 18 号，载《最高人民法院公报》2019 年第 7 期。

许明宏因与泉州南明置业有限公司（以下简称泉州南明公司）、林树哲与公司有关的纠纷一案，向福建省高级人民法院提起诉讼。许明宏请求：1. 确认泉州南明公司2000年8月9日的《泉州南明娱乐有限公司董事会决议》无效；2. 判令泉州南明公司、林树哲连带赔偿许明宏经济损失暂计人民币9000万元（最终金额以人民法院委托有关机构审计或评估的金额为准）；3. 本案诉讼费、保全费等全部费用均由泉州南明公司、林树哲共同承担。

一审法院受理后，认定以下基本事实：（1）1993年1月12日，香港南明公司在香港注册成立。股东为许明棋、杨连嘉，各占1股。2006年11月28日，许明棋将其名下的1股转让给徐伟福。

（2）1995年12月29日，泉州南明娱乐有限公司成立。公司注册资本人民币2000万元，投资总额人民币2500万元。其中，泉州市鲤城区地产开发公司（以下简称鲤城公司）出资人民币480万元，占24%股份；泉州市北峰对外加工装配有限公司（以下简称北峰公司）出资人民币120万元，占6%股份；香港南明公司出资人民币1400万元，占70%股份。

（3）1996年10月4日，香港南明公司召开董事会，形成《香港南明置业有限公司第一次董事会记录》。该记录载明，香港南方纺织有限公司、许明良、刘三煌、林文龙、黄朝阳、戴新民六方合作组成香港南明公司。其中，香港南方纺织有限公司占股50%，许明良、刘三煌、林文龙、黄朝阳、戴新民各占股10%；公司集资港币2500万元，按各自股份比例出资。林树哲、徐伟福、杨连嘉、许明良均在该董事会记录上签字。

（4）1997年3月14日，泉州泉联审计事务所就泉州南明娱乐有限公司实收资本验证事项出具《报告书》载明：香港南明公司于1996年10月汇入港币3999850元，折人民币4285839元；于1997年1月两次汇入港币4999700元，折人民币5353679元；合计人民币9639518元。1998年3月9日，泉州泉联审计事务所再次就泉州南明娱乐有限公司实收资本验证事项出具《报告书》，就该次验资事项载明：1997年5月5日外商汇入港币3000000元，折人民币3214200元，两次投入资本共计人民币12853718元。

（5）2003年12月2日，鲤城公司、北峰公司分别将各自名下持有的泉州南明娱乐有限公司股权全部转让给香港南明公司。自此，泉州南明娱乐有限公司变更为外商独资企业。2007年1月29日，泉州南明娱乐有限公司名称变更为泉州南明置业有限公司。

（6）许明宏，原名许明良，于2003年3月11日改名为许明宏。

一审法院认为，本案许明宏的诉请第一项为请求确认董事会决议无效，第二项虽表述为请求泉州南明公司、林树哲赔偿经济损失，但实质上是基于其是公司实际投资人的主张请求按照出资比例分配公司盈余，两项诉求均属于主张股东权益，本案的案由应当确定为与公司有关的纠纷。因许明宏、林树哲均系香港特别行政区居民，本案系涉港民商事纠纷，应参照涉外案件适用集中管辖的规定。各方当事人在诉讼过程中均援引中华人民共和国内地法律且未对法律适用问题提出异议，应确认中华人民共和国内地法律为本案准据法。

一审法院认定，许明宏主张其为泉州南明公司的实际投资人，依据不足，而其并非泉州南明公司的股东，不能行使泉州南明公司的股东才享有的财产及其他权益，不是本案的适格原告，裁定驳回许明宏的起诉，一审预收案件受理费491800元予以退还。

许明宏上诉请求：撤销一审裁定，指令福建省高级人民法院审理本案。

最高人民法院经审理查明：第一，2000年8月9日，香港南明公司出具《委派书》记载："原南明娱乐有限公司董事长：林树哲先生及港方董事：许明良、郭文强先生因工作调动及身体原因，不再担任南明娱乐有限公司董事。现委派王明德先生担任南明娱乐有限公司董事长；委派刘三煌先生、万碧松先生为南明娱乐有限公司港方董事。原董事吴长谋先生保持不变。"

第二，2000年8月9日《泉州南明娱乐有限公司董事会决议》载明："泉州南明娱乐有限公司董事会成员林树哲、郭文强、许明良（原文为许明扬）、杨乌锡、万象新、吴群德、张招贤因工作调动或身体原因不再担任公司董事。经董事会研究决定更换董事人员如下：王明德（港方董事，任董事长），刘三煌（港方董事，任总经理），万碧松（港方董事），颜呈灿（中方董事），杨少川（中方董事），郑跃欣（中方董事），郭晓阳（中方董事），原港方董事总经理吴长谋先生不再担任总经理，但仍担任董事一职。特此决议。"董事会成员落款处有林树哲、杨乌锡、万象新、吴长谋、许明良签名。许明宏主张此处"许明良"的签名系被伪造。

第三，泉州南明公司章程第四章第十八条规定："董事会决定合营公司的一切重大事宜。其职权主要如下：（1）决定和批准总经理提出的重要报告：（如生产规划、年度营业报告、资金、供款等）；（2）批准年度财务报表、收支预算、年度利润分配方案；（3）通过公司的重要规章制度；（4）决定设立分支机构；（5）修改公司规章；（6）讨论决定合营公司停产、终止或与另一个经济组织合并；（7）决定聘用总经理、会计师等高级职员；（8）负责合营公司终止和期限满时的清算工作；（9）其他应由董事会决定的重大事宜。"

除前述事实外，一审裁定查明的事实属实，最高人民法院予以确认。

|**裁判结果**| 最高人民法院裁定：驳回上诉，维持原裁定。

|**裁判理由**| 最高人民法院认为：（1）关于本案纠纷适用的准据法问题。许明宏、林树哲为中华人民共和国香港特别行政区居民，本案准据法为中华人民共和国内地法律的认定，符合《涉外民事关系法律适用法司法解释（一）》第十九条和第八条第二款的规定，本院予以维持。

（2）关于本案两项诉请可否一并审理的问题。《民事诉讼法司法解释》第二百二十一条规定，"基于同一事实发生的纠纷，当事人分别向同一人民法院起诉的，人民法院可以合并审理"。一审法院根据许明宏向泉州南明公司、林树哲主张权利系基于同一事实的情形，认定许明宏提出的两项诉讼请求均系与公司有关的纠纷且一并予以审理，于法有据，本院予以维持。

（3）关于许明宏是否为本案的适格原告问题。《〈公司法〉司法解释（四）》第一条规定，公司股东、董事、监事等请求确认股东会或者股东大会、董事会决议无效或者不成立的，人民法院应当依法予以受理。该规定将确认公司决议无效之诉的原告明确列举为公司股东、董事、监事等，同时要求"人民法院应当依法予以受理"。根据《民事诉讼法》第一百一十九条第一项和《民事诉讼法司法解释》第二百零八条第三款之规定，提起诉讼的原告必须"是与本案有直接利害关系的公民、法人和其他组织"，人民法院在立案后发现原告的起诉不符合起诉条件的，应当裁定驳回起诉。据此，对于公司股东、董事、监事等提起的公司决议无效之诉，人民法院既要适用《公司法》及其司法解释的规定，亦应依据《民事诉讼法》及其司法解释审查原告是否"与本案有直接利害关系"。同理，提起公司盈余分配诉讼的原告，亦应当具有股东身份，或者与公司盈余分配有其他直接利害关系。因此，一审法院在本案受理后，依法审查许明宏与本案是否具有直接的利害关系，并以此判定许明宏是否具有提起本案两项诉讼请求的原告资格，适用法律正确。

（4）关于许明宏与林树哲之间是否具有直接利害关系的问题。许明宏并非案涉董事会决议无效之诉的适格原告，林树哲作为泉州南明公司的董事长在案涉董事会决议上签字的行为，系履行职责的职务行为，依法不能产生对许明宏的个人责任。加之许明宏与泉州南明公司之间不存在直接的利害关系，并非请求盈余分配诉讼的适格原告，林树哲作为泉州南明公司的法定代表人当然亦非本案的适格被告。故一审法院驳回许明宏对林树哲的起诉的处理结果正确，本院予以维持。

（5）关于本案其他相关问题的处置。由于许明宏在香港特别行政区的投资情况，并不影响本案对许明宏是否具备原告主体资格的判断，本院对于许明宏与其他五方投资人之间、六方投资人与香港南明公司之间法律关系的性质不予审理。此外，因本案无须就许明宏的诉请进行实体审查，许明宏一审申请证人出庭作证所涉事项并不影响本案诉讼主体资格的判断，一审法院对其调查取证、笔迹鉴定、委托审计、证人出庭作证等申请不予支持，并无不当；许明宏二审中提出的调查取证及委托鉴定申请，本院亦不予准许。对于许明宏二审提交的相关证据，即使予以采信也不能证明其具有原告资格，本院于本案不予认定。

（二）裁判旨要

一是人民法院应当根据《公司法》《〈公司法〉司法解释（四）》以及《民事诉讼法》的规定审查提起确认公司决议无效之诉的当事人是否为适格原告。

对于在起诉时已经不具有公司股东资格和董事、监事职务的当事人提起的确认公司决议无效之诉，人民法院应当依据《民事诉讼法》第一百一十九条的规定审查其是否符合与案件有直接利害关系等起诉条件。

二是公司法意义上的董事会决议，是董事会根据法律或者公司章程规定的权限和表决程序，就审议事项经表决形成的反映董事会商业判断和独立意志的决议文件。中外合资经营企业的董事会对于合营一方根据法律规定委派和撤换董事之事项所作的记录性文件，不构成公司法意义上的董事会决议，亦不能成为确认公司决议无效之诉的对象。

（三）律师评析

对于公司决议瑕疵之诉，我国《公司法》第二十二条也作出了适当限制。为了应对司法实践中的新问题，最高人民法院于2017年9月1日颁布了《〈公司法〉司法解释（四）》。该解释第一条规定了请求确认决议无效或不成立的原告，包括股东、董事、监事等。在本案中，最高人民法院通过司法案例的裁判展示了对提起公司决议无效之诉的原告主体资格的审查要求以及构成公司法意义上的"决议"的条件。

1. 关于确认公司决议无效之诉的原告资格问题

《民法总则》实施后，最高人民法院贯彻《民法总则》第一百三十四条第二款之规定，在出台的《〈公司法〉司法解释（四）》第五条中规定了公司决议不成立制度，从此我国公司法对决议瑕疵类型调整为"三分法"。根据《民法总则》之规定，决议行为系一种特殊的民事法律行为，所以，决议行为是多个民事主体在表达其意思表示的基础上根据法律或章程等规定的议事方式和表决程序为形成团体意思而作出的民事法律行为。[9]

立案登记制正式实施后，缓解了当事人"起诉难"问题。在立案登记制下，对当事人而言，在起诉阶段并不要求当事人是适格的当事人，确定的目的在于受诉法院能够知晓原告和被告是谁。对于公司决议可撤销之诉而言，在起诉最初阶段，原告是否具有股东资格并不属于立案登记阶段的审查范围。《〈公司法〉司法解释（四）》第二条对决议可撤销之诉原告具有股东资格之规定导致法院确认可撤销之诉的正当当事人与诉的利益有直接关系，在立案登记制下，该解释的规定与现行民事程序法的规范相脱节。

根据《民事诉讼法》第一百一十九条第一项之规定，提起诉讼的原告必须"是与本案有直接利害关系的公民、法人和其他组织"，人民法院在立案后发现原告的起诉不符合起诉条件的，应当裁定驳回起诉。根据《〈公司法〉司法解释（四）》第一条的规定，公司股东、董事、监事等有权请求确认股东会或者股东大会、董事会决议无效或者不成立。

2. 董事会上决议的内容不一定构成董事会决议，股东会决议亦如此

在本案中，最高人民法院认为，根据《公司法》的规定，董事会作为公司经营决策机构，可以根据法律或者公司章程规定的权限和表决程序，就其审议事项经表决后形成董事会决议，但该决议应当反映董事会的商业判断和独立意志。由此，《〈公司法〉司法解释（四）》第一条规定的可以由公司股东、董事、监事等请求确认无效的决议，并不包括本案所涉不体现董事会意志的记录性文件。故案涉上述文件中涉及许明宏不再担任泉州南明公司董事职务的部分，虽然有董事会决议之名，但其并不能构成《公司法》意义上的董事会决议。因此，也就无法成为公司决议无效诉讼的对象。这种判断实际上采用的是实质主义的标准，并不仅仅在意形式文件的董事会决议。

---

[9] 参见王雷：《民法总则中决议行为法律制度的力量与弱点》，载《当代法学》2018年第5期。

股东会之所以可产生决议，主要是基于该内容可根据股东会集体意志而发生法律关系的产生、变更、消灭等法律效果。如最高人民法院在（2015）民二终字第313号民事判决书中认为股东会有权对公司增加注册资本作出决议，但对股东是否认缴公司新增资本、认缴多少则不能作出决议。关于后者，即便刊登于股东会决议中，但实则是股东之间的协议，并不受《公司法》直接调整。

3. 实际投资人与名义股东之间的权益纠纷解决问题

我国《公司法》并没有对隐名股东的问题进行明确规定，但是对于隐名股东与显名股东之间的约定如股权代持协议等也并不直接予以否认，只是规定未经登记不能对抗善意第三人。正是基于《公司法》这种并不明确的规定，《〈公司法〉司法解释（三）》对隐名股东的法律问题作出了明确解释。《〈公司法〉司法解释（三）》第二十五条、第二十六条、第二十七条的相关规定明确区分了隐名股东的投资权益与股东权益，肯定了股权代持协议的合法地位。这种规定明确了隐名股东与显名股东之间签订的股权代持协议属于合同法调整的关系，两方基于股权代持协议发生的纠纷，适用《合同法》。股权代持协议双方可以基于股权代持协议的约定向合同相对方主张相应的权利，也可以基于股权代持协议是否存在《合同法》第五十二条规定的情形而请求确认有效或者无效。

但是对于投资人的"股东权益"问题，需要根据《公司法》的有关规定予以处理。对于显名股东的无权处分行为，需要保护善意第三人的权利，但同时也明确规定了隐名股东的追偿权。

（四）相关法条及司法解释

《中华人民共和国公司法》

第二十二条 公司股东会或者股东大会、董事会的决议内容违反法律、行政法规的无效。

股东会或者股东大会、董事会的会议召集程序、表决方式违反法律、行政法规或者公司章程，或者决议内容违反公司章程的，股东可以自决议作出之日起六十日内，请求人民法院撤销。

股东依照前款规定提起诉讼的，人民法院可以应公司的请求，要求股东提供相应担保。

公司根据股东会或者股东大会、董事会决议已办理变更登记的，人民法院宣告该决议无效或者撤销该决议后，公司应当向公司登记机关申请撤销变更登记。

《中华人民共和国民事诉讼法》

  第一百一十九条　起诉必须符合下列条件：

  （一）原告是与本案有直接利害关系的公民、法人和其他组织；

  （二）有明确的被告；

  （三）有具体的诉讼请求和事实、理由；

  （四）属于人民法院受理民事诉讼的范围和受诉人民法院管辖。

《最高人民法院关于适用〈中华人民共和国公司法〉若干问题的规定（四）》

  第一条　公司股东、董事、监事等请求确认股东会或者股东大会、董事会决议无效或者不成立的，人民法院应当依法予以受理。

  第二条　依据公司法第二十二条第二款请求撤销股东会或者股东大会、董事会决议的原告，应当在起诉时具有公司股东资格。

  第五条　股东会或者股东大会、董事会决议存在下列情形之一，当事人主张决议不成立的，人民法院应当予以支持：

  （一）公司未召开会议的，但依据公司法第三十七条第二款或者公司章程规定可以不召开股东会或者股东大会而直接作出决定，并由全体股东在决定文件上签名、盖章的除外；

  （二）会议未对决议事项进行表决的；

  （三）出席会议的人数或者股东所持表决权不符合公司法或者公司章程规定的；

  （四）会议的表决结果未达到公司法或者公司章程规定的通过比例的；

  （五）导致决议不成立的其他情形。

第九章 公司设立纠纷

一、公司设立纠纷概述

公司设立纠纷是公司发起人依照法律规定的条件和程序,为公司取得法人资格而依法实施一系列法律行为所引发纠纷的总称。

具体来讲,在公司设立的过程中,经常因为有关公司设立的活动,如资金的筹措、办公用品的购买、公司经营地的购买或租赁、未来公司所需业务的机器设备等情况,形成设立人之间、设立人与未来公司之间、设立人与交易第三人之间,以及公司与交易第三人之间多重法律关系的复杂情形。公司设立纠纷之诉就是为了解决此阶段产生的纠纷与矛盾而设置的司法救济途径。

公司设立纠纷案由中常见的诉讼请求有:

(一)发起人基于合同法规定要求解除发起协议、退还投资款、赔偿损失等

发起人因设立公司一般会签订书面的投资协议,因客观原因或一方违约导致协议无法履行,守约方都可以按照合同法关于违约或客观无法履行的情况,要求解除合同并要求违约方承担相应的责任。

(二)基于《〈公司法〉司法解释(三)》要求其他发起人共同承担对外责任

设立公司过程中必然产生费用和债务,债权人有权向公司的全部发起人和部分发起人主张对此费用承担连带清偿责任,当设立公司的部分发起人对外承担责任后,可以要求其他发起人共同承担对外债务。如上所述《〈公司法〉司法解释(三)》第四条规定了各发起人对外承担债务的方式。

（三）发起人要求分配设立公司过程中产生的合作利润

公司在设立过程中会产生费用和债务，各发起人对此可根据《〈公司法〉司法解释（三）》的规定承担相应的责任，即当公司设立不能时，发起人按出资比例承担设立阶段产生的费用和债务。在公司设立过程中亦可能会产生收益，对于该部分收益，发起人亦有权主张要求分配，关于盈利如何分配，并未有法律明确规定，实务中法院认为根据权利义务相一致的法理以及民法的公平原则，对公司设立阶段的债权分配，应比照适用债务承担的规定，发起人有权按照出资比例分配公司设立阶段从事经营行为所产生的盈利。

二、公司设立阶段生产经营所得利润，按照发起人出资比例分配

公司设立不能，对发起人在公司设立阶段从事生产经营的行为，虽可由工商部门进行处罚，但对于经营所得利润的处理，人民法院应比照发起人出资比例承担该阶段的债务的情形进行分配。

（一）典型案例

☞ **王军诉李成军、尤明军等12人公司设立纠纷案**[1]

【关键词】公司设立阶段　利润分配

|基本案情|再审申请人（一审原告、反诉被告、二审上诉人）：王军；被申请人（一审被告、反诉原告、二审上诉人）：李成军、尤明军；被申请人（一审被告、反诉原告、二审被上诉人）：张冰、甘安华、郑品文、陈长志、李晓波、欧定祥、陈建、丁胜、熊宗友、欧定清。

李成军、郑品文、张冰共同出资经营铁粉加工销售业务，并以李成军个人名义办理了个体工商户营业执照，字号为"乌拉特前旗秦安磁选厂"（以下简称秦安磁选厂），其中李成军名下出资的90万元由其本人的47.67万元、

---

[1]（2009）安民初字第12号；（2010）陕民二终字第00019号；陕民再字第00010号，载《人民法院案例选》第87辑。

丁胜的33.33万元、尤明军的9万元组成；郑品文名下的出资90万元由其本人的25万元、陈长志的22.5万元、熊宗友的22.5万元、李晓波的20万元构成；张冰名下的出资90万元由其本人的20万元、欧定祥的20万元、欧定清的10万元、陈建的20万元、甘安华的20万元构成。

2007年4月10日，乌拉特前旗矿业秩序整顿规范工作领导小组发出《铁选企业限期整改通知书》，要求秦安磁选厂必须在2007年7月30日前整改，整改不达标，将强行关闭。2007年8月20日，李成军、郑品文、张冰、陈长志、李晓波、欧定祥、尤明军、丁胜、熊宗友、欧定清召开会议，形成会议决议：全体合伙人同意成立"秦安矿业有限责任公司"（以下简称秦安公司），在设立公司时引进新资金（王军）。

2007年9月7日，秦安公司出纳杨荣莲给王军出具了加盖有秦安公司印章的收条一张，载明"收到王军现金1396324元整"。秦安磁选厂在2007年9月至2007年12月实际生产经营73天，盈利687902元。2007年9月、10月、11月三个月期间秦安磁选厂购买设备、建筑材料等物品、支付人员工资等支出花费总计金额为233409.7元。

2007年12月25日，王军以被告不办理资产过户手续，出资未到位等为由诉至原审法院，请求判令：（1）退还投资款1396324.00元。（2）按出资比例分配秦安公司名称预留登记期间的经营利润或者赔偿投资款项的利息损失（按银行同期贷款利率的4倍计算）。（3）按投资比例分割库存商品、新增固定资产。（4）承担本案诉讼费。同时，李成军等12人答辩并反诉称：王军与李成军等12人是合伙关系，在合伙账务既未清算，也未通知其他合伙人要退伙的情况下，王军申请法院冻结企业财产并要求撤资，导致被告不能收购矿石，造成损失。请求判令王军赔偿其因法院冻结资金造成的直接损失119万元和税款及滞纳金98655.20元。

| 裁判结果 | 一审判决：（1）李成军、尤明军、郑品文、张冰、陈长志、李晓波、欧定祥、陈建、甘安华、丁胜、熊宗友、欧定清在本判决生效后15日内，退还王军出资款1396324.00元；支付王军在共同经营期间的盈利款、新增固定资产价值313245.97元，共计1709569.97元。（2）驳回王军的其他诉讼请求。（3）驳回李成军、尤明军的反诉请求。

宣判后，王军、李成军、尤明军不服，提出上诉。

二审判决：（1）维持原审判决第二、第三项，撤销第一项。（2）由李成军、尤明军、郑品文、张冰、陈长志、李晓波、欧定祥、陈建、甘安华、丁胜、熊宗友、欧定清在本判决生效后7日内,退还王军出资款1396324.00元。(3)由李成军、尤明军、郑品文、张冰、陈长志、李晓波、欧定祥、陈建、甘安华、丁胜、熊宗友、欧定清在本判决生效后7日内补偿王军上述款项自2007年8月31日起至2007年12月15日按中国人民银行同期同类贷款利率计算的利息。

宣判后,王军申请再审,最高人民法院指令再审。

陕西省高级人民法院再审判决:(1)维持本院(2010)陕民二终字第00019号民事判决第二项;(2)撤销本院(2010)陕民二终字第00019号民事判决第一、第三项;(3)由李成军、尤明军、郑品文、张冰、陈长志、李晓波、欧定祥、陈建、甘安华、丁胜、熊宗友、欧定清在本判决生效后7日内支付王军在共同经营期间的盈利款和库存商品中铁精粉的利润共计268546.09元;(4)驳回王军的其他诉讼请求;(5)驳回李成军、尤明军等人的反诉请求。

| 裁判理由 | 再审法院认为,本案的争议焦点问题是:(1)王军对其参与经营73天的利润及资产是否有权请求分配。(2)如果有权分配,经营期间产生的利润及资产有多少,该如何给王军进行分配。

关于王军对其参与经营73天的利润及资产是否有权请求分配的问题。依据2007年8月25日—8月26日董事会记录、股东会记录的约定,王军与李成军等12人商定成立秦安公司,王军以现金出资,李成军等12人以其在磁选厂的合伙财产出资。并对秦安公司机构设置、人员配备、原磁选厂债务的处理以及秦安公司的工商登记办理事宜等作了约定,选举王军为秦安公司的法定代表人,确定了秦安公司的董事会成员、监事、经理,以及出纳和会计人员。上述约定作出后,到2007年11月23日磁选厂停产前,王军以秦安公司董事长的身份负责磁选厂的生产经营,重大事项由秦安公司董事会或者股东会开会决定。秦安公司设立过程中磁选厂并未解散,但无论从其机构设置及人员组成情况,还是运营资金来源以及经营行为等情况看,磁选厂实际是以设立中的秦安公司从事生产经营。《〈公司法〉司法解释(三)》第四条规定了公司设立不能时,发起人按出资比例承担该设立阶段产生的债务的情形,但并未规定设立中公司在公司设立阶段从事经营活动产生的盈利如何分配。根据权利义务相一致的法理以及民法的公平原则,对公司设立阶段的债权分配,应比照适用债务承担的规定,发起人有权按照出资比例分配公司设立阶段从事经营行为所产生的盈利。故王军有按照出资比例参与分配其参与经营的73天中产生的利润及资产。

关于经营期间产生的利润及资产有多少,该如何给王军进行分配的问题。

（1）关于利润和库存商品。李成军等人认可董才胜统计的利润数额687902.00元，一审法院判决给王军分配利润和新增固定资产时也是以此为据，对此数额，王军上诉时并未提出异议，其在再审申请时又提出对767300.64元的利润数额进行分配的请求，本院不予支持，利润数额应以一审时双方均认可的687902.00元为据。关于库存商品522258.00元，双方当事人均认可库存商品包括矿石和铁精粉，并且已经变现，但对于矿石是否为王军投资入股后购买，王军并无相关证据予以证实，对此矿石款部分不予认定；对于铁精粉部分，根据杨荣莲的证明和董才胜的说明都证明其不包含在利润之中，故对该部分未出售成品的利润，应参照已销售的产品利润计算办法计算。因杨荣莲2007年12月14日的明细账记载数额比较粗略，董才胜于2008年4月10日出具的证明记载数额较为详细，故按董才胜记载数额计算该部分利润，即$(7739.38-7248.98)\times(648-440.13)=101939.45$元。（2）关于新增固定资产。其实际为王军入股后用投入的资金购买的机器及其他费用支出，属于王军所投资金进入企业营运后资产重新流转的一种形式，王军所投资金部分已经物化，部分作为支出已经消耗，计入生产成本，其既然要求返还投资款，再要求分配投资款转换成的资产就属于重复分配，故对该项请求本院不予支持。按照双方的协议约定及双方的实际投资数额，王军实际投资1396324元，李成军等12人在磁选厂的原投资额共计270万元，故王军的实际投资比例为34%，其有权按照该比例进行分配。故王军投资后秦安公司实际经营73天，其有权分配部分为$(687902.00+101939.45)\times34\%=268546.09$元。王军要求李成军等人返还其投资款被冻结期间利润的请求，没有依据，不予支持。

（二）裁判要旨

公司设立不成功时，公司在设立阶段从事生产经营活动产生的盈利如何处理法律并未有明确规定。《〈公司法〉司法解释（三）》第四条规定了公司设立不能时，发起人按出资比例承担该设立阶段产生的债务的情形。参照此规定，公司设立阶段的盈利分配应比照适用债务承担的规定，由发起人按照出资比例进行分配。

(三) 律师评析

《〈公司法〉司法解释（三）》规定了公司设立失败时，发起人对公司设立过程中所产生的费用和债务承担连带责任，但是未对公司设立过程中所产生的收益分配作出规定，发起人对此项收益是否有分配请求权是本案所需要解决的问题。

一种观点认为，《〈公司法〉司法解释（三）》规定了公司设立宣告失败后，各发起人对公司设立过程中产生的费用和债务承担责任，根据权利与义务相统一原则及公平责任原则，发起人对公司设立过程中所取得的收益理应享有分配请求权。

另一种观点认为，公司设立过程中，各发起人之间应视为合伙关系，在公司设立失败后，设立过程中的公司的财务清算应参照适用合伙企业法的相关规定，在未对设立公司进行清算之前，发起人无权请求分配财产。

本案再审法院支持第一种观点。本案的审判原则对处理公司设立不能，发起人之间对设立中公司的经营利润及债权的如何处理具有借鉴意义。

本案的特殊性在于秦安公司在设立中，秦安磁选厂并未解散，实际以设立中的秦安公司名义进行生产经营。一般而言，法律不允许设立中的公司从事生产经营，仅允许从事设立公司所必要的行为，对于设立中公司从事经营的情形可由工商部门进行处罚，但不能因为禁止性的规定而否认设立中公司已经实际经营的事实。

但是基于立法者的预见能力所限和社会的发展变化，法律必有漏洞。目前我国法律法规中均未明确约定对于公司在设立阶段从事生产经营活动产生的盈利如何处理的问题。因此本案法官根据法律原则作相应的类推解释以填补法律漏洞，即对公司设立阶段的盈利分配，应比照适用债务承担的规定，由发起人按照出资比例进行分配。

从法律层面来讲，类推适用法律必须将法律有规定和没有规定的两个不同事实进行比较，但应注意比较标准的复杂性，因为法律对某个特定事项是否应该同等对待，是个棘手的评价问题。在适用类推时，需要根据个案的情形，从法律漏洞产生的原因、法律规定的文义、规范目的等多个方面进行衡量。

(四) 相关法条及司法解释

《最高人民法院关于适用〈中华人民共和国公司法〉若干问题的规定（三）》

第四条 公司因故未成立，债权人请求全体或者部分发起人对设立公司行为所产生的费用和债务承担连带清偿责任的，人民法院应予支持。

部分发起人依照前款规定承担责任后，请求其他发起人分担的，人民法院应当判令其他发起人按照约定的责任承担比例分担责任；没有约定责任承担比例的，按照约定的出资比例分担责任；没有约定出资比例的，按照均等份额分担责任。

因部分发起人的过错导致公司未成立，其他发起人主张其承担设立行为所产生的费用和债务的，人民法院应当根据过错情况，确定过错一方的责任范围。

三、公司设立失败后，发起人中过错方应承担违约责任

发起人为设立公司，可能以自己的名义对外签订合同。此种合同的责任可能发生争议。合同相对人可能请求发起人承担合同责任；公司成立后对合同予以确认，或者已经实际享有合同权利或者履行合同义务的，合同相对人也可能请求公司承担合同责任。

（一）典型案例

☞ 上海吉玛摄影有限公司与施某公司设立纠纷一案[2]

【关键词】发起人违约责任

|基本案情| 原告：上海吉玛摄影有限公司；被告：施某。

2009年9月19日，上海吉玛摄影有限公司（以下简称吉玛公司）作为甲方与作为乙方的施某签订了一份《股份合作协议》。协议约定，由甲、乙双方共同出资在中国境内注册有限责任公司，公司名称为 ArtizPhotography（下文称艺匠摄影），经营地址为上海市茂名北路××号×号楼106至109室。公司注册资金为人民币100万元，甲、乙双方均以货币出资方式各出资50万元，分别占公司

---

[2] (2011) 闸民二（商）初字第517号；(2012) 沪二中民四（商）终字第508号。

注册资金的50%。

协议另约定，由乙方根据合同约定事项制作公司章程，经甲方审阅后甲、乙双方签字。甲、乙双方出资到位后，由乙方聘请有资质机构进行验资，获取验资报告，所需费用由甲、乙双方负担。公司章程、资产评估报告、验资报告出具后5日内，由乙方编制公司注册申请表，到工商机关办理公司注册登记，领取法人营业执照。

协议又约定，2009年10月31日之前，由甲方协助公司直接与茂名北路××号×号楼106室至109室的所有权人签订房屋租赁合同。上述房屋的租赁费、管理费2009年11月1日起由公司承担。该协议经甲、乙双方签字，并加盖公章后予以生效。

同日，吉玛公司、施某另签订了一份《补充协议》，该补充协议载明："甲方（即吉玛公司）出资的50万元实际是依（以）茂名北路××号×号楼106室至109室的租赁使用权、现有设备、装饰、用具、服装折价50万元作为出资。自《股份协议书》及本《补充协议》签订之日起茂名北路××号×号楼106室至109室的租赁使用权、现有设备、装饰、用具、服装，所有权属于艺匠摄影所有。"

2010年2月10日，吉玛公司、施某又签订了一份《补充协议》，约定签约双方原定2009年10月31日前共同注册公司事宜，由于双方工作耽搁，现定2010年2月22日前完成。

吉玛公司、施某签署上述协议后，未进一步明确设立新公司艺匠摄影的注册地址，亦未依约进行相关的资产评估、验资等手续，签约双方未能就设立新公司的相关事宜达成共识，最终亦未签署艺匠摄影的公司章程。

另外，2009年7月30日，吉玛公司与上海U2摄影有限公司（以下简称U2公司）签订合同约定，吉玛公司将茂名北路××号109室之场地提供双方（即吉玛公司和U2公司）作为共同经营高端婚纱摄影等；三个月试运行，待合作模式成功后再另行签订长期合同；维持吉玛公司原来装潢不改变，如有变动增加设备及服装费用由U2公司负责等。2009年9月10日，吉玛公司与施某签订合作合同约定，原定2009年8月至10月合作试营运三个月，合作期间改为至2010年年底，店面名称为艺匠摄影；合同中并载明原茂名北路××号×号楼店面陈某某老师已出资100余万元，用于软硬体设备；施某同意于2009年9月起将出资50万元，为茂名北路合作之公司添购摄影器材设备及广告宣传费用等。2010年9月29日，陈某某、施某作为乙方与出租方签订了茂名北路××号

×号楼107、108室的房屋转租合同。上述合同、合作合同包括《股份合作协议书》《补充协议》陈某某均作为吉玛公司的代理人签字，施某则代表U2公司或其本人签字。

之后，吉玛公司以施某不履行设立新公司的工商登记手续为由，向原审法院提起诉讼。请求判令：（1）解除2009年9月19日吉玛公司、施某签订的《股份合作协议书》；（2）施某向吉玛公司返还投资款50万元；（3）施某赔偿吉玛公司（自2009年9月20日起至判决生效之日止，按中国人民银行同期贷款基准利率计算的）因此而遭受的利息损失。

在原审审理过程中，施某同意吉玛公司的第一项诉讼请求，即解除2009年9月19日双方签订的《股份合作协议书》。

| 裁判结果 | 上海市闸北区人民法院作出（2011）闸民二（商）初字第517号民事判决：（1）2009年9月19日吉玛公司与施某签订的《股份合作协议书》予以解除；（2）吉玛公司的其他诉讼请求，不予支持。吉玛公司不服原审判决，提起上诉。

上海市第二中级人民法院作出（2012）沪二中民四（商）终字第508号民事判决：（1）维持上海市闸北区人民法院（2011）闸民二（商）初字第517号民事判决第一项；（2）撤销上海市闸北区人民法院（2011）闸民二（商）初字第517号民事判决第二项；（3）被上诉人施某应于本判决生效之日起十日内向上诉人上海吉玛摄影有限公司返还出资折价款50万元；（4）被上诉人施某应于本判决生效之日起十日内向上诉人上海吉玛摄影有限公司支付上述50万元的利息损失（自2009年9月20日起至本判决生效之日止，按中国人民银行同期贷款基准利率计算）。

| 裁判理由 | 二审法院认为：根据相关公司法原理，所谓发起人，在法律上须同时具备以下三个法律特征，即为设立公司一要"签署公司章程"、二要"向公司认购出资或者股份"、三要"履行公司设立职责"。本案中，吉玛公司与施某签订《股份合作协议书》后，始终未能就设立艺匠摄影共同签署公司章程，因此，无论是吉玛公司还是施某，均不具备上述发起人条件之一的须"签署公司章程"的法律要件，非法律意义上的发起人。故原审将本案案由定为发起人责任纠纷不当。根据吉玛公司和施某签订的《股份合作协议书》，双方共同确定成立艺匠摄影，故本案的案由应为公司设立纠纷。由于吉玛公司、施某在原审中均表示同意解除《股份合作协议书》，艺匠摄影已不可能设立，因此本案所要解决是吉玛公司、施某谁对公司设立失败有过错，以及过错方应承担何种

违约责任，从而判定吉玛公司要求返还投资作价款50万元的诉讼请求是否应得到支持。

根据双方于2009年9月19日签订的《股份合作协议书》和《补充协议》，吉玛公司的义务为出资50万元，出资方式为吉玛公司以其所有的位于茂名北路××号×号楼106—109室房屋的租赁使用权、现有设备、装饰、用具、服装折价50万元出资，并于协议签订当日所有权属于艺匠摄影；协助艺匠摄影与茂名北路××号×号楼106—109室房屋所有权人签订房屋租赁合同。施某的义务则为出资50万元；根据协议约定制作公司章程、聘请有资质机构进行验资、办理公司注册登记手续。从吉玛公司提供的证据来看，代表该公司的陈某某于2010年9月与施某共同完成了和房屋出租人签订房屋转租合同的手续，已完成了该项义务。而艺匠摄影是否成立，施某担当着更多具体的设立义务，但施某未向法院提供任何证据证明其交付了约定的出资，积极履行了设立公司的义务，或在吉玛公司未履行协议约定义务时，其曾向吉玛公司提出异议或催告。当然，双方当事人争议更大的是吉玛公司是否履行了出资50万元的义务。2009年7月30日，吉玛公司与代表U2公司的施某签订合作合同，约定吉玛公司将茂名北路××号×号楼109室场地与U2公司共同经营，三个月试运行成功后再签订长期合同；9月10日双方签订合作合同，确定陈某某对茂名北路××号×号楼店面已出资100余万元用于软硬体设备；9月19日吉玛公司即与施某签订本案系争协议，协议约定当日茂名北路××号×号楼106室至109室房屋租赁使用权及设备、装饰、用具、服装所有权即归艺匠摄影所有。虽然双方当事人之间缺乏交接清单等手续，但吉玛公司提供的该公司广告宣传册、照片等证据能够证明所涉房屋装修情况与现状一致，系争场地目前又是由施某经营的韩匠摄影用于摄影业务，故吉玛公司至少已将包括装饰部分的租赁场地交付施某使用的事实可以认定。其次，吉玛公司的陈某某也已同施某一起办理了房屋转租合同。再次，如吉玛公司确未履行系争协议约定的出资义务，施某从未提出异议或催告的做法显然不符常理。对此，施某仍表示不认可吉玛公司交付任何出资，称吉玛公司未能提供交接清单，主张因双方对设立公司的事项无法达成一致导致合同无法履行，但未提供任何依据，故法院难以采信。鉴于此，法院认为吉玛公司交付出资的概然性大于施某所主张的吉玛公司未交付出资的概然性。

根据《合同法》相关规定，当事人一方迟延履行债务或者有其他违约行为致使不能实现合同目的的，当事人可以解除合同。合同解除后，尚未履行的，终止履行；已经履行的，根据履行情况和合同性质，当事人可以要求恢复原状、采取其他补救措施,并有权要求赔偿损失。本案中,吉玛公司出资的目的是设立艺匠摄影,其出资财物的所有权本应归艺匠摄影所有。因艺匠摄影未成立,有关财物的控制、使用人应承担返还责任。由于房屋、设备、装饰等现由施某控制、使用较长时间,房屋租赁权、装饰不具返还的可操作性,设备、服装等则存在折旧,且作价50万元的内容不具可分割性,故综合考虑本案情况,由施某返还吉玛公司出资折价款50万元为妥。鉴于吉玛公司已交付出资,其要求利息损失的请求亦符合法律、法规的规定。综上,上诉人吉玛公司的上诉请求法院予以支持。

(二) 裁判要旨

本案系公司设立不成时,公司设立人关于设立责任如何承担的裁判案例,其符合公司设立纠纷案由,不能认定为发起人责任纠纷。

首先,双方虽然签订了以设立公司为目的的《合作协议》,吉玛公司也交付了认购的出资,但一方面《合作协议》在性质上并不能等同于公司章程,双方没有签署公司章程的行为,另一方面双方也没有进一步着手实施实质性的公司筹办事务,故双方之间的关系还停留在设立公司的合作者的阶段,尚不能认定其为公司发起人。

其次,吉玛公司主张施某返还投资款所依据的事实和理由,并不属于《公司法》及其司法解释规定的发起人责任内容,而是基于双方就设立公司达成的初步合意,相关财产交付的依据也是为设立公司签订的《合作协议》,因公司设立失败而发生的合作者之间的纠纷,按照最高法院新的民事案由规定,确定为公司设立纠纷较妥。

(三) 律师评析

一审法院认为本案系设立公司过程中发起人责任纠纷,根据查明的事实,吉玛公司与施某所签《股份合作协议》以及《补充协议》,于法无悖,合法有效,签约双方理应严格遵守,各自全面履行协议规定的义务。

应当明确的是,在设立公司的过程中,作为投资人实施的包括现金出资、实物出资、实物投入前的价值评估等行为,必须征得协议相对人的确认与认可,并由协议相对人签发收入现金、接收实物的相应签收凭据,最终将投资各方投入的资产按约进行评估、验资等程序，投资各方还必须签署公司章程，用以约定投资各方的权利与义务。至此，方可向国家工商行政管理部门申请办理工商企业的注册登记手续。而吉玛公司在无视系争《股份合作协议》项下是否具备企业工商注册登记前置条件的情况下，仅以施某不予办理工商登记手续为由要求施某返还其投资款50万元的诉讼请求，缺乏事实依据，亦不符合协议的约定，难以支持。

即便是存在施某侵占吉玛公司财产的行为，吉玛公司可另行主张权利，在审理发起人责任纠纷中不予处理。同时，吉玛公司提供的证据亦不足以证明其所称的财产就是本案吉玛公司诉称的价值50万元的投资实物，施某个人经营的韩匠摄影与本案亦并无关联，施某的抗辩理由，符合协议的约定，于法有据，予以采信。

基于施某同意吉玛公司解除2009年9月19日双方签订的《股份合作协议书》的诉请，且在审理过程中，双方均未作出需要继续相互合作的意思表示，本案系争《股份合作协议书》可予以解除。

二审法院认为根据相关公司法原理，所谓发起人，在法律上须同时具备以下三个法律特征，即为设立公司需要"签署公司章程""向公司认购出资或者股份"和"履行公司设立职责"。

本案中吉玛公司与施某签订《股份合作协议书》后，始终未能就设立艺匠摄影共同签署公司章程，因此，无论是吉玛公司还是施某，均不具备上述发起人条件之一的须"签署公司章程"的法律要件，非法律意义上的发起人。故原审将本案案由定为发起人责任纠纷不当。根据吉玛公司和施某签订的《股份合作协议书》，双方共同确定成立艺匠摄影，故本案的案由应为公司设立纠纷。

由于吉玛公司、施某在原审中均表示同意解除《股份合作协议书》，艺匠摄影已不可能设立，因此本案所要解决是吉玛公司、施某谁对公司设立失败有过错，以及过错方应承担何种违约责任，从而判定吉玛公司要求返还投资作价款50万元的诉讼请求是否应得到支持。

从吉玛公司提供的证据来看，代表该公司的陈某某于2010年9月与施某共同完成了和房屋出租人签订房屋转租合同的手续，已完成了该项义务。而艺匠摄影是否成立，施某担当着更多具体的设立义务，但施某未向法院提供任何证据证明其交付了约定的出资，积极履行了设立公司的义务，或在吉玛公司未履行协议约定义务时，其曾向吉玛公司提出异议或催告。

根据《合同法》相关规定，当事人一方迟延履行债务或者有其他违约行为致使不能实现合同目的的,当事人可以解除合同。合同解除后,尚未履行的,终止履行;已经履行的,根据履行情况和合同性质,当事人可以要求恢复原状、采取其他补救措施,并有权要求赔偿损失。

本案中,吉玛公司出资的目的是设立艺匠摄影,其出资财物的所有权本应归艺匠摄影所有。因艺匠摄影未成立,有关财物的控制、使用人应承担返还责任。由于房屋、设备、装饰等现由施某控制、使用较长时间,房屋租赁权、装饰不具返还的可操作性,设备、服装等则存在折旧,且作价50万元的内容不具可分割性,故综合考虑本案情况,由施某返还吉玛公司出资折价款50万元为妥。

(四) 相关法条及司法解释

《中华人民共和国合同法》

第九十四条 有下列情形之一的,当事人可以解除合同:

(一)因不可抗力致使不能实现合同目的;

(二)在履行期限届满之前,当事人一方明确表示或者以自己的行为表明不履行主要债务;

(三)当事人一方迟延履行主要债务,经催告后在合理期限内仍未履行;

(四)当事人一方迟延履行债务或者有其他违约行为致使不能实现合同目的;

(五)法律规定的其他情形。

《中华人民共和国公司法》

第九十五条 股份有限公司的发起人应当承担下列责任:

(一)公司不能成立时,对设立行为所产生的债务和费用负连带责任;

(二)公司不能成立时,对认股人已缴纳的股款,负返还股款并加算银行同期存款利息的连带责任;

(三)在公司设立过程中,由于发起人的过失致使公司利益受到损害的,应当对公司承担赔偿责任。

第十章 公司证照返还纠纷

一、公司证照返还纠纷概述

对公司而言，印章及证照是日常经营中必需物件，股东和董监高管控制和管理公司的重要物件。当公司内部矛盾激化，原实际控制人等对控制权变化产生异议，拒绝归还其占有的公司印章、营业执照、税务登记证书等证照，由此便产生了"公司证照返还纠纷"。

此类案件不同于传统的财产返还案件。公司的证照相对于自然人来说，就如同自然人的"身份证"，对于公司主体拥有特殊的意义。因此，公司证照返还纠纷的背后往往涉及公司控制权的争夺。

当公司控制权发生变化的情况下，原法定代表人等对控制权变化产生异议或不满，拒绝归还其占有的公司印章、证照，此类案件实质涉及公司内部治理中对于公司控制权的争夺，与传统的财产返还案件存在一定的差别，因此，最高人民法院发布的《民事案件案由规定》将此单列为"公司证照返还纠纷"。

实践中，公司证照返还纠纷的返还标的物范围并不仅限于公司证照，其外延还包括公司的各类印章以及其他对于公司拥有特殊意义动产。

因为公司证照印章等属于公司的财产，依法应由公司保管。这也就决定了提起公司证照返还纠纷的原告应该是公司。在公司公章、证照被原来保管人或第三人侵占的情况下，公司提起诉讼就面临着原告主体资格确认问题，如诉状上无法加盖公司印章等。最高人民法院审理的多起有关法定代表人代表公司参与诉讼的案件均认为：法定代表人有权代表公司参与诉讼。法定代表人以依法登记为准，但能提供证据证明代表公司起诉的主体是依照《公司法》及公司章程、股东会或董事会的决议选人的新法定代表人，即使未办理法定代表人变更登记手续，人民法院也会认可。

关于公司证照返还纠纷，原告方所需要的证据主要是：（1）返还标的物已存在缺位（非正常管理机制中）；（2）侵权人存在侵占行为；（3）侵权人存在保管义务或合理占有返还标的物的机会；（4）侵权行为对公司已造成哪些损失等。

基于此类案件涉诉主体的特殊性，往往还会涉及损害公司利益的纠纷。因此法院在审理这类案件时，应当摒弃传统单一的法律选择，综合多方面考虑，以达定分止争的法律效果[1]。

二、未办理工商变更登记的新法定代表人可代表公司提起诉讼

公司法定代表人的变更登记属于备案性质，未办理工商变更登记并不影响股东会决议确定新公司法定代表人的效力。公司新选举出的法定代表人，有权代表公司提起诉讼。

（一）典型案例

陈玉高与无锡市联众出租汽车有限公司公司证照返还纠纷案[2]

【关键词】 股东会决议　工商登记　公章

|基本案情| 原告：无锡市联众出租汽车有限公司，法定代表人：李某甲；被告：陈玉高。

无锡市联众出租汽车有限公司（以下简称联众公司）系于2001年3月22日经工商行政管理部门注册登记成立的有限责任公司，本案诉讼时登记的法定代表人为陈玉高，注册资金20万元，公司有自然人股东陈玉高等20人，均出资1万元，各持有公司5%的股份；公司董事会由陈玉高等7人组成。

联众公司2012年3月9日修订的公司章程第十八条约定"股东会以对公司

---

[1] 参见王国鑫：《浅议公司证照返还纠纷的路径选择》，载《法制与社会》2016年第33期。
[2] （2014）锡商终字第0092号；（2014）苏审三商申字第0247号。

增加或减少注册资本、合并、分立、解散、变更公司形式、修改公司章程作出决议时，必须经代表三分之二以上表决权的股东通过。"第二十条约定："股东会对其他事项作出决议，必须经代表60%以上表决权的股东通过。"

2013年2月23日，联众公司举行股东大会，李达进、徐林林、武杰、胡建阴、吴惠明、朱昭明、陈熊、钟长军、谢进良、尹建华、程小弟、陈荣福12名股东根据股东大会的选举结果制作了股东会决议并签名。股东会决议内容为：(1)免去原陈玉高、徐嘉栋、谢进良、朱麒麟、胡建阴、吴惠明、陈荣福7名董事职务，选举李达进、武杰、徐林林、吴惠明、胡建阴、朱昭明、严华7名为新董事。(2)免去原钟长军、武杰、严华、尹建华、徐林林5名监事职务，选举钟长军、谢进良、尹建华、陈熊、程小弟五名为新监事。随后，除严华外，李达进、武杰、徐林林、吴惠明、胡建阴、朱昭明6人在董事会决议上签名，董事会决议内容为：(1)免去陈玉高联众公司董事长（法定代表人）职务。(2)选举李达进担任联众公司董事长（法定代表人）职务。

2013年3月12日，李达进向无锡市工商行政管理局北塘分局提交联众公司法定代表人变更登记申请。无锡市工商行政管理局北塘分局于2013年3月15日作出《企业登记不予受理通知书》，认为李达进代表联众公司提交的变更登记材料均未加盖公章，不符合法定形式。

后李达进代表联众公司诉至无锡市北塘区人民法院，请求判令：陈玉高立即向联众公司返还证照（包括营业执照、财务登记证、组织机构代码证、税务登记证）、印鉴章（包括公章、合同专用章、财务专用章）及财务账册或负责追回上述证照、印鉴章和财务账册。

| 裁判结果 | 一审法院判决：陈玉高返还联众公司的证照（包括营业执照、组织机构代码证、财务登记证、税务登记证）、印鉴章（包括公章、合同专用章、财务专用章）、财务账册或负责追回上述证照、印鉴章和财务账册并返还联众公司。

陈玉高不服，向江苏省无锡市中级人民法院提起上诉，该院判决：驳回上诉，维持原判。

二审后，陈玉高又提起了再审申请。

再审法院认为：陈玉高的申请再审理由不能成立。

| 裁判理由 | 再审法院认为：陈玉高的申请再审理由不能成立。

(1) 联众公司章程规定股东会对修改公司章程等作出决议，须经代表三分之二以上表决权的股东通过，对其他事项作出决议，须经代表60%以上表决权

的股东通过。而更换公司董事长、董事和监事并不属于修改公司章程事项。联众公司章程也规定了董事会选举的办法、任期和表决程序。故董事、监事因任期届满或其他原因发生变更的,不是法定的或章程规定的必须经代表三分之二以上表决权的股东通过的议程。本案中,联众公司章程规定股东会对其他事项作出决议,仅须经代表60%以上表决权的股东通过即可,该规定不违反法律规定,合法有效。2013年2月23日,联众公司召开股东大会对董事长、董事和监事换届选举进行了表决,该表决获得了代表60%表决权的股东通过,符合公司法和联众公司章程的规定,应属合法有效。一审中,联众公司陈玉高、严华、李达进向法院陈述公司的董事长、董事、监事均是由全体股东召开股东大会直接选举产生,结合2013年2月23日股东大会的议程、推荐表和会议记录等证据,可以证明联众公司的董事长和董事均是由股东大会直接选举产生,故李达进、武杰、徐林林、吴惠明、胡建阴、朱昭明、严华7名股东为2013年2月23日选举产生的联众公司的新任董事,其中李达进为新任董事长,同时成为联众公司新任法定代表人。陈玉高作为原联众公司的董事长召集主持会议属于程序性的权利,其单方面宣布散会从而主张无法形成决议不符合法律和公司章程的规定。

(2) 公司法定代表人的变更登记属于备案性质,未办理工商变更登记并不影响股东会决议确定李达进担任联众公司法定代表人的效力。李达进作为新任公司董事长和法定代表人,有权代表联众公司提起诉讼。

(3) 陈玉高称本案属于公司证照返还纠纷,一、二审法院在本案中审查股东会决议效力,属于程序违法。再审法院认为,股东会决议效力的认定并非只能在确认之诉中作出,一、二审法院在本案诉讼中将其作为前置问题审理并作出认定并无不当。

综上,陈玉高的再审申请不符合《民事诉讼法》第二百条规定的情形。

(二) 裁判要旨

合法有效的公司章程对公司股东及高级管理人员都具有约束力。更换公司董事长、董事和监事的程序是否合法需要根据《公司法》的相关规定和公司章程予以确定。公司法定代表人的变更登记属于备案性质,未办理工商变更登记并不影响股东会决议确定的人员担任公司法定代表人的效力。

(三) 律师评析

公司的证照章是一种特殊的公司财产，关乎公司可否正常运营，并依法受到保护。也正因为其重要性，证照章成了公司股东与股东、股东与管理层之间发生矛盾时的重要工具，常常出现彼此争夺、互不相让的情形，有时一方甚至故意谎称证照章遗失、以干扰相对方进行公司管理。

实践中经常遇到这种情况：公司股东发现公司经营不善，其原因是证照章的持有人未能履行相应的职责和义务，甚至做出损害公司和公司股东利益的行为，所以作为想要维护公司和自身权益的股东，有意取回证照章。公司可以通过工商程序进行"报失补办"重新领取证照并刻章。但有时，工商会遇到来自各方面的压力导致难以开展。这种情况下，公司还可以用诉讼的方式处理。

《民事诉讼法》对于公司证照返还纠纷的诉讼主体并无明文规定，但根据《公司法》第三条"公司是企业法人，有独立的法人财产，享有法人财产权"的规定，公司证照属于公司财产，所以公司应为原告。鉴于公司遇到证照返还纠纷是其并没有占有相关证明文件，当发生这种情况时，可以根据以下方式处理：若公司持有公章，可以直接以公司名义提起诉讼，要求无权占有者返还公司证照。若公章有被告持有，则由法定代表人、董事长（执行董事）签字可以代表公司提起返还证照纠纷诉讼。如公司法定代表人变更但未办理工商登记变更手续的，新法定代表人可以持有关变更决议证明其法定代表人身份。

但是，法定代表人的签字行为必须证明代表的是公司意志。如果法院有证据认为法定代表人签字无法代表公司意志的，可以裁定驳回起诉。在海南省高级人民法院（2013）琼立一终字第110号判决中认为：豪皇公司仅有两名股东，即马青萍和马静。马青萍持有49%的股权，马静持有51%的股权。马青萍虽为豪皇公司的法定代表人，但在本案诉讼中，其不能提供加盖豪皇公司印章的诉讼材料，且大股东兼公章持有人马静又向原审法院和二审法院分别递交加盖豪皇公司印章的《撤诉申请书》和《撤销上诉申请书》。

此外，《公司法》第一百五十一条还规定了股东代表诉讼制度，返还公司证照纠纷也可适用于股东代表诉讼，所以股东在特定条件下可以成为适格原告。

公司证照返还纠纷的被告一般可界定为证照不当持有者。基于公司证照不同于一般物权法上的"物",其侵权人一般都有合理身份或事由取得公司证照或印章,其被告通常包括以下几类:(1)公司原法定代表人;(2)公司股东、董事、经理等高级管理人员;(3)公司证照、印章保管人或经办员工;(4)公司外第三人。

当然,证照章之争的本质是公司的控制权之争,因事实不同,此类案件中所涉问题也极为复杂、情形多样。律师在办理相关案件的过程中应当分析此类案件存在的共性及个性,针对具体案件具体分析,采取灵活应对的诉讼方法。

(四)相关法条及司法解释

《中华人民共和国公司法》

第十一条 设立公司必须依法制定公司章程。公司章程对公司、股东、董事、监事、高级管理人员具有约束力。

第四十三条 股东会的议事方式和表决程序,除本法有规定的外,由公司章程规定。

股东会会议作出修改公司章程、增加或者减少注册资本的决议,以及公司合并、分立、解散或者变更公司形式的决议,必须经代表三分之二以上表决权的股东通过。

三、对于属于公司的财产,股东、监事等应以正当的方式进行监督

公司是企业法人,有独立的法人财产,享有法人财产权,财务账本是公司的合法财产,应由公司保管,不当持有财务账本的民事主体,应承担返还责任。公司的股东、监事应以合法正当方式行使法律和公司章程赋予的查阅、检查公司财务的权利,公司股东、监事因纠纷将公司财务账本带离并长期持有的行为不具正当性,应当予以返还。

（一）典型案例

☞ 泰安市泰山区瑞丰太阳能有限公司诉丁绪生公司证照返还纠纷案[3]

【关键词】股东　监事　公司账簿

| 基本案情 | 原告：泰安市泰山区瑞丰太阳能有限公司，法定代表人：尚青泰；被告：丁绪生。

泰安市泰山区瑞丰太阳能有限公司（以下称瑞丰公司）成立于2007年1月31日，被告丁绪生系原告公司股东之一，并担任原告公司监事。

瑞丰公司正常经营期间财务账本在公司财务室保管。2017年5月24日，瑞丰公司发现公司财务账本丢失，于当日报警，经民警电话联系被告，被告认可原告公司财务账本确系其拿走。故，原告瑞丰公司向一审法院起诉请求：被告返还原告公司所有财务账本，诉讼费用由被告承担。

| 裁判结果 | 山东省泰安高新技术产业开发区人民法院于2017年11月22日作出山东省泰安高新技术产业开发区人民法院（2017）鲁0991民初391号民事判决：（1）被告丁绪生于本判决生效之日起十日内将其持有的泰安市泰山区瑞丰太阳能有限公司财务账本返还原告泰安市泰山区瑞丰太阳能有限公司；（2）案件受理费减半收取50元，由被告丁绪生负担。

宣判后，丁绪生不服原审判决，提起上诉。山东省泰安市中级人民法院于2018年5月3日判决如下：（1）驳回上诉，维持原判；（2）二审案件受理费100元，由上诉人丁绪生负担。

| 裁判理由 | 二审判决认为：本案的争议焦点是公司股东、监事是否有权长期占有公司财务账本。公司的财务账册属于公司的文件资料，应由公司予以保管。上诉人作为公司股东，虽有权查阅公司的财务账本，但不能长期占有公司财务账本拒不返还。上诉人在2017年5月从被上诉人公司带走财务账本后至今拒不返还，于法无据。上诉人主张被上诉人公司法定代表人私自变卖公司财产，损害公司及其他股东的利益，上诉人带走公司账本是为了防止被上诉人法定代表人在财务账上做手脚。上诉人的该主张可通过其他方式救济，不能成为

---

[3]（2017）鲁0991民初391号；（2018）鲁09民终825号。

其占有公司财务账本拒不返还的理由。上诉人应向被上诉人返还全部公司财务账本。丁绪生的上诉请求不能成立，应予驳回；一审判决认定事实清楚，适用法律正确，应予维持。

（二）裁判要旨

企业法人依据《公司法》第三条的规定享有独立的法人财产权。法人财产权受法律保护，任何单位和个人不得以非法方式予以侵犯。

（三）律师评析

这是一起公司证照返还纠纷案件。这起案件具有一定的代表性，它反映了现实生活中一些公司的内部矛盾程度，也说明了不少股东、高管在公司法律意识上的缺失。

财务账本是公司对其经济业务进行全面、系统、连续、分类地记录和核算的簿籍，对公司进行经济管理具有十分重要的意义，是法人财产权益的重要组成部分，应受法律保护，任何单位和个人非因合法、正当事由不得侵占财务账本。股东虽有权查阅股东会议记录和公司财务报告，但该权利的行使应以不影响公司的正常经营为前提。当股东行使查阅权时，假如有违上述前提，或超越了法律规定的范围，将构成权利的滥用，阻碍公司的正常经营甚至侵害公司利益。因此，法律制度在设计时往往对股东查阅权的行使有所限制。

从股东查阅权的表面看，股东查阅公司账簿和其他会计文件，不会损害公司的利益，但是公司在经营中，公司的账簿和其他会计文件往往记载着一定的商业秘密及与经营有关的敏感信息。我国《公司法》对股东查阅权的行使未规定限制条件，亦未规定查阅权具体行使的方式。但是通过本案及类似的司法案例，可以总结出法律对股东行使查阅权的基本态度。

本案中原告公司三名股东尚青泰与丁绪生、马仁峰分别担任公司的法定代表人与监事，被告丁绪生与另一股东马仁峰均对公司法定代表人的经营行为提出质疑，甚至有意解散公司，三方之间的纠纷应循合法正规途径予以解决，被告丁绪生擅自将公司财务账本带离公司长达6个月，其查阅公司财务的方式不当，已经侵犯了原告公司的合法权益，应当承担返还财务账本的责任。

此外，被告丁绪生的行为不仅无益于三方矛盾纠纷化解，更不利于公司的生产经营，其行为应为法律所禁止。被告丁绪生一、二审中均辩称其占有财务账本属于依法履行查阅公司财务的权利，一审法官认为查阅公司财务应当以遵守公司日常财务制度为前提，无须将财务账本带离公司，二审合议庭认为查阅公司财务无须长期占有财务账本，均认为丁绪生长期占有财务账本不当，损害了公司及其他股东的合法权利，应承担返还财务账本的责任。

本案裁判旨在禁止股东、监事滥用权利，以此保护公司、股东、债权人的合法权益，维护社会经济秩序，促进社会主义市场经济的健康发展，充分发挥了司法裁判的示范作用。

（四）相关法条与司法解释

《中华人民共和国公司法》

第三条　【公司界定及股东责任】不作修改公司是企业法人，有独立的法人财产，享有法人财产权，公司以全部财产对公司的债务承担责任。

有限责任公司的股东以其认缴的出资额为限对公司承担责任；股份有限公司以其认购的股份为限对公司承担责任。

第五条　【公司义务及权益保护】不作修改公司从事经营活动，必须遵守法律、行政法规，遵守社会公德、商业道德、诚实守信，接受政府和社会公众的监督，承担社会责任。

第一百四十七条　董事、监事、高级管理人员应当遵守法律、行政法规和公司章程，对公司负有忠诚义务和勤勉义务。

董事、监事、高级管理人员不得利用职权收受贿赂或者其他非法收入，不得侵占公司的财产。

第十一章 发起人责任纠纷

一、发起人责任纠纷概述

发起人是指为设立公司而签署公司章程、向公司认购出资或者股份并履行公司设立职责的人,包括有限责任公司设立时的出资人和股份有限公司的发起人。

所谓发起人责任纠纷,是指发起人在公司设立过程中,因公司不能成立对认股人所应承担的责任或者在公司成立时因发起人自身的过失行为致使公司利益受损时由此可能引发纠纷。

实践中,发起人责任纠纷与公司设立纠纷有些相似,但二者认定区分标准也存在这明显的区别。若公司设立后就公司设立过程中以自身名义产生的债务的纠纷为公司设立纠纷,其前提是公司已成立;若因系公司设立过程中就发起人协议产生的纠纷或设立行为的纠纷为发起人责任纠纷,前提是当事人符合发起人的构成要件,即发起人的认定=向公司认购出资+签署公司章程+履行公司设立职责,三条件需同时具备。

发起人责任纠纷主要涉及以下几个方面:

(1) 公司发起人出资存在瑕疵时,既要对及时、足额出资的守约发起人承担违约责任,还要对公司承担资本充实责任。

(2) 公司设立失败时对设立中公司债权人的债务连带责任。

(3) 公司设立失败时对认股人的出资返还义务。

(4) 公司成立时对公司的侵权责任。

(5) 设立公司过程中对第三人的侵权之债。

二、公司设立失败时，发起人对已认缴股款、设立产生的债务负连带责任

公司设立失败时，对于发起人的责任，我国《公司法》第九十五条规定："股份有限公司的发起人应当承担下列责任：（一）公司不能成立时，对设立行为所产生的债务和费用负连带责任；（二）公司不能成立时，对认股人已缴纳的股款，负返还股款并加算银行同期存款利息的连带责任；（三）在公司设立过程中，由于发起人的过失致使公司利益受到损害的，应当对公司承担赔偿责任。"该责任仅限定于股份有限公司的发起人章节中，但律师认为，该条同样适用于有限责任公司发起人，当公司不能成立时，发起人对认股人已缴纳的股款，负返还股款的连带责任。

（一）典型案例

☞ **宋嗣福诉宋嗣祥、宋嗣成、宋济民发起人责任纠纷一案**[1]

【关键词】 设立不能　返还股款

| **基本案情** | 原告：宋嗣福；被告：宋嗣祥、宋嗣成、宋济民。

2006年7月原、被告四人决定发起成立固始县新科投资有限责任公司，从事教育、商贸、房地产业务。同年9月18日签署公司章程。约定宋嗣祥现金出资700万元，其他三人各现金出资100万元。注册资本为1000万元。于是原告宋嗣福等人先后缴纳出资，均交由宋嗣祥保管。其中原告宋嗣福分五次缴纳出资现金17万元。后因贷款无着，缺乏注册资本等公司未能成立。随后宋嗣祥仅退还原告6万元，尚有11万元未退。原告诉请法院依法处理。以上事实有当事人陈述、公司章程、收据等证据证明。

| **裁判结果** | 一审判决如下：（1）被告宋嗣祥返还原告宋嗣福股款11万元；（2）原告宋嗣福负担被告宋嗣祥在成立公司过程中产生的费用1500元；（3）以上两项相抵被告宋嗣祥于本判决生效后十日内支付原告宋嗣福108500元；（4）驳回原告宋嗣福的其他诉讼请求。

---

[1]（2009）固民初字第503号。

|裁判理由| 法院认为：当公司不能成立时，认股人享有请求返还已缴纳的股款的权利。被告宋嗣祥作为发起人之一，并占有其他认股发起人缴纳的股款，因公司未能成立，应当负责返还，由此产生了债权债务关系。原告宋嗣福诉请被告宋嗣祥返还尚未退还的股款，依法予以支持。至于宋嗣祥提出通过存款单退款的辩解主张，同时承认宋嗣福没有得到该退款，对退还宋嗣福股款的事实不具有证明力。关于宋嗣祥抗辩在公司成立过程中有花费未结算一项，本院给予了充分的时间，现仍未提供任何花费依据。但是考虑到在筹备公司成立过程中势必会有花费，结合出资比例等因素，本着公平、合理的原则，为平衡当事人利益，酌定原告宋嗣福负担 1500 元。原告要求支付利息，缺乏事实和法律依据，不予支持。

（二）裁判旨要

发起人的发起行为原则上被视为设立中公司的机关行为。对于公司设立的纠纷，发起人责任的承担需要考虑如下因素：第一，合同签署者的名义；第二，合同内容是否有利于公司；第三，公司是否成立。公司不能成立时，公司的发起人应当对设立行为所产生的债务和费用负连带责任。

（三）律师评析

《〈公司法〉司法解释（三）》中对发起人的责任作了更为具体的规定，对《公司法》做了补充。《〈公司法〉司法解释（三）》第四条规定："公司因故未成立，债权人请求全体或者部分发起人对设立公司行为所产生的费用和债务承担连带清偿责任的，人民法院应予支持。部分发起人依照前款规定承担责任后，请求其他发起人分担的，人民法院应当判令其他发起人按照约定的责任承担比例分担责任；没有约定责任承担比例的，按照约定的出资比例分担责任；没有约定出资比例的，按照均等份额分担责任。因部分发起人的过错导致公司未成立，其他发起人主张其承担设立行为所产生的费用和债务的，人民法院应当根据过错情况，确定过错一方的责任范围。"设立公司时，必然会产生相关的设立费用和债务，该条即是对公司未成立时，公司因设立行为而产生的费用和债务承担的规定，该责任由发起人承担。

本案系原被告四人在发起设立有限责任公司过程中，因未能按照章程规定履行出资义务，导致公司未能设立成功，而引发的纠纷。本案经过一审、二审，而又发回重审，最终确定下来。综合本案来看，该案争议焦点为：公司设立未成，认股人能否要求退还已缴纳的股款；发起人设立公司过程中的花费如何计算及结算标准。

原告宋嗣福与宋嗣祥等发起成立公司，宋嗣福和宋嗣祥同为发起人股东，后因资金原因公司未能成立，从案件事实上看，宋嗣祥作为发起人占有其他股东的入股款，根据前述，宋嗣祥作为发起人应返还认股人已缴纳的股款。另外，宋嗣福没有证据证明公司设立过程中的设立费用和债务，因此，宋嗣祥不用偿还相应款项。

（四）相关法条与司法解释

《最高人民法院关于适用〈中华人民共和国公司法〉若干问题的规定（三）》

第一条 为设立公司而签署公司章程、向公司认购出资或者股份并履行公司设立职责的人，应当认定为公司的发起人，包括有限责任公司设立时的股东。

第四条 公司因故未成立，债权人请求全体或者部分发起人对设立公司行为所产生的费用和债务承担连带清偿责任的，人民法院应予支持。

部分发起人依照前款规定承担责任后，请求其他发起人分担的，人民法院应当判令其他发起人按照约定的责任承担比例分担责任；没有约定责任承担比例的，按照约定的出资比例分担责任；没有约定出资比例的，按照均等份额分担责任。

因部分发起人的过错导致公司未成立，其他发起人主张其承担设立行为所产生的费用和债务的，人民法院应当根据过错情况，确定过错一方的责任范围。

三、发起人未按协议履行义务导致公司未成立的，应按照协议约定承担违约责任

公司发起人均未按照发起人协议的约定实际缴纳出资，导致公司未能成立，发起人都存在违约行为，且发起人之间也未能充分证明公司未成立的过错全部在于对方，因此可依据发起人协议约定的出资比例要求各发起人分别承担相应的违约责任。

（一）典型案例

👉 沈燕春与沈荣林发起人责任纠纷案[2]

【关键词】 设立失败　发起人责任分配

| 基本案情 | 原告：沈燕春；被告：沈荣林。

沈燕春系无锡市欣发铁路器材有限公司（以下简称欣发公司）的法定代表人。欣发公司的经营范围为铁路用Ⅲ型弹条、Ⅰ型、Ⅱ型扣件、轨距挡板、橡塑制品、模具的生产、销售；金属切割加工。欣发公司自2010年11月起向无锡市新区旺庄工业发展有限公司整体续租无锡新区旺庄工业集中区三区二期2号标准厂房一幢（房屋建筑面积4060平方米，其中生产用房面积为2670平方米，办公用房1—4层面积为1390平方米）使用，生产用房月租金为11元/平方米，办公用房月租金为7元/平方米。沈荣林系无锡润功铁路物资有限公司（以下简称润功公司）的法定代表人。润功公司的经营范围为铁路专用设备及器材、环境保护专用设备、通用机械及配件、通用零部件、电气机械及器材、金属材料、化工原料（不含危险化学品）、五金交电、建材的销售、百货的零售、装饰装潢服务（不含资质）、铁路专用设备及器材、配件的制造、加工及销售。2014年3月21日，润功公司设立润功制造分公司，沈荣林的儿子沈锐系该分公司负责人。润功制造分公司的经营范围为铁路专用设备及器材、配件的制造、加工及销售。

2013年6月25日，沈荣林与沈燕春就共同投资组建三又润功公司，并开拓生产、销售铁路用"胶接接头"等产品事宜签订一份《合作协议》，主要内容为：拟组建的企业名称为三又润功公司，注册资本300万元，其中沈荣林以现金投资151万元（占50.33%股份），沈燕春以现金投资149万元（占49.67%股份），该注册资金于2013年7月20日验资前全部投资到位；各方按照本协议规定缴纳出资后，即成为三又润功公司股东，以各自认缴的出资额为限对三又润功公司的债权债务承担责任，各方按其出资比例分享利润，分担风险及亏损；三又润功公司经营地址，租赁位于无锡市旺庄工业集中区三期2区2号（与三区二期2号厂房为同一地点）厂房南首，面积434平方米，租赁期限5年，自2013年7月1日至2018年6月30日，租金按每年每平方米132元计算（以欣发

---

[2]　(2015) 北商初字第0372号；(2016) 苏02民终1028号。

公司承租的价格为准），电力设施租用费按每月1200元计算；三又润功公司经营范围为生产、销售铁路器材等产品；任职分工为沈荣林任三又润功公司法定代表人、董事长职务，主管销售，沈燕春任总经理主管生产与内部管理事宜；三又润功公司的各项财务费用（含业务经营费用等）须由沈荣林、沈燕春双方共同签字后方可列入财务，经营费用由双方商量后共同签字确认；三又润功公司经工商核准登记后，在CRCC认证未下来前，先逐步销售冻结接头与胶结接头，在CRCC认证下来后，润功公司不得自行销售该同类产品；三又润功公司筹办期间产生的费用由沈荣林、沈燕春双方确认后列入三又润功公司财务成本等。沈荣林与沈燕春分别在该协议上签名，并有吴朝阳、夏春晖作为见证人签名见证。

沈燕春一审诉称：沈荣林于2014年3月21日自行以无锡润功铁路物资有限公司制造分公司（以下简称润功制造分公司）的名义领取了营业执照，从事"胶接接头"等产品的生产销售，因而不再也无法与其继续合作，造成其直接经济损失315184.75元（暂计算至2015年7月），费用组成为：厂房租金119350元、电力设施租用费30000元、支付周伟贤模具款8000元、支付华建新模具款18000元、支付华建新模具调试款3000元、支付华建新剪板款800元、支付羌云龙工资23500元、支付羌云龙租房费用7500元、支付北京差旅费7000元、支付杨森泉制造费15000元、有发票的材料购买款75979.95元、无发票的材料购买款7054.80元。请求判令：沈荣林赔偿损失315184.75元，并支付自起诉之日起至判决给付之日止的同期同类银行贷款利息；沈荣林承担本案诉讼费用。

沈荣林一审反诉称：其为设立三又润功公司投入了大量的人财物，由于沈燕春不愿意设立公司，已经造成其在筹备期间的经济损失151013元，请求判令：（1）沈燕春赔偿经济损失151013元（费用组成为：胶接夹板及组装模具款86187元、环氧胶膜30800元、纸箱款19710元、羌云龙2013年5月至7月工资10500元、北京出差礼品及餐费1840元、运费150元、螺栓款326元、双方各半负担的见证款1500元），并支付该款自反诉之日起至判决给付之日止的同期同类银行贷款利息；（2）反诉费用由沈燕春承担。

｜裁判结果｜ 一审判决：（1）沈荣林于判决生效之日起10日内支付沈燕春15555元及利息（自2015年6月25日起至判决给付之日止，按人民银行同期同类贷款基准利率计算）。（2）沈燕春于判决生效之日起10日内支付沈荣林6615元及利息（自2015年7月24日起至判决给付之日止，按人民银行同期同类贷款基准利率计算）。（3）沈荣林向金坛市利维机械有限公司出资购买的胶接夹板129件及胶板组装模具1件（现存放于无锡市欣发铁路器材有限公司仓库）归沈荣林所有。(4) 驳回沈燕春、沈荣林的其他本诉和反诉诉讼请求。如未按判决指定的期间履行给付金钱义务，应当依照《民事诉讼法》第二百五十三条之规定，加倍支付迟延履行期间的债务利息。案件本诉部分受理费6930元（沈燕春已预交），由沈燕春负担6588元、沈荣林负担342元；反诉部分受理费1650元（沈荣林已预交），由沈荣林负担1578元、沈燕春负担72元；沈燕春、沈荣林分别于判决生效之日起10日内将各自承担部分直接支付给对方。

二审判决驳回上诉，维持原判。

| 裁判理由 | 二审法院认为，对于依法成立的协议，当事人双方均应按照约定全面履行自己的义务。当事人对其主张有责任提供证据加以证明。本案中，沈燕春与沈荣林在《合作协议》中约定，三又润功公司筹办期间产生的费用由双方确认后列入三又润功公司财务成本，结合沈燕春的举证情况，二审法院对于沈燕春提出的上诉主张认定如下：(1) 双方虽约定以无锡新区旺庄工业集中区三期2区2号厂房南首作为三又润功公司的经营场所，但沈燕春提供的房地产租赁契约、发票以及收据等证据并不能证明设立中的三又润功公司实际租赁和使用了该场地，并且沈燕春主张的租金和电力设施费也未得到沈荣林的共同确认，故沈燕春提出的该项主张依据不足，二审法院不予采纳。(2) 沈燕春虽提供有关证据证明其为羌云龙租赁了住房，但沈荣林、沈燕春共同与羌云龙签订的《聘请合同》中并未明确约定为羌云龙提供住房，沈燕春也未举证证明其租赁住房得到沈荣林的认可，故沈燕春主张由沈荣林共同承担房屋租赁费用缺乏依据，本院不予采纳。(3) 沈燕春提供的证据不足以证明其主张的周伟贤、杨森泉、华建新的模具款和设备制造款系设立中的三又润功公司所用，沈荣林对此也不予认可，故沈燕春提出的该项主张依据不足，二审法院不予采纳。(4) 根据双方签订的《合作协议》约定，沈燕春与沈荣林均应按照约定于2013年7月20日履行相应的出资义务，但双方都没有实际缴纳出资，导致三又润功公司未能成立，因此双方都存在违约行为，沈燕春与沈荣林也未能充分证明三又润功公司未能成立的过错全部在于对方，故原审法院依据《合作协议》中约定的出资比例判决双方分别承担相应责任并无不当，应予维持。但因双方拟设立的三又润功公司系有限责任公司，对于本案中股东的出资问题应当适用《公司法》第二十八条的规定，故原审判决适用《公司法》第八十三条第一款不当，应予纠正。(5) 关于沈燕春在本案二审中提出的沈荣林在原审反诉中主张的模具款事项，因该款项系沈荣林提出的反诉请求，原审法院并未判决沈燕春承担

相应责任,沈荣林对此也未提出上诉。

综上,原审法院判决结果正确,应予维持。

(二)裁判旨要

公司设立失败时,全体发起人应共同承担设立中公司的民事权利、义务及责任。

公司设立失败时存在的债务可能有三种:一是发起设立公司的费用;二是对外履行的合同;三是侵权行为产生的债务对设立公司时发生的费用和合同债务,可以采取同样的态度:对可以认定为是设立中公司行为发生的,发起人全体对外承担无限连带责任,相对人可以向发起人全体主张权利,也可以选择向部分发起人主张权利。发起人对外承担责任后,可以请求在发起人内部分担责任。有约定的按照约定承担责任;没有约定的,按照约定的出资比例承担责任;没有约定出资比例的,按照均等份额承担责任。

公司设立失败,民事责任的承担有约定的按约定,没有约定的按出资比例由发起人承担,没有约定出资比例的,按均等份额承担。发起人在设立公司中的过错大小,也是承担责任范围的一个考量因素。

(三)律师评析

本案同样属于公司设立失败引发的相关纠纷。

公司设立失败,须由相关责任人承担责任,对于公司制企业,发起人应承担以下责任:

(1)连带赔偿责任。设立费用及债务原则上应由成立后的公司承担,但当公司不能成立时,先前发生的与设立相关的费用及债务就失去了公司这一拟定的承担主体,只能改由实施设立行为的主体(发起人)承担。

由于发起人之间的关系近似于合伙关系,因此各国或地区的公司立法多规定对此准用合伙的有关规定,即由发起人对设立行为所生费用和债务负连带赔偿责任。

(2)对已收股款的返还责任。在采取募集设立公司的情况下,发起人对认股人已缴纳的股款,还负有返还股款并加算银行同期存款利息的连带责任。至于发起人相互之间的责任承担,应按其约定或投资比例进行划分。因此,一般情况下,当企业未成立时,对于认股人已经缴纳的股款,发起人应当予以返还,并返还相应的利息。

本案中,双方对于公司成立都存在一定的过错,故公司设立失败责任应由双方共同承担。根据"谁主张谁举证"的原则,原告应充分举证以证明所主张的花销是为了公司设立而支出。本案原告所主张的证据不能充分证明系公司设立的支出,故原告应承担举证不能的责任。

(四)相关法条与司法解释

《中华人民共和国民法总则》

第七十五条 ……法人未成立的,其法律后果由设立人承受。设立人为二人以上的,享有连带债权,承担连带债务……

《最高人民法院关于适用〈中华人民共和国公司法〉若干问题的规定(三)》

第四条 公司因故未成立,债权人请求全体或者部分发起人对设立公司行为所产生的费用和债务承担连带清偿责任的,人民法院应予支持。部分发起人依照前款规定承担责任后,请求其他发起人分担的,人民法院应当判令其他发起人按照约定的责任承担比例分担责任;没有约定责任承担比例的,按照约定的出资比例分担责任;没有约定出资比例的,按照均等份额分担责任。因部分发起人的过错导致公司未成立,其他发起人主张其承担设立行为所产生的费用和债务的,人民法院应当根据过错情况,确定过错一方的责任范围。

第十二章 公司盈余分配纠纷

一、公司盈余分配纠纷概述

公司盈余分配纠纷，顾名思义是公司的盈余分配出现问题而导致的纠纷，主要表现为不分红、不执行分红承诺、不当分红等。公司盈余分配纠纷主要集中在有限责任公司和上市公司。仅对具体的盈余分配请求权进行保护，而不审查不分配盈余是否为大股东挤压小股东所致，是当前我国公司盈余分配请求权之诉的审理现状。[1] 2008年，最高人民法院发布的《民事案由规定》中，"公司盈余分配纠纷"取代了"公司盈余分配权纠纷"成为三级案由。在历次民事案由变更中，"公司盈余分配"都被保留了下来，且侧重点从股东权利的角度变更为公司经营管理的角度。

股东投资公司，其根本目的就是获得公司分红，即获得盈余。但盈余分配仅在符合法律和章程规定的情况下才可实现。在我国司法环境下，公司股东的盈余分配请求权应被视为一种期待权，即仅在公司股东会做出分配盈余的决议之后，股东的期待权才可能实现。[2] 因此，盈余分配请求权应当是一种对具体的股利金额的支付请求权，具有债权属性。但在现实生活中，因为大股东和小股东的利益存在不一致性，所以大股东不分配红利但是可以通过其他方式获利，而小股东无法获得红利分配导致利益受损的情况时常出现。为保护小股东的分红权益，最高人民法院出台的《〈公司法〉司法解释（四）》对此情形作出了规定。

---

[1] 李允红：《从裁判大数据分析我国股东盈余分配请求权的保护》，载《重庆电子工程职业学院学报》第28卷第1期。

[2] 李允红：《从裁判大数据分析我国股东盈余分配请求权的保护》，载《重庆电子工程职业学院学报》第28卷第1期。

在司法实践中，公司盈余分配纠纷主要有以下几种类型：（1）股东请求执行股东会利润分配决议的纠纷。（2）股东请求重新核实公司可分配利润的纠纷。（3）股东请求分配公司剩余财产的纠纷。（4）在公司为召开股东会审议利润分配问题或股东会没有关于利润分配一体的情况下，股东请求法院强制分配的纠纷。（5）在股东会做出不分配决议后，股东请求公司分配的纠纷。（6）请求确认股东会利润分配决议违法的纠纷。[3] 以下结合具体案例，就更为典型的公司盈余分配纠纷进行探讨、归纳。

二、股东恶意损害其他股东利益的，可由司法机关介入公司盈余分配

股东会或股东大会未形成盈余分配的决议，对希望分配利润股东的利益不会发生根本损害，因此，原则上这种冲突的解决属于公司自治范畴，是否进行公司盈余分配及分配多少，应当由股东会作出公司盈余分配的具体方案。但是，当部分股东变相分配利润、隐瞒或转移公司利润时，则会损害其他股东的实体利益，已非公司自治所能解决，此时若司法不加以适度干预则不能制止权利滥用，亦有违司法正义。

（一）典型案例

☞ **甘肃居立门业有限责任公司与庆阳市太一热力有限公司、李昕军公司盈余分配纠纷案**[4]

【关键词】股东会决议　实际控制人滥用权利

| **基本案情** | 上诉人（一审被告）：庆阳市太一热力有限公司；上诉人（一审被告）：李昕军；被上诉人（一审原告）：甘肃居立门业有限责任公司。

庆阳市太一热力有限公司（以下简称太一热力公司）由李昕军和张海龙二人于 2006 年 3 月设立，公司注册资本 1000 万元，李昕军以货币 212 万元、实物 438 万元总计出资 650 万元，占注册资本 65%；张海龙出资 350 万元，占注册资

---

[3] 张辉：《公司盈余分配纠纷的司法裁判规则》，载《社会科学》2014 年第 11 期。
[4] （2013）甘民二初字第 8 号；（2016）最高法民终 528 号。

本35%。2006年6月，太一热力公司经庆阳市工商行政管理局登记注册成立，经营范围为热能供给、管道安装维修。

2007年4月，张海龙与甘肃居立门业有限责任公司（以下简称居立门业公司）签订股权转让协议，将其在太一热力公司的350万元股权转让给居立门业公司。2007年5月，李昕军与甘肃太一工贸有限公司（以下简称太一工贸公司）、居立门业公司签订股权转让协议，将其在太一热力公司的股权600万元转让给太一工贸公司，50万元转让给居立门业公司。同年5月，太一热力公司修改公司章程，将公司股东变更为太一工贸公司和居立门业公司，太一工贸公司持股比例60%，居立门业公司持股比例40%，并在工商行政管理部门进行变更登记。

2006年10月，太一热力公司受让取得甘肃省庆阳市西峰区南二环一路与长庆路交会口西南角46200.4平方米市政设施建设用地。

2009年9月29日，庆阳市人民政府召开市长办公会决定对太一热力公司进行整体收购，并形成第23期会议纪要。会议纪要主要内容有：（1）收购内容包括资产和土地两大项。资产包括7791.33平方米的新建办公楼、锅炉房、换热站等房屋建筑；2台40吨的供热锅炉、1台10吨的供热锅炉，高、低压配电系统和电气自控系统各1套，以及与之相配套的设施设备；226万元的备用供热管材和相关工程物资；已完成铺设的20.44公里的供热管道；在建的12个换热站和供热管线。土地按热源厂现有占地36.6亩收购，平行分割。（2）收购价款除政府已拨付的支持资金和截至2009年8月15日太一热力公司已收取的城市供热配套费（共计3234.72万元）外，政府再支付7000万元。（3）换热站、供热管线等在建工程，包括内配设施，由太一热力公司负责建成，具备供热条件；所有工程的善后工作由太一热力公司负责，并按程序做好竣工验收；项目建设的所有遗留问题，包括项目建设的各种规费、税费、工程建设费等，一律由太一热力公司负责，不留尾巴。（4）对现有的69.3亩热源厂建设用地（不含代征城市道路用地7.14亩），36.6亩用于热源厂的建设和发展，32.7亩留太一热力公司开发，市政府允许对留太一热力公司开发的土地性质依法依规转换。

2009年10月6日，庆阳市西峰区人民政府（甲方）与太一热力公司（乙方）签订《庆阳市西峰区新区集中供热站工程回购合同》约定，按照庆阳市人民政府2009年第23期会议纪要制定该合同，回购太一热力公司资产，经甘肃华信会计师事务所评估价款为9126.48万元，递减政府拨付的补助资金和已交付乙方的城市供热配套费，共计3234.72万元。甲方再支付乙方收购价款7000万元。合同还约定，甲方已于2009年10月前向乙方支付1000万元，其余6000万元于2009年采暖期结束前一次性付清。

2010年7月10日，庆阳市经济发展投资有限公司向太一热力公司支付资产转让余款57616003.25元。

2010年6月17日，庆阳市国土资源局（出让人）与太一热力公司（受让人）签订了《国有土地使用权出让合同变更协议》约定，出让人于2006年10月14日出让给受让人位于西峰区南二环一路与长庆路交会口西南角46200.4平方米市政设施用地，受让人申请、出让人同意将21661.96平方米土地用途变更为商业、住宅用地，变更后土地使用权出让年限为商业40年、住宅70年，从2006年9月28日起算，土地使用权出让金金额为909700元。同日，庆阳市人民政府就前述21661.96平方米土地向太一房地产公司颁发了庆市国用（2010）第4106号国有土地使用证。

本案审理期间，经居立门业公司申请，一审法院于2013年5月委托甘肃茂源会计师事务有限公司对太一热力公司的盈余状况进行了审计。2015年2月9日，甘肃茂源会计师事务有限公司出具甘茂会审字〔2015〕第52号《审计报告》，结论为：截至2014年10月31日，太一热力公司资产总额93635362.38元，其中货币资金2984981.97元、应收账款33900000元、其他应收款21657860.38元、固定资产646278.82元、工程施工34446241.21元；负债总额4856924.26元；所有者权益88778438.12元，其中实收资本12805025.04元、未分配利润75973413.08元；清算收益112067641.39元，清算支出36094228.31元，清算净收益75973413.08元。该《审计报告》载明，太一热力公司应收账款33900000元，系2010年9月8日转入兴盛建安公司，于2013年7月30日收回1000000元，清算数33900000元；其他应收款21694383.08元，兴盛建安公司12988795.65元。

|裁判结果| 一审法院判决：（1）太一热力公司于判决生效后10日内支付居立门业公司盈余分配款20466276.4元；（2）太一热力公司按中国人民银行同期贷款利率向居立门业公司支付20466276.4元，自2010年7月11日起至实际付清之日的利息；（3）如太一热力公司到期不能履行上述一、二项给付，由李昕军承担赔偿责任。一审案件受理费408300元，鉴定费500000元，由太一热力公司、李昕军负担。

二审法院判决：（1）撤销甘肃省高级人民法院（2013）甘民二初字第8号民事判决；（2）庆阳市太一热力有限公司于本判决生效后10日内给付甘肃居立

门业有限责任公司盈余分配款16313436.72元；（3）庆阳市太一热力有限公司到期不能履行上述给付义务，由李昕军承担赔偿责任；（4）驳回甘肃居立门业有限责任公司的其他诉讼请求。一审案件受理费408300元，由甘肃居立门业有限责任公司负担170466元，庆阳市太一热力有限公司、李昕军负担237834元；鉴定费500000元，由庆阳市太一热力有限公司、李昕军负担。二审案件受理费408300元，由甘肃居立门业有限责任公司负担170466元，庆阳市太一热力有限公司、李昕军负担237834元。

|裁判理由| 一审法院认为：《公司法》第四条规定，公司股东依法享有资产收益、参与重大决策和选择管理者等权利。第三十四条规定，股东按照实缴的出资比例分取红利；公司新增资本时，股东有权优先按照实缴的出资比例认缴出资。但是，全体股东约定不按照出资比例分取红利或者不按照出资比例优先认缴出资的除外。第一百六十六条第四款规定，公司弥补亏损和提取公积金后所余税后利润，有限责任公司依照本法第三十四条的规定分配；股份有限公司按照股东持有的股份比例分配，但股份有限公司章程规定不按持股比例分配的除外。

太一热力公司章程第十四条规定，公司股东会由全体股东组成，股东会是公司的权力机构；第十五条规定，公司股东会行使下列职权：……审议批准公司的利润分配方案和弥补亏损方案；第二十七条第四款规定，公司从当年税后利润中弥补上一年度亏损、提取公积金和公益金后所余利润，按照股东的出资比例分配。

太一热力公司章程及工商登记资料记载，该公司注册资本1000万元。居立门业公司2007年受让张海龙持有35%、李昕军持有5%太一热力公司股份后，认缴公司出资额400万元，持有公司40%股份，成为太一热力公司股东。根据《公司法》规定及太一热力公司章程，居立门业公司享有按照其在太一热力公司的出资比例分取红利的权利。太一热力公司应当依法向股东居立门业公司分配利润。

关于太一热力公司应当分配的利润数额。依据2009年庆阳市人民政府市长办公会第23期会议纪要、庆阳市西峰区人民政府与太一热力公司签订的《庆阳市西峰区新区集中供热站工程回购合同》，太一热力公司的资产，除32.7亩土地庆阳市政府允许该公司开发，土地性质依法依规转换之外，公司其他全部资产被庆阳市人民政府整体收购，已经办理移交手续。太一热力公司被庆阳市人民政府收购后未开展经营活动、未进行财务清算，太一热力公司认可公司存在盈余,但不能提供具体盈余数额。本案诉讼中太一热力公司及其股东太一工贸公司、居立门业公司之间又因32.7亩土地分割、公司股东出资、公司解散发生诉讼,公司股东未能召开股东会,无法就公司盈余分配形成决议,太一热力公司的经营盈余数额成为需要专业机构鉴定的事项。经居立门业公司申请,一审法院委托的甘肃茂源会计师事务有限公司出具了甘茂会审字〔2015〕第52号《审计报告》,结论为:截至2014年10月31日,太一热力公司清算净收益75973413.08元。

根据该《审计报告》所附说明、太一热力公司和居立门业公司对《审计报告》的质证意见,《审计报告》中太一热力公司清算净收益75973413.08元,未核减"工程施工34446241.21元",未计入"接口费"1038.21万元,审计调整不应作为公司收益参与分配一台锅炉评估净值743580元。工程施工费用太一热力公司、居立门业公司对金额存在争议,但均认为应从《审计报告》审定的净收益总额中扣除,故应按《审计报告》审计数额34446241.21元扣减;居立门业公司主张的"接口费"1038.21万元,太一热力公司否认收取此项费用,认为《审计报告》审核账面无反映。该费用有政府确定的收费标准,应计入太一热力公司净收益;白条入账的一台锅炉已经移交收购方庆阳市政府,应依《审计报告》意见按评估净值743580元从审计净收益总额中扣减。居立门业公司、太一热力公司提出其他应调增、调减的项目,《审计报告》均已表述处理,应以《审计报告》意见为准。故太一热力公司截至2014年10月31日可分配利润为51165691.87元(即75973413.08元-34446241.21元+10382100元-743580元)。

关于太一热力公司应向居立门业公司分配利润的比例。《公司法》第三十七条第一款规定,公司股东会行使审议批准公司的利润分配方案和弥补亏损方案的职权,即公司股利分配属于公司股东大会决策事项。根据本案事实,居立门业公司2007年受让取得股权成为太一热力公司股东,2009年太一热力公司全部资产被庆阳市人民政府整体收购,至本案诉讼前,太一热力公司两股东未形成任何公司股利分配方案或者作出决定。太一热力公司存在可供分配的利润,但长期不向股东分配,严重损害股东合法权益。根据《公司法》第三十四条、第一百六十六条第四款的规定,太一热力公司章程约定,应当按照股东的出资比例向股东分配红利。太一热力公司章程约定、工商登记记载居立门业公司的出资比例为40%,故太一热力公司应向居立门业公司分配的盈余数额为20466276.748元(51165691.87元×40%)。

太一热力公司长期占用居立门业公司应分配利润，应当按中国人民银行同期贷款利率支付资金占用期间的利息。根据查明的事实，2010年7月10日，太一热力公司收到庆阳市经济发展投资有限公司支付的资产转让余款57616003.25元，故太一热力公司应从2010年7月11日起对应分配居立门业公司的利润支付利息。

居立门业公司要求李昕军承担连带责任的诉讼请求。居立门业公司起诉认为，李昕军利用其太一热力公司法定代表人身份和控制地位，滥用职权，不但拒绝利润分配，而且在项目管理运营中，将政府给予的部分补贴资金和部分入网"接口费"收入挪为己用、对自己房地产项目应交的近1000万元"接口费"拖欠不交、将政府支付的收购现金转为己用、背着居立门业公司将太一热力公司盈余的32.7亩土地变更登记在自己的房地产公司名下，不断严重损害公司和股东利益，应当对太一热力公司向居立门业公司分配的利润承担连带清偿责任。

李昕军系太一热力公司执行董事、法定代表人，在庆阳市人民政府整体收购太一热力公司全部资产后，违反《公司法》及太一热力公司章程规定，未经公司股东会决策同意，将资产转让所得款项中5600万余元转入兴盛建安公司，由该公司长期占用，形成太一热力公司账面巨额应收款项，严重损害公司股东利益，给公司造成损失，应当对太一热力公司支付居立门业公司的盈余分配款承担赔偿责任。居立门业公司要求李昕军承担赔偿责任的诉讼请求成立，应予支持。

二审法院认为：根据双方当事人的上诉请求和答辩意见，本案争议焦点是：（1）太一热力公司是否应向居立门业公司进行盈余分配；（2）如何确定居立门业公司应分得的盈余数额；（3）太一热力公司是否应向居立门业公司支付盈余分配款的利息；（4）李昕军是否应对太一热力公司的盈余分配给付不能承担赔偿责任。根据本案审理查明的事实和相关法律规定，分析评判如下：

（1）关于太一热力公司是否应向居立门业公司进行盈余分配的问题。太一热力公司、李昕军上诉主张，因没有股东会决议故不应进行公司盈余分配。居立门业公司答辩认为，太一热力公司有巨额盈余，法定代表人恶意不召开股东会、转移公司资产，严重损害居立门业公司的股东利益，法院应强制判令进行盈余分配。法院认为，公司在经营中存在可分配的税后利润时，有的股东希望将盈余留作公司经营以期待获取更多收益，有的股东则希望及时分配利润实现投资利益，一般而言，即使股东会或股东大会未形成盈余分配的决议，对希望分配利润股东的利益不会发生根本损害，因此，原则上这种冲突的解决属于公司自治范畴，是否进行公司盈余分配及分配多少，应当由股东会作出公司盈余分配的具体方案。但是，当部分股东变相分配利润、隐瞒或转移公司利润时，则会损害其他股东的实体利益，已非公司自治所能解决，此时若司法不加以适度干预则不能制止权利滥用，亦有违司法正义。虽目前有股权回购、公司解散、代位诉讼等法定救济路径，但不同的救济路径对股东的权利保护有实质区别，故需司法解释对股东的盈余分配请求权进一步予以明确。为此，《〈公司法〉司法解释（四）》第十五条规定，"股东未提交载明具体分配方案的股东会或者股东大会决议，请求公司分配利润的，人民法院应当驳回其诉讼请求，但违反法律规定滥用股东权利导致公司不分配利润，给其他股东造成损失的除外"。在本案中，首先，太一热力公司的全部资产被整体收购后没有其他经营活动，一审法院委托司法审计的结论显示，太一热力公司清算净收益为75973413.08元，即使扣除双方有争议的款项，太一热力公司也有巨额的可分配利润，具备公司进行盈余分配的前提条件；其次，李昕军同为太一热力公司及其控股股东太一工贸公司法定代表人，未经公司另一股东居立门业公司同意，没有合理事由将5600万余元公司资产转让款转入兴盛建安公司账户，转移公司利润，给居立门业公司造成损失，属于太一工贸公司滥用股东权利，符合《〈公司法〉司法解释（四）》第十五条但书条款规定应进行强制盈余分配的实质要件。最后，前述司法解释规定的股东盈余分配的救济权利，并未规定需以采取股权回购、公司解散、代位诉讼等其他救济措施为前置程序，居立门业公司对不同的救济路径有自由选择的权利。因此，一审判决关于太一热力公司应当进行盈余分配的认定有事实和法律依据，太一热力公司、李昕军关于没有股东会决议不应进行公司盈余分配的上诉主张不能成立。

（2）关于如何确定居立门业公司分得的盈余数额问题。太一热力公司、李昕军上诉主张，《审计报告》采用了未经质证的证据材料作为审计依据且存在6项具体错误。居立门业公司答辩认为，一审判决对太一热力公司盈余数额的认定相对客观公正。法院认为，在未对盈余分配方案形成股东会或股东大会决议情况下司法介入盈余分配纠纷，系因控制公司的股东滥用权利损害其他股东利益，在确定盈余分配数额时，要严格公司举证责任以保护弱势小股东的利益，但还要注意优先保护公司外部关系中债权人、债务人等的利益。本案中，首先，一审卷宗材料显示，一审法院组织双方对公司账目进行了核查和询问，对《审计报告》的异议，一审庭审中也进行了调查和双方当事人的质证辩论。太一热力公司、李昕军虽上诉主张审计材料存在未质证问题，但并未明确指出哪些材料未经质证，故法院对该上诉理由不予支持。其次，对于太一热力公司能否收取诉争的1038.21万元入网"接口费",双方当事人各执一词,因该款项涉及案外人的实体权益,应当依法另寻救济路径解决,而不应在本案公司盈余分配纠纷中作出认定和处理,故该款项不应在本案中纳入太一热力公司的可分配利润,一审判决未予扣减不当,法院予以纠正。最后,太一热力公司、李昕军上诉主张的《审计报告》其他5项具体问题,均属事实问题,其在二审中并未提交充分证据证明一审判决的相关认定有误,故法院不予调整。因此,居立门业公司应分得的盈余数额,以一审判决认定的太一热力公司截至2014年10月31日可分配利润51165691.8元为基数,扣减存在争议的入网"接口费"1038.21万元,再按居立门业公司40%的股权比例计算,即为16313436.72元。

(3)关于太一热力公司是否应向居立门业公司支付盈余分配款利息的问题。太一热力公司、李昕军上诉主张,公司盈余分配的款项不应计算利息;居立门业公司答辩认为,李昕军挪用公司收入放贷牟利,需对居立门业公司应分得的盈余款给付利息。二审法院认为,公司经营利润款产生的利息属于公司收入的一部分,在未进行盈余分配前相关款项均归属于公司;在公司盈余分配前产生的利息应当计入本次盈余分配款项范围,如本次盈余分配存在遗漏,仍属公司盈余分配后的资产。公司股东会或股东大会作出盈余分配决议时,在公司与股东之间即形成债权债务关系,若未按照决议及时给付则应计付利息,而司法干预的强制盈余分配则不然,在盈余分配判决未生效之前,公司不负有法定给付义务,故不应计付利息。本案中,首先,居立门业公司通过诉讼应分得的盈余款项系根据本案司法审计的净利润数额确定,此前太一热力公司对居立门业公司不负有法定给付义务,若《审计报告》未将公司资产转让款此前产生的利息计入净利润,则计入本次盈余分配后的公司资产,而不存在太一热力公司占用居立门业公司资金及应给付利息的问题。其次,李昕军挪用太一热力公司款项到关联公司放贷牟利,系太一热力公司与关联公司之间如何给付利息的问题,居立门业公司据此向太一热力公司主张分配盈余款利息,不能成立。最后,居立门业公司一审诉讼请求中并未明确要求太一热力公司给付本判决生效之后的盈余分配款利息。因此,一审判决判令太一热力公司给付自2010年7月11日起至实际付清之日的利息,既缺乏事实和法律依据,也超出当事人的诉讼请求,二审法院予以纠正。

(4)关于李昕军是否应对太一热力公司的盈余分配给付不能承担赔偿责任的问题。李昕军上诉主张其没有损害公司利益,一审判令其承担连带责任没有法律依据。居立门业公司答辩认为,李昕军滥用法定代表人权利损害居立门业公司股东利益，应承担赔偿责任。二审法院认为，盈余分配是用公司的利润进行给付，公司本身是给付义务的主体，若公司的应分配资金因被部分股东变相分配利润、隐瞒或转移公司利润而不足以现实支付时，不仅直接损害了公司的利益，也损害到其他股东的利益，利益受损的股东可直接依据《公司法》第二十条第二款的规定向滥用股东权利的公司股东主张赔偿责任，或依据《公司法》第二十一条的规定向利用其关联关系损害公司利益的控股股东、实际控制人、董事、监事、高级管理人员主张赔偿责任，或依据《公司法》第一百四十九条的规定向违反法律、行政法规或者公司章程的规定给公司造成损失的董事、监事、高级管理人员主张赔偿责任。本案中，首先，李昕军既是太一热力公司法定代表人，又是兴盛建安公司法定代表人，其利用关联关系将太一热力公司5600万余元资产转让款转入关联公司，若李昕军不能将相关资金及利息及时返还太一热力公司，则李昕军应当按照《公司法》第二十一条、第一百四十九的规定对该损失向公司承担赔偿责任。其次，居立门业公司应得的盈余分配先是用太一热力公司的盈余资金进行给付，在给付不能时，则李昕军转移太一热力公司财产的行为损及该公司股东居立门业公司利益，居立门业公司可要求李昕军在太一热力公司给付不能的范围内承担赔偿责任。最后，《公司法》第一百五十二条规定的股东诉讼系指其直接利益受到损害的情形，本案中李昕军利用关联关系转移公司资金直接损害的是公司利益，应对公司就不能收回的资金承担赔偿责任，并非因直接损害居立门业公司的股东利益而对其承担赔偿责任，一审判决对该条规定法律适用不当，二审法院予以纠正。因此，一审判决判令太一热力公司到期不能履行本案盈余分配款的给付义务则由李昕军承担赔偿责任并无不当，李昕军不承担责任的上诉主张，二审法院不予支持。

（二）裁判旨要

在公司盈余分配纠纷中，虽请求分配利润的股东未提交载明具体分配方案的股东会或股东大会决议，但当有证据证明公司有盈余且存在部分股东变相分配利润、隐瞒或转移公司利润等滥用股东权利情形的，诉讼中可强制盈余分配，且不以股权回购、代位诉讼等其他救济措施为前提。

在确定盈余分配数额时，要严格公司举证责任以保护弱势小股东的利益，但还要注意优先保护公司外部关系中债权人、债务人等的利益，对于有争议的款项因涉及案外人实体权利而不应在公司盈余分配纠纷中作出认定和处理。有盈余分配决议的，在公司股东会或股东大会作出决议时，在公司与股东之间即形成债权债务关系，若未按照决议及时给付则应计付利息，而司法干预的强制盈余分配则不然，在盈余分配判决未生效之前，公司不负有法定给付义务，故不应计付利息。

盈余分配义务的给付主体是公司，若公司的应分配资金因被部分股东变相分配利润、隐瞒或转移公司利润而不足以现实支付时，不仅直接损害了公司的利益，也损害到其他股东的利益，利益受损的股东可直接依据《公司法》第二十条第二款的规定向滥用股东权利的公司股东主张赔偿责任，或依据《公司法》第二十一条的规定向利用其关联关系损害公司利益的控股股东、实际控制人、董事、监事、高级管理人员主张赔偿责任，或依据《公司法》第一百四十九条的规定向违反法律、行政法规或者公司章程的规定给公司造成损失的董事、监事、高级管理人员主张赔偿责任。

(三) 律师评析

通过中国裁判文书网的案例检索，由最高人民法院审结的公司盈余分配纠纷案例共19件（除去管辖权异议案件）。其中，本案是比较典型的公司不分配盈余的情形，即公司实际控制人恶意转移财产，损害公司利益，拒不分配利润。本案作为最高人民法院二审的案件，对于公司盈余分配的利息计算、义务承担具有指导性意义。

公司盈余分配纠纷，顾名思义就是公司在一年经营过程结束后，由于公司内部利润分配不均导致的股东与公司、股东与股东之间的纠纷。按照常理，公司在经营过程中存在的可分配利润，大股东与小股东对此存在分歧是常态，这种分歧也属于公司内部自治范畴，法院不应当插手干预解决。但根据《〈公司法〉司法解释（四）》第十五条规定，"股东未提交载明具体分配方案的股东会或者股东大会决议，请求分配公司利润的，人民法院应当驳回其诉讼请求，但违反法律规定滥用股东权利导致公司不分配利润，给其他股东造成损失的除外"。若一味的追求公司意思自治，小股东求助无门，显然不符合公序良俗这一法律原则的要求。就如同本案中，虽然太一热力公司并没有形成有效的股东会决议分配利润，但其控股股东太一工贸公司及其法定代表人李昕军将公司资产转移，造成公司利润减少，给居立门业公司造成损失，属于上述法律条款中的但书情形,因此法院可以适度干预阻止部分股东权力滥用。

在诉讼过程中,举证是十分关键的。在公司形成股东会决定之后,盈余分配金额的确认相对容易。但是对于本不存在股东会权益的盈余分配情况下,关于盈余金额具体如何确定举证责任在于股东(原告)。本案采取了《审计报告》作为判断依据。由于本类案件通常系大股东滥用权力侵害小股东利益,因此在举证过程中需要严格公司证明责任,防止弱小股东的权利受到侵害。因此,虽然本案中《审计报告》中存在一定瑕疵(部分用于审计依据的证据未质证),但是由于公司未指出审计报告中指出具体瑕疵,法院对此不予认可。因此,在遇到此类纠纷时,要求法院对公司账目进行审计是很有必要的。通过第三方权威机构的审计,才能确认公司的盈余状况,发现公司账目中存在的问题。虽然在举证过程中公司的证明责任较大,但是若原告(利益受损股东)无法提供任何证据证明公司盈利且公司实际控制人、董事、监事等高管损害公司利益,则主张很难得到支持。

若就本纠纷想提起诉讼,股东需要注意在提起诉讼请求的时候,对于分配金额利息的主张需要谨慎。通常来说,若公司做出了盈余分配的股东会决议,公司与股东之间即形成债权债务关系,此时若公司违约拒绝给付或不按时给付,自然应当计付利息。但若公司未作出盈余分配决定,则"盈余分配权"这项可期待权利在法院作出生效判决之时才能确定。从利益最大化的角度来讲,当事人在提起诉讼时应当区分情况,避免提出难以得到法院支持的诉求,增加诉讼成本。

(四)相关法条与司法解释

《中华人民共和国公司法》

第二十一条 【禁止关联交易】公司的控股股东、实际控制人、董事、监事、高级管理人员不得利用其关联关系损害公司利益。违反前款规定,给公司造成损失的,应当承担赔偿责任

第一百四十九条 【董事、监事、高管人员的损害赔偿责任】董事、监事、高级管理人员执行公司职务时违反法律、行政法规或者公司章程的规定,给公司造成损失的,应当承担赔偿责任。

第一百五十二条 【股东权益受损的诉讼】董事、高级管理人员违反法律、行政法规或者公司章程的规定,损害股东利益的,股东可以向人民法院提起诉讼。

《最高人民法院关于适用〈中华人民共和国公司法〉若干问题的规定（四）》

第十五条 股东未提交载明具体分配方案的股东会或者股东大会决议，请求分配公司利润的，人民法院应当驳回其诉讼请求，但违反法律规定滥用股东权利导致公司不分配利润，给其他股东造成损失的除外。

第十三章 损害股东利益责任纠纷

一、损害股东利益责任纠纷概述

损害股东利益责任纠纷是指公司的股东、董事、监事及其他高级管理人员违反法律、行政法规或者公司章程的规定,损害股东利益,而与股东发生的纠纷。公司的高级管理人员包括公司的董事长、董事、总经理、监事、经理、财务负责人等公司的主要领导层。

损害股东利益的行为在当前的股份制公司是普遍存在的,例如,利用控制权、话语权进行暗箱操作。"司法实践中董事、高管违反忠实义务,往往表现为利用职务便利进行各种形式的利益输送,掌勺者自肥,从而损害公司及公司股东的利益……"[1] 从当前法制的环境看,对于股东利益的损害发生后,股东的权利救济是非常大的问题,尤其是中小股东的利益受到损害后往往难以在公司内部寻求救济。

从《公司法》的规定来看,股东的利益受到损害后,司法救济的途径是相对完善的,股东可以通过司法途径来寻求救济。《公司法》规定了董事、高级管理人员的忠实义务和勤勉义务,并赋予了股东直接起诉的权利,股东在其利益被公司董事、高级管理人员侵害时,有权直接提起诉讼。《公司法》第二十条、第二十一条的规定是股东寻求司法救济的法律依据。

股东直接诉讼是股东自行保护权益的重要手段,也是股东对其他股东、董事、高级管理人员行为进行有效监管的途径。自《公司法》赋予股东直接诉讼权之后,这类纠纷在实践中不断增多,所以,《民事案件案由规定》将其列为第

---

[1] 徐子良、李丽丽、黄宇宏:《涉董事、高管忠实义务案件的实证考察》,载《人民司法(应用)》2017年第13期。

三级案由。

二、损害股东利益责任纠纷中原告应当是本公司的股东

公司纠纷的内容是多样化的,其原因在于请求权基础的多元化,有的基于成员权,有的基于管理权,有的基于合同。不同的请求权基础有不同的价值目标,其所对应的纠纷会产生不同的诉讼目标与利益。在损害股东利益责任纠纷中,有权提起诉讼的原告应当是本公司的股东。这在最高人民法院的一个申诉案例中得到了强调,可以看出法院对此类案件的裁判态度。

(一)典型案例

☞ 李健与郝贵东、通化矿业(集团)有限责任公司损害股东利益责任纠纷案[2]

【关键词】股东代表诉讼　股权转让

| 基本案情 | 再审申请人(一审原告、二审上诉人):李健;被申请人(一审被告、二审被上诉人):郝贵东;被申请人(一审被告、二审被上诉人):通化矿业(集团)有限责任公司,法定代表人:李兴。

再审申请人李健因与被申请人郝贵东、通化矿业(集团)有限责任公司(以下简称通化矿业集团)损害股东利益责任纠纷一案,不服吉林省高级人民法院于2015年5月29日作出的(2015)吉民二终字第22号民事裁定,向最高人民法院申请再审。

再审申请人李健申请再审称:

(1)原二审裁定无视李健因郝贵东所实施侵权行为而实际遭受直接经济损失的事实,错误适用法律,认定李健与本案不具有直接利害关系。

李健在持股期间,通化矿业(集团)道清选煤有限公司(以下简称道清选煤公司)董事长兼总经理郝贵东无正当理由及公司章程、股东会、董事会等合法授权依据,故意低价销售道清选煤公司的精煤产品,造成了公司经济损失,损害了公司和股东李健的财产利益。李健是受害人,与本案有利害关系,起诉

---

[2] (2016)最高法民申84号。

具备《民事诉讼法》第一百一十九条第一项规定的起诉条件。

(2) 原二审裁定违背《公司法》的立法本意，对第一百五十二条设定了持股才可主张权益的前提条件，并据此错误认定李健无权起诉。

李健主张的是持股期间股东权利受到损害的赔偿请求权，依照《公司法》第一百五十二条"董事、高级管理人员违反法律、行政法规或者公司章程的规定，损害股东利益的，股东可以向人民法院提起诉讼"的规定，即使起诉时李健股权已出让，不再具有股东身份，但是法律并没有明确规定原股东不能享有其作为股东期间受到侵权损害的赔偿请求权。不能因为无股东身份就必然丧失原股东的赔偿请求权和司法救济权，更无法剥夺李健依据《公司法》《侵权责任法》和《民法通则》享有的实体法上的请求权。

(3) 原二审裁定错误认定《民法通则》与《公司法》的立法机关和"位阶"，错误认为《民法通则》第一百零六条不适用于本案。

原二审裁定错误认定《民法通则》与《公司法》为同一位阶法律，进而以同位阶法律不一致时适用特别法，不适用《民法通则》第一百零六条的规定，显然错误，且原二审裁定在法律冲突时颠倒了确定法律适用原则的适用顺序。《公司法》第一百五十一条、第一百五十二条关于股东代表诉讼、股东直接诉讼均是对《民法通则》第一百零六条承担民事责任的具体化，而本案正是李健根据《公司法》第一百五十二条提起的直接诉讼，其特别之处在于：李健是在转让股权以后才发现了其持股期间所发生的侵害，而在知道侵害发生后提起诉讼的。

(4) 郝贵东所实施的侵害行为既违反了《公司法》，也是违反《侵权责任法》的侵权行为。即使按原裁定，李健无权以《公司法》提起诉讼，但其仍有权按侵权责任法追究郝贵东及通化矿业集团的侵权责任。但原裁定直接违反侵权责任法无视侵权行为的存在，直接剥夺了李健追究侵权责任的基本权利。

(5) 郝贵东利用其董事长、总经理职权以明显不合理低价销售精煤而所实施侵权行为造成的损害后果已经李健举证证明，也已经司法鉴定确认，李健主张的赔偿请求权成立，依法应当予以支持。

(6) 道清选煤公司董事长兼总经理是通化矿业集团派出和建议任命的，并负责对其人事管理，应对郝贵东的行为承担连带赔偿责任。

综上，李健依据《民事诉讼法》第二百条第一项、第二项及第六项的规定申请再审，请求依法撤销吉林省高级人民法院（2015）吉民二终字第22号民事裁定，对本案进行提审或指令再审，并依法受理李健的起诉。

李健在再审审查期间提供如下证据，主张是新证据，意在推翻原审裁定。第一份证据，吉林省白山市中级人民法院（2015）白山民二初重字第5号《民事判决书》，意在证明该判决认定了李健虽然已将股权转让，但仍有权主张其持股期间受到的损失，还证明郝贵东、通化矿业集团存在以低于市场价格进行关联交易，损害了李健的股东利益。第二份证据，李健的委托代理人制作的三份调查笔录，分别是向通化县汇源洗煤厂主管财务副经理李源、白山市正基卓越集团公司副总经理柳树春、通化钢铁公司燃料供应公司副经理仲崇宇调查而形成，意在证明存在公司高管人员损害公司及股东利益的行为，李健的起诉享有实体权利。除上述证据材料之外，李健还提供了一份《专家论证意见书》，主张有关法学专家认为其享有本案的诉讼主体资格以及请求赔偿的实体权利。

被申请人郝贵东及通化矿业集团对上述证据质证认为，上述民事判决未生效，不能作为证据使用，亦不能支持李健的再审申请；第二组证据是证人证言，证人均未出庭，且不属于《民事诉讼法》规定的新的证据，不能作为证据使用。

| 裁判结果 | 驳回李健的再审申请。

| 裁判理由 | 最高人民法院认为，本案争议问题是李健的起诉是否符合《民事诉讼法》第一百一十九条第一项规定的"原告是与本案有直接利害关系的公民、法人和其他组织"的起诉条件，原审裁定驳回其起诉是否存在适用法律确有错误的情形。

从李健起诉所主张的事实及理由看，其主张在其为道清选煤公司的股东期间，公司董事长郝贵东存在对外低价销售公司精煤的行为，给公司和其本人造成了经济损失，因而要求郝贵东承担赔偿责任，通化矿业集团对郝贵东的行为承担连带责任，并引用《公司法》第一百四十九条、第一百五十二条以及《民法通则》第一百零六条的规定作为其行使请求权的法律依据。由此可见，李健是基于其曾为道清选煤公司的股东身份才提起本案诉讼的。而李健提起本案诉讼时已将其持有的道清选煤公司30%股份全部转让，已不再具备股东资格。股份的全部转让，意味着附着在上述股份上的股东权利亦概括转移至受让人。因李健已不再是该公司股东，亦不再享有相应的股东权利及诉权，故李健对于其提出的诉讼请求，并无法律上的利害关系，其起诉不符合《民事诉讼法》第一百一十九条第一项规定的起诉条件。

虽然李健主张是在其为股东期间发生了上述损失而要求赔偿，但根据公司法的相关规定，其所主张的"损失"与其并没有直接的利害关系。理由是：首先，对于李健提出的公司董事长郝贵东在其持股期间存在对外低价销售精煤的行为，给公司以及作为股东的李健造成了损失而要求赔偿的主张，根据《公司法》第一百四十九条"董事、监事、高级管理人员执行公司职务时违反法律、行政法规或者公司章程的规定，给公司造成损失的，应当承担赔偿责任"的规定，公司高管人员给公司造成损失的应向公司承担赔偿责任。而本案李健并非代表道清选煤公司向公司董事长提起诉讼，并未要求公司董事长郝贵东向道清选煤公司承担赔偿责任。况且，李健已将其股权全部转让，已不具备股东资格，无权代表道清选煤公司向公司高管人员提起公司代表诉讼。据此，李健在起诉状中引用上述法律规定作为自己行使请求权的法律依据，显然不符合法律规定，其不具备原告主体资格。其次，虽然根据《公司法》第一百五十二条"董事、高级管理人员违反法律、行政法规或者公司章程的规定，损害股东利益的，股东可以向人民法院提起诉讼"的规定，法律赋予股东可以就高管人员的侵权行为提起股东直接诉讼的权利，但李健在本案中所主张的"损失"与其主张的公司董事长郝贵东上述行为之间并不存在直接利害关系，对此，最高人民法院认为，根据《公司法》第四条"公司股东依法享有资产收益、参与重大决策和选择管理者等权利"以及第三十四条"股东按照实缴的出资比例分取红利"等相关规定，李健在向公司完成出资、成为公司股东后只能依据《公司法》以及公司章程的规定享有分取红利、分配剩余财产等权利，即公司财产与股东财产相分离。而在本案中即便存在李健所主张的公司董事长郝贵东低价销售精煤的行为，首先是对道清选煤公司造成"损失"，仅是间接损害了李健作为股东的利益，而与其自身财产权益之间并没有直接的因果关系。且因其股权的转让，李健主张的所谓损失与其并无利害关系。因此，就本案而言，基于李健已转让其股权，不再具有股东身份，其与本案无直接利害关系，不具备本案原告主体资格。最后，虽然李健在起诉状中将《民法通则》第一百零六条"公民、法人违反合同或者不履行其他义务的，应当承担民事责任。公民、法人由于过错侵害国家的、集体的财产，侵害他人财产、人身的，应当承担民事责任。没有过错，但法律规定应当承担民事责任的，应当承担民事责任"的规定作为其行使请求权的法律依据，但本案系李健基于其曾是公司股东的身份而对公司董事提起的诉讼，并非一般意义上的侵权之诉，故应当适用公司法的相关规定审查其与本案是否存在直接利害关系。基于前述分析，原审裁定驳回李健起诉并无不当。

此外，对于李健在再审审查期间所提供的上述证据，因另案判决所涉及的法律关系与本案不同，不能证明李健在本案中具备原告诉讼主体资格，故最高人民法院不予采纳；上述证人证言因证人均未到庭，无法核实证言真实性，且均不属于《民事诉讼法》第二百条第一项规定的"有新的证据，足以推翻原判决、裁定的"再审中的新的证据，故对上述证人证言均不予采信。

（二）裁判旨要

《公司法》关于股东直接诉讼的规定规范的是直接侵害股东权益的行为，在本案中即便存在公司董事长损害公司利益的行为，其也是对公司造成损失，仅仅在原股东将其股权转让后，原股东就不再具有股东身份，其与本案便无直接利害关系，因此其不具备成为本案原告的资格。

（三）律师评析

这个案件是最高人民法院受理的一个申诉案件，其裁判经验很有指导意义。

1. 判断原告是否适格的标准

在涉及公司的诉讼中，因主体多元，不仅包括公司、股东、债权人，还包括公司的董事、高级管理人员等公司的管理层。这些主体之间存在着"身份关系"所特有的"彼此地位差异的稳定性联系"[3]，不同于普通民事纠纷一对一的主体结构特征。这就意味着涉及公司的诉讼具有复杂性。

立案登记制正式实施后，在立案阶段，法院并不对当事人是否是适格当事人进行实质性审查，只要符合起诉的形式要件就应当予以立案。在案件进入审理阶段后，法官会对当事人是否适格进行实质性审查。根据《民事诉讼法》第一百一十九条第一项之规定，提起诉讼的原告必须"是与本案有直接利害关系的公民、法人和其他组织"，人民法院在立案后发现原告的起诉不符合起诉条件的，应当裁定驳回起诉。这种判断标准是非常明确的。

对于本案而言，案件争议的一个焦点就是李健是否是适格的原告？从本案原告李健起诉所主张的事实及理由看，其主张在其为道清选煤公司的股东期间，公司董事长郝贵东存在对外低价销售公司精煤的行为，给公司和其本人造成了经济损失。因而其要求郝贵东承担赔偿责任。因此，原告李健是基于其曾是道清选煤公司的股东才提起该案诉讼的。在起诉时，李健已将其持有的道清选煤公司30%股份全部转让，已不再是该公司的股东。因此，李健跟道清选煤公司

---

[3] 参见马俊驹、童列春：《身份制度的私法构造》，载《法学研究》2010年第2期。

并无法律上的利害关系,其起诉不符合《民事诉讼法》第一百一十九条所规定的起诉条件。在本案中,李健是以自己名义为自身利益提起诉讼,并非代表道清选煤公司向公司董事长提起诉讼。因其已无股东身份,其无权代表道清选煤公司向公司高管人员提起公司代表诉讼,所以,其不是适格的原告。

2. 在请求权存在竞合的情况下,请求权基础的选择对于当事人而言至关重要

在成文法国家,逻辑演绎法是非常实用的法律适用方法。以请求权基础为核心的逻辑推理是成文法国家最常见的法律适用方法。权利人主张的内容须以某个法律规范为基础,这种能够确立请求权的法律规范称为"请求权基础"。"请求权基础包括构成要件和法律效果两个部分。构成要件是适用该法律规定的前提条件,由数个要素组成。法律效果是满足构成要件后得出的后果,一般对应着请求的内容。"[4] 民法学家王泽鉴先生认为:"请求权基础的寻找,是处理实例题的核心工作。在某种意义上,甚至可以说,实例解答,就在于寻找请求权基础。"[5] 不同请求权的构成要件是不同的,作为专业代理人的律师,应用请求权基础的分析方法,首先,应梳理案件事实,明确当事人之间法律关系的性质;其次,分析清楚求权的构成要件,查找请求权基础;最后,选出最恰当的请求权。

对于本案而言,请求权基础存在竞合,当事人的选择决定了最后的结果。在本案中,最高人民法院认为,本案系李健基于其曾是公司股东的身份而对公司董事提起的诉讼,并非一般意义上的侵权之诉,故应当适用《公司法》的相关规定审查,而不能适用《侵权责任法》的规定。

综上所述,对于某一项或几项事实,可能会有不同的请求权基础,基于不同的案由提起的诉讼,其结果是不同的,因此请求权基础的选择非常重要。在面对"损害股东利益责任纠纷"这类案件时,首先,应当分清公司内外法律关系的性质、类型,设计好诉讼程序方案,准确固定"案由"。其次,为"诉讼请求事项"找出对应的实体法依据和公司内部制度。

(四)相关法条及司法解释

《中华人民共和国公司法》

第二十一条 【禁止关联交易】公司的控股股东、实际控制人、董事、监

---

[4] 朱晓喆:《请求权基础实例研习教学方法论》,载《法治研究》2018年第1期。
[5] 参见王泽鉴:《民法思维:请求权基础的理论体系》,北京大学出版社2009年版。

事、高级管理人员不得利用其关联关系损害公司利益。

违反前款规定，给公司造成损失的，应当承担赔偿责任。

三、损害股东利益责任承担，应结合侵权行为构成要件具体分析

在我国有限责任公司的内部控制机制中，经营者和所有者通常并不是分离的，股东作为公司的投资者往往经常亲自参与公司实际运作，公司相关机构的决定大多体现了控股股东的意志。公司股东和高管损害股东利益责任的情形在实践中比较多，但真正承担损害赔偿责任的案例总体较少。例如，董事高管被诉违反勤勉义务责任的案件屡见不鲜，但至今法院认定承担责任的却为数不多。[6] 该现象的产生是值得认真分析的。在最高人民法院受理的杨建忠与中盐甘肃省盐业（集团）有限责任公司损害股东利益责任纠纷再审案中，最高人民法院明确了举证责任的分配。

（一）典型案例

☞ **杨建忠与中盐甘肃省盐业（集团）有限责任公司损害股东利益责任纠纷再审案**[7]

【关键词】 无效　撤销　民事权利

│基本案情│ 再审申请人（一审原告、二审被上诉人）：杨建忠；被申请人（一审被告、二审上诉人）：中盐甘肃省盐业（集团）有限责任公司，法定代表人：何中信。

再审申请人杨建忠因与被申请人中盐甘肃省盐业（集团）有限责任公司（以下简称中盐公司）损害股东利益责任纠纷一案，不服甘肃省高级人民法院（2019）甘民终442号民事判决，向最高人民法院申请再审。最高人民法院依法组成合议庭进行了审查，现已审查终结。

杨建忠申请再审称，请求依据《民事诉讼法》第二百条第二项、第六项之

---

[6] 参见罗培新等：《我国公司高管勤勉义务之司法裁量的实证分析》，载《证券法苑》2010年第3期。

[7] （2020）最高法民申248号。

规定再审本案。

一是原判决认定的基本事实缺乏证据证明。

(1) 原判决认定"杨建忠并未证明中盐公司滥用了何种股东权利而给其造成了损害"错误。2018年1月舟曲县大洋水电开发有限公司（以下简称大洋公司）的法定代表人去世后，杨建忠多次发函要求中盐公司重新委派法定代表人，但中盐公司直到2019年7月4日才重新委派了法定代表人，导致公司项目建设停滞。中盐公司违反《舟曲县博峪二级、三级水电站工程建设投资及生产经营协议书》的约定，不配合公司办理银行贷款，导致贷款事宜搁浅，建设资金严重短缺，影响大洋公司发展及项目后续建设。中盐公司拒绝按照甘南藏族自治州发展和改革委员会《关于舟曲县博峪二级、三级水电站项目核准的批复》要求的工期恢复水电站建设。中盐公司以上消极不作为的行为，是典型的滥用股东权利，构成了侵权责任和违约责任的竞合，杨建忠选择以侵权责任提起本案诉讼。

(2) 原判决驳回杨建忠请求支付借款的诉讼请求错误。大洋公司股东会决议中盐公司不再向大洋公司借入资金是以项目整体转让以及中盐公司股权转让为前提，因项目和股权转让未果，上述股东会决议内容未生效，中盐公司应当继续履行协议约定的出借义务。

二是原判决适用法律错误。

(1) 原判决判令不再履行《舟曲县博峪二级、三级水电站工程建设投资及生产经营协议书》，导致大洋公司水电站项目宣告结束，侵犯各方当事人的合法权益。

(2) 原判决否定杨建忠的主体资格，适用法律错误。杨建忠起诉的是中盐公司并非大洋公司，二审法院混淆了承担责任的主体。即使本案存在认定事实及适用法律错误的问题，根据《民事诉讼法》第一百七十条第一款第二项的规定，二审法院只能改判、撤销或者变更，不能直接驳回诉讼请求，驳回诉讼请求剥夺了当事人的诉权。

| 裁判结果 | 驳回杨建忠的再审申请。

| 裁判理由 | 最高人民法院经审查认为，本案系再审审查案件，应当依据再审申请人的再审申请事由以及《民事诉讼法》第二百条的规定进行审查。

一是关于杨建忠申请再审所称的原判决认定事实缺乏证据证明问题。

杨建忠申请再审称中盐公司消极不作为导致大洋公司法定代表人长期空缺、贷款未果、项目长时间停工，损害了杨建忠作为大洋公司股东的利益，该再审申请理由不能成立。

首先,《舟曲县博峪二级、三级水电站工程建设投资及生产经营协议书》第四条第三项约定"其余电站建设所需资金以大洋公司形成的所有资产作为抵押从银行贷款解决,杨建忠和中盐公司应密切积极配合",部分建设资金是以大洋公司资产作为抵押从银行贷款,中盐公司在银行贷款中的义务并不明确,杨建忠未提供证据证明贷款不成系中盐公司不履行义务所致。

其次,甘南藏族自治州发展和改革委员会《关于舟曲县博峪二级、三级水电站项目核准的批复》核准工程建设总工期为30个月,并未要求恢复水电站建设。

最后,公司的管理与运营属公司自治范畴,司法介入只是对公司自治的补充和救济。案涉水电站项目建设停止是因投资增加、项目审批、资金短缺等多方面因素所致,无证据证明系中盐公司不履行股东义务或滥用股东权利导致。故原判决认定杨建忠所主张的中盐公司损害其股东利益无事实和法律依据,并无不当。

杨建忠申请再审称原判决驳回其请求支付借款的诉讼请求错误。对此法院认为,《舟曲县博峪二级、三级水电站工程建设投资及生产经营协议书》中约定了中盐公司向大洋公司出借款项,中盐公司已履行大部分出借义务。大洋公司形成股东会决议称,鉴于中盐公司的借款基本到位,中盐公司不再向大洋公司借入资金。该决议并未体现中盐公司不再向大洋公司借入资金是以项目转让或股权转让作为条件,而且明确记载中盐公司不再向大洋公司出借资金,因此原判决驳回杨建忠请求支付借款的诉讼请求,并无不当。

二是关于杨建忠申请再审所称的原判决适用法律错误问题。

本案中杨建忠请求中盐公司履行股东义务、支付借款、赔偿项目停工损失,原判决认为中盐公司各项诉讼请求不能成立,驳回其诉讼请求,并未判决《舟曲县博峪二级、三级水电站工程建设投资及生产经营协议书》不再履行。杨建忠以原判决驳回诉讼请求系判决不再履行上述协议申请再审的理由不能成立。

关于杨建忠申请再审所称的原判决适用法律错误,剥夺其诉权的问题。驳回诉讼请求不同于驳回起诉,驳回诉讼请求是在原告诉讼请求不能成立的情况下作出的,驳回起诉是在原告的起诉不符合《民事诉讼法》规定的起诉条件时作出的。原判决针对杨建忠的各项诉讼请求进行了实体审理,并未剥夺杨建忠的诉权。驳回诉讼请求是改判的一种方式,原判决在认为杨建忠的诉讼请求不成立的情况下，撤销一审判决驳回其诉讼请求，适用法律并无不当。

综上，杨建忠的再审申请不符合《民事诉讼法》第二百条第二项、第六项规定的情形。

（二）裁判旨要

公司的管理与运营属公司自治范畴，司法介入只是对公司自治的补充和救济。案涉水电站项目建设停止是因投资增加、项目审批、资金短缺等多方面因素所致，无证据证明系中盐公司不履行股东义务或滥用股东权利导致，原告主张被告损害其股东利益无事实和法律依据。

（三）律师评析

本案是一个关于损害股东利益责任纠纷的一个典型案例，最高人民法院没有支持再审申请人的诉讼请求主要是因为再审申请人并未提供充分的证据来证明股东的利益受到损害。

1. 侵权责任的构成要件需要予以证明

与传统公司法中公司董事的信义义务分类相同，股东之间的信义义务也相应区分为股东之间的忠实义务和善管义务。我国学界通说认为，《公司法》第一百四十八条可作为判断忠实义务的判断标准，但对于善管义务《公司法》并没有明确规定。[8]《公司法》第二十条是对"禁止权利滥用原则"的阐述，从目的解释和体系解释的法律解释方法来看，"《公司法》第二十条的规定不仅应当包括股东自益权受到损害，也应当涵盖共益权"[9]。法律通过任意性规范将公司自我管理的权利予以确定，但并不意味着将公司自治不受司法约束。司法介入公司是矫正公司自治机制失效的重要手段。

在我国，《民法通则》与《侵权责任法》都规定了行为人对他人承担侵权责任的条件，这实际上属于"民事责任的构成要件"或者"侵权责任的构成要件"。《侵权责任法》在规定行为人所承担的侵权责任时不再使用《民法通则》所使用的"民事责任"或者"侵权的民事责任"这样的称谓，而是使用了"侵

---

[8] 参见邓峰：《普通公司法》，中国人民大学出版社2009年版。
[9] 贺茜：《股东滥用权利的司法规制》，载《山东大学学报（哲学社会科学版）》2017年第6期。

权责任"这一称谓。

在侵权责任法中,"侵权责任的构成要件"所讨论的问题是行为人就其实施的侵权行为对他人所承担侵权责任应当具备哪些具体的条件。除非存在某种拒绝承担侵权责任的抗辩事由,否则,当行为人的行为具备所要求的具体条件时应当对他人承担侵权责任。"对民事主体侵权行为的认定,一般要具备四个构成要件:一是行为具有违法性;二是行为人主观上有过错(法律特别规定的场合除外);三是有损害事实发生;四是损害的发生与加害行为之间具有因果关系。侵权行为的一般构成要件当然适用于公司的侵权行为。"[10] 要证明一个民事主体应当承担侵权责任,则需要证明其行为符合侵权责任的构成要件。

2. 损害股东利益责任纠纷的举证责任分配

公司股东、董事、高管违反勤勉义务会侵害的股东的利益、公司利益,故股东、公司自身以及派生诉讼的股东有权以原告身份起诉,并就上述各项构成要件予以举证。

实务中主要存在两种举证诉辩的方式:一是原告公司或股东仅就被告的主体资格、股东利益损失、公司利益损失以及决策行为与损失间的关联性完成举证,这些组成的证据链仅指明股东、董事、高管因决策行为而客观引发了公司利益受损。根据勤勉义务所构造的"豁免空间",作为被告的股东、董事、高管可就未违反勤勉义务为由主张勤勉义务的免责抗辩效力。[11] 二是原告公司或股东不仅就上述几项构成要件完成举证,其还提供了被告违反相关法律、行政法规或公司章程等规定的勤勉义务的证据材料。而被告则应承担反证的举证责任,其可以利用上述事务性职责与决策性职权的区分规则。

(四)相关法条及司法解释

《中华人民共和国公司法》

第二十条 【股东禁止行为】公司股东应当遵守法律、行政法规和公司章程,依法行使股东权利,不得滥用股东权利损害公司或者其他股东的利益;不得滥用公司法人独立地位和股东有限责任损害公司债权人的利益。

公司股东滥用股东权利给公司或者其他股东造成损失的,应当依法承担赔

---

[10] 孙晓洁:《公司侵权能力与侵权责任探讨》,载《当代法学》2007年第2期。
[11] 参见广西壮族自治区钦州市中级人民法院〔2016〕桂0702民初496号民事判决书。

偿责任。

公司股东滥用公司法人独立地位和股东有限责任，逃避债务，严重损害公司债权人利益的，应当对公司债务承担连带责任。

第二十一条 【禁止关联交易】公司的控股股东、实际控制人、董事、监事、高级管理人员不得利用其关联关系损害公司利益。

违反前款规定，给公司造成损失的，应当承担赔偿责任。

《中华人民共和国民事诉讼法》

第一百一十九条 【起诉条件】起诉必须符合下列条件：

（一）原告是与本案有直接利害关系的公民、法人和其他组织；

（二）有明确的被告；

（三）有具体的诉讼请求和事实、理由；

（四）属于人民法院受理民事诉讼的范围和受诉人民法院管辖。

《中华人民共和国侵权责任法》

第六条 【过错责任原则】行为人因过错侵害他人民事权益，应当承担侵权责任。

根据法律规定推定行为人有过错，行为人不能证明自己没有过错的，应当承担侵权责任。

第十四章　损害公司利益责任纠纷

一、损害公司利益责任纠纷概述

损害公司利益责任纠纷是指公司股东滥用股东权利损害公司利益或者公司的董事、监事、高级管理人员违反法定义务损害公司利益而引发的纠纷。《公司法》对于公司组织机构及其权力分配的制度设计，构筑于"所有权"与"控制权"相分离的传统理念上。[1] 不同的公司类型基本都可以适用相似的治理结构，体现出了分权与制衡的治理格局。但是，有分权与制衡并不代表着其自身可以有效运行。

我国的好多公司在治理结构上存在诸多问题，突出表现为股东与董事会之间职权配置的不合理、监事会或监事难以有效开展监督、实际控制人或大股东滥用权力等问题。公司的利益保护问题也是司法实践中备受重视的问题。2008年最高人民法院颁行《民事案件案由规定》，其中第二百五十四条即是"公司的控股股东、实际控制人、董事、监事、高级管理人员损害公司利益赔偿纠纷"，该案由得以确立的主要原因是"现代公司制度实行所有权和经营权两权分离"[2]。2011年，最高人民法院对《民事案件案由规定》进行了修订，将其变更为第二百五十六条"损害公司利益责任纠纷"。公司股东滥用股东权利或者公司董事、监事、高级管理人员违反法定义务损害公司利益的情况大量发生，此类纠纷都属于损害公司利益责任纠纷。《公司法》中对涉及损害公司利益责任纠纷的相关规定主要体现在第二十条、第二十一条、第一百四十七条、第一百四

---

[1] 参见〔美〕阿道夫·A. 伯利、加德纳·C. 米恩斯：《现代公司与私有财产》，甘华鸣等译，商务印书馆2007年版。

[2] 曹建明主编：《最高人民法院民事案件案由规定理解与适用》，人民法院出版社2008年版，第311页。

十九条、第一百五十一条的规定中。

根据《侵权责任法》的原理，损害公司利益责任纠纷的原告应当为利益被损害的公司。实践中，另一种情况亦颇为常见，即由公司的股东为原告、公司作为第三人的诉讼，这是《公司法》第一百五十一条规定的股东代表诉讼。

在此类案件中，涉嫌的侵权人往往具有股东、法定代表人、董事长、总经理、董事、高级管理人员等多重身份。因此，在损害公司利益责任纠纷中，涉嫌侵权的人的行为往往是利用职务便利进行的。损害公司利益的行为人在承担民事责任的同时，也可能构成刑事犯罪，与此类纠纷密切相关的职务侵占罪是非常常见的。

二、法人的起诉未经过法定代表人同意不能认定是法人意思表示

在民商事关系中，法人与法定代表人是具有同一性的，相互之间不能直接起诉对方。但是，有意思的是在司法实践中就出现了这样的事情，再审申请人冯光成、华夏银行股份有限公司杭州和平支行与被申请人青海碱业有限公司损害公司利益责任纠纷一案就是一起这样的案例，而且一审、二审法院都予以支持，最高人民法院决定提审本案进行再审，明确确定公司不能自行起诉自己的法定代表人，驳回了原告的起诉。

（一）典型案例

☞ **再审申请人冯光成、华夏银行股份有限公司杭州和平支行因与被申请人青海碱业有限公司损害公司利益责任纠纷一案**[3]

【关键词】公司诉讼　法定代表人

|基本案情| 再审申请人（一审被告、二审上诉人）：冯光成；再审申请人（一审第三人、二审上诉人）：华夏银行股份有限公司杭州和平支行；被申请人（一审原告、二审被上诉人）：青海碱业有限公司。

再审申请人冯光成、华夏银行股份有限公司杭州和平支行（以下简称华行

---

[3] 最高人民法院民事裁定书（2014）民提字第145-1号。

杭州和平支行）因与被申请人青海碱业有限公司（以下简称青海碱业）损害公司利益责任纠纷一案，不服青海省高级人民法院（2012）青民二终字第31号民事判决，向最高人民法院申请再审。2013年12月23日，最高人民法院作出（2013）民申字第2089号民事裁定，裁定本案由最高人民法院提审。2014年8月29日，青海省海西蒙古族藏族自治州中级人民法院作出（2014）西破字第1—2号民事裁定，受理海西州发展投资有限责任公司对讨债务人青海碱业进行破产清算的申请。2014年10月22日，青海碱业以该公司破产管理人正在指定及接受财产中为由，向最高人民法院申请中止审理。最高人民法院于2014年11月22日作出（2014）民提字第145号民事裁定，中止本案审理。根据当事人的申请，2015年6月16日本院恢复审理。

青海碱业向青海省海西蒙古族藏族自治州中级人民法院起诉称：冯光成利用担任青海碱业法定代表人身份，与华行杭州和平支行于2008年12月30日签订了编号HZ121OllO80351-12《保证合同》，由青海碱业为浙江长兴玻璃有限公司（以下简称长兴玻璃）在华行杭州和平支行的11000万元借款提供连带保证责任。冯光成的行为致使青海碱业无故对外承担巨额的担保责任，侵害了公司的合法权益。请求：（1）判令冯光成停止侵权；（2）确认由冯光成与华行杭州和平支行签订的上述《保证合同》无效；（3）诉讼费由冯光成承担。

冯光成和华行杭州和平支行答辩称：青海碱业诉讼主体不适格。根据《公司法》的规定，公司董事、高管损害公司利益纠纷的原告是受损害公司的监事会、监事或公司股东，而不可以是公司本身。青海碱业以自己的名义起诉未经公司股东会授权或监事会决议授权，不具备原告主体资格。委托代理人亦未经公司有权机构授权，无权参与诉讼。青海碱业既列冯光成为法定代表人，又列冯光成为被告，属于自己诉自己。另外，冯光成不存在损害青海碱业利益的事实。本案中包括损害公司利益责任纠纷和合同无效纠纷，案由和诉讼当事人不同，不应合并审理。担保合同是各方真实意思表示，合法有效。

青海省海西蒙古族藏族自治州中级人民法院一审认为，从青海碱业股东名册表明，其股东浙江玻璃股份有限公司法定代表人为冯光成，其他两个股东董利华、冯彩珍与冯光成有特殊的亲属关系，形成了冯光成直接控制公司股东会、监事会的事实，加之冯光成利用其对多个关联公司的控制权，在主持青海碱业整个经营活动期间与青海碱业其他小股东发生利益冲突后，公司内设的监事会、股东会等机构出现严重僵局，冯光成作为公司法定代表人亦不可能主动停止损害公司的行为，监事、监事会等已不能根据《公司法》第一百五十二条的规定维权,青海碱业为维护全体讨债权人及自身权益,以公司为诉讼主体起诉董事等高管人员得当。本案并未违反一事不再理原则。冯光成利用青海碱业法定代表人身份,违反法律及青海碱业章程规定,以青海碱业名义对外签订保证合同,侵害了青海碱业利益,构成侵权,保证合同亦无效。综上,该院判决:(1)冯光成于本判决生效后十日内停止侵害;(2)青海碱业于2008年12月30日与华行杭州和平支行签订的HZ121OllO80351-12《保证合同》无效。案件受理费100元,由冯光成承担。

冯光成、华行杭州和平支行均不服一审判决,向青海省高级人民法院提起上诉,认为青海碱业诉讼主体不适格。根据《公司法》第一百五十二条规定,公司董事、高管损害公司利益纠纷的原告必须是受损害公司的监事会或监事,或者是公司股东,而不可以是公司自己。本案中的青海碱业并不具有要求追究董事、高管损害赔偿责任的原告主体资格。即便是青海碱业的监事、监事会由于出现僵局而不提起诉讼,自认为权益遭到侵害的股东—新湖集团可以以股东身份提出诉讼,而不应当由青海碱业来提起诉讼。《民事诉讼法》第四十九条规定:法人由其法定代表人进行诉讼。本案原告的法定代表人是冯光成,但冯光成没有委托任何人代表原告参加本案诉讼。因此,原告出庭人员的代理资格有问题。

青海碱业答辩称:《公司法》第一百五十二条虽规定了股东请求监事会提起诉讼,但并未禁止公司作为利益被损害一方来提起诉讼,青海碱业作为原告主张权益,其诉讼主体适格。青海碱业为关联公司提供担保不合法。本案并未违反"一事不再理"原则。从青海碱业公司章程看,重大事项必须经过股东新湖集团同意,冯光成没有取得合法有效董事会和股东会决议的情况下,以青海碱业名义对外签订的担保合同,是越权代表行为,担保合同应当认定无效。综上,请求驳回上诉,维持原判。

青海省高级人民法院认为,冯光成以《公司法》第一百五十二条为据,对青海碱业的主体资格提出异议并不适当。《公司法》第一百五十二条是指当公司怠于通过诉讼追究内部成员责任时,具备法定资格的股东为了公司利益代表公司提起诉讼,本案系青海碱业自行提起诉讼,与股东代表诉讼不符,因此,本案不适用《公司法》第一百五十二条规定。有关民事诉讼的主体资格问题,《民事诉讼法》第一百一十九条作出了明确规定。依据该规定,提起民事诉讼的原告应当是与本案有直接利害关系的公民、法人和其他组织。结合本案,青海碱业是企业法人,依法独立享有民事权利、承担民事义务,冯光成损害公司利益的行为与其有直接利害关系，青海碱业起诉冯光成具备《民事诉讼法》规定的原告资格。目前，冯光成因以青海碱业名义为其控制的关联公司借款提供担保，与青海碱业及其他小股东发生利益冲突，公司内设的监事会、股东会等机构出现严重僵局，冯光成既不可能主动停止损害公司的行为，更不可能授权他人代表青海碱业以原告名义提起诉讼。鉴于此，青海碱业作为原告追究侵害人的责任，符合客观实际且不违反法律规定。原审法院关于青海碱业为维护全体讨债权人及自身权益，以公司为诉讼主体起诉董事等高管人员的认定并无不当，予以确认。本案公司高管损害公司利益责任纠纷和青海碱业担保合同纠纷属于不同法律关系，案件诉讼主体不同，不具备合并审理的条件，应仅就损害公司利益责任纠纷进行审理。本案并未违反一事不再理原则。冯光成以青海碱业名义对外提供担保的行为，违反了《公司法》、青海碱业章程和《民法通则》的规定，应认定无效。综上，该院判决：(1) 撤销青海省海西蒙古族藏族自治州中级人民法院 (2011) 西民二初字第9号民事判决；(2) 冯光成以青海碱业名义于2008年12月30日为长兴玻璃与华行杭州和平支行签订编号HZ121OllO80351-12《保证合同》的担保行为无效；(3) 驳回青海碱业申请追加华行杭州和平支行为第三人的诉讼请求。一、二审案件受理费200元，由冯光成承担。

冯光成和华行杭州和平支行向最高人民法院申请再审称：(1) 青海碱业诉讼主体不适格。根据《公司法》的规定，公司董事、高管损害公司利益诉讼的原告是公司的监事会、监事、董事会、执行董事或者公司股东，而不能是公司本身。根据《民事诉讼法》第四十八条规定，法人由其法定代表人进行诉讼。本案中，青海碱业法定代表人冯光成，其并未表示对本案进行诉讼，青海碱业的其他组织机构亦未表示进行诉讼或委托代理人进行诉讼。青海碱业代理人授权不合法，在公司法定代表人及组织机构未决议对本案一审被告进行诉讼的情况下，青海碱业代理人以青海碱业名义提起的诉讼并非青海碱业真实意思表示，应驳回起诉。(2) 本案诉讼违反一事不再理原则。青海碱业的一项诉讼请求是要求判决保证合同无效，而关于保证合同的效力已经浙江省绍兴市中级人民法院的相关生效法律文书予以确认，青海碱业不能对此重复起诉，如其不服，只能申请启动审判监督程序。(3) 保证合同合法有效，是各方真实意思表示。《公司法》第十六条非效力性强制规范，该条未明确规定若有违反则对外提供担保无效，公司内部决议程序不得约束第三人，公司对外担保的效力应予确认。综上，请求：撤销一、二审判决，驳回青海碱业的起诉或诉讼请求。

青海碱业答辩称：(1) 青海碱业诉讼主体资格适格。冯光成与其他两个股东董利华、冯彩珍系亲属关系，实际占有公司大部分股权份额，从而控制公司。现公司监事会、股东会等机构出现僵局，冯光成作为公司法定代表人不可能主动停止损害行为，因此青海碱业以自己的名义起诉主体适格。(2) 本案诉讼未违反一事不再理原则。本案与浙江省绍兴市中级人民法院的相关案件属于不同的法律关系，当事人亦不相同，不属于同一诉讼行为。(3) 保证合同无效。《公司法》第十六条属于效力性强制规范，不得违反，否则即产生无效的法律后果。且青海碱业公司章程也对公司提供担保有明确规定，涉案担保违反《公司法》和青海碱业公司章程的规定，原审认定无效并无不当。

| 裁判结果 | (1) 撤销青海省高级人民法院（2012）青民二终字第31号民事判决、青海省海西蒙古族藏族自治州中级人民法院（2011）西民二初字第9号民事判决；(2) 驳回青海碱业有限公司的起诉。

| 裁判理由 | 最高人民法院认为：根据我国《公司法》的规定，在董事给公司造成损失的情况下，公司可以作为原告起诉董事。但在董事长作为公司法定代表人给公司造成损失的情况下，由于我国《民事诉讼法》第四十八条第二款规定，只有法定代表人才能代表公司进行诉讼，因此，不会出现法定代表人代表公司起诉法定代表人的情况发生。为此，《公司法》第一百五十一条专门进行规范。根据该条的规定，当出现董事长作为法定代表人给公司造成损失的情况时，符合条件的股东可以书面请求监事会或者不设监事会的有限责任公司的监事向人民法院提起诉讼。监事会、不设监事会的有限责任公司的监事收到股东书面请求后拒绝提起诉讼，或者自收到请求之日起30日内未提起诉讼，或者情况紧急、不立即提起诉讼将会使公司利益受到难以弥补的损害的，股东有权为了公司的利益以自己的名义直接向人民法院提起诉讼。

本案中，青海碱业的股东没有书面请求监事会起诉冯光成，公司股东也没有起诉冯光成，青海碱业是以自己的名义起诉其法定代表人冯光成的。对此，再审申请人提出异议，认为青海碱业的起诉未经公司股东会、监事会同意，不是青海碱业的真实意思表示，其原告主体资格不适格。原审法院认为，本案是因公司高管侵害公司利益而提起的诉讼，青海碱业股东会、监事会出现僵局，冯光成作为公司法定代表人不能主动停止侵害公司的行为，青海碱业即成为当然的诉讼主体。最高人民法院认为，根据我国法律规定，青海碱业作为法人提起诉讼，与自然人不同，必须由公司法定代表人进行。本案中，青海碱业的起诉状虽加盖有青海碱业的公章，但该起诉行为没有经过法定代表人同意，没有经过股东会讨论通过，公司股东也没有请求监事会起诉冯光成，故青海碱业起诉状上的公章和授权委托书上的公章皆非青海碱业的法定代表人或股东会同意加盖，不能认定为是青海碱业的意思表示。青海碱业的"代理人"的授权委托取得不合法，青海碱业的"代理人"无权代理本案诉讼，其以青海碱业名义提起的诉讼不能认定为是青海碱业的意思表示，因此，本案的起诉既不符合《民事诉讼法》第四十八条第二款的规定，也不符合《公司法》第一百五十一条的规定，应予驳回。

综上，冯光成和华行杭州和平支行的再审请求成立。青海碱业的"代理人"以青海碱业名义提起的诉讼非青海碱业的真实意思表示，应驳回起诉，原审予以受理错误。

（二）裁判旨要

法人由其法定代表人进行诉讼，法人的起诉没有经过法定代表人同意，没有经过股东会讨论通过，不能认定为是法人的意思表示，该法人起诉不应受理。其与本案无直接利害关系，因此其不具备成为本案原告的资格。

（三）律师评析

这个案件是最高人民法院受理的一个申诉案件，其关于法人和法定代表人的论述很明确，裁判经验很有指导意义。

1. 法人的诉讼活动必须由其法定代表人进行

对于法定代表人这一概念的理解可以从"法定"与"代表"两个方面展开。具体到公司领域，前者是公司代表人的选任规则。后者属于立法者就"代表说"与"代理说"这两种有关公司及其代表人关系的不同理论解释路径的选择。[4]

根据《民法总则》第五十九条规定，法定代表人以法人名义从事的民事活动或者其他执行职务的行为，其法律后果由法人承受。因此，法定代表人的意思表示就是法人的意思表示，法定代表人以法人的名义进行民事法律行为，最后的责任是由法人来承担的。

---

[4] 参见李洪健：《论公司法定代表人的制度功能与定位修正》，载《中国矿业大学学报（社会科学版）》2019年第4期。

法定代表人并不是民事法律关系的真正主体，其是法律拟制的主体，有明确的代表权。基于这两方行为的同一性之考量，如果允许法人对其法定代表人的代表行为进行起诉，则无异于法人本身起诉本身，这明显不符合法律规定。反之，如法定代表人起诉法人也是同样的逻辑。

对于本案而言，因《民事诉讼法》明确规定了法人的诉讼活动必须由其法定代表人进行，因此从诉讼程序上看，法人和法定代表人的行为也是同一的。所以，不管是基于实体法的规定还是基于程序法的规定，本案原告青海碱业有限公司无权起诉其法定代表人冯光成。

2. 从诉讼法的角度来看，本案存在法律关系与诉讼程序的双重错误

以请求权基础为核心的逻辑推理是成文法国家最常见的法律适用方法，这种方法在诉讼中非常重要。

从诉讼法的角度来看，本案原告青海碱业有限公司如果起诉由冯光成代表自己与第三人康盛公司签订的《借贷总合同》无效，也应当只列合同的相对方康盛公司为被告。因为《借贷总合同》本身就是青海碱业有限公司与康盛公司两方所签署。所以，青海碱业有限公司起诉冯光成而申请追加康盛公司为第三人，是法律关系与诉讼程序的双重错误。

从《公司法》的相关规定看，关于法人追究其法定代表人损害赔偿责任的诉讼，可以采取监事（会）或股东代表诉讼方式，也可通过先行更换法定代表人再提起相应诉讼。

（四）相关法条及司法解释

《中华人民共和国公司法》

第一百五十一条 【公司权益受损的股东救济】董事、高级管理人员有本法第一百四十九条规定的情形的，有限责任公司的股东、股份有限公司连续一百八十日以上单独或者合计持有公司百分之一以上股份的股东，可以书面请求监事会或者不设监事会的有限责任公司的监事向人民法院提起诉讼；监事有本法第一百四十九条规定的情形的，前述股东可以书面请求董事会或者不设董事会的有限责任公司的执行董事向人民法院提起诉讼。

监事会、不设监事会的有限责任公司的监事，或者董事会、执行董事收到前款规定的股东书面请求后拒绝提起诉讼，或者自收到请求之日起三十日内未提起诉讼，或者情况紧急、不立即提起诉讼将会使公司利益受到难以弥补的损

害的，前款规定的股东有权为了公司的利益以自己的名义直接向人民法院提起诉讼。

他人侵犯公司合法权益，给公司造成损失的，本条第一款规定的股东可以依照前两款的规定向人民法院提起诉讼。

《中华人民共和国民事诉讼法》

第四十八条 【当事人诉讼权利能力】公民、法人和其他组织可以作为民事诉讼的当事人。

法人由其法定代表人进行诉讼。其他组织由其主要负责人进行诉讼。

三、高管违反忠实、勤勉义务，侵犯公司权益，应承担责任

公司高管损害公司利益的情形在实践中比较多，但真正承担损害赔偿责任的案例总体较少。例如，董事高管被诉违反勤勉义务责任的案件屡见不鲜，但至今法院认定承担责任的却为数不多。〔5〕认定公司高管侵犯公司合法权益的案例中的裁判规则很重要。

（一）典型案例

☞ 上诉人郑振欣、漳州紫金建材有限公司与被上诉人龙岩恒发电业有限公司、原审被告刘晓萍公司高级管理人员损害公司利益赔偿纠纷案〔6〕

【关键词】中外合资经营企业　股权转让　关联公司　恶意

|**基本案情**| 上诉人（原审被告）：郑振欣；上诉人（原审被告）：漳州紫金建材有限公司；被上诉人（原审原告）：龙岩恒发电业有限公司；原审被告：刘晓萍。

上诉人郑振欣、漳州紫金建材有限公司（以下简称漳州紫金公司）因与被上诉人龙岩恒发电业有限公司（以下简称恒发电业公司）、原审被告刘晓萍公司高级管理人员损害公司利益赔偿纠纷一案，不服福建省高级人民法院（2008）

---

〔5〕 参见罗培新等：《我国公司高管勤勉义务之司法裁量的实证分析》，载《证券法苑》2010年第3期。
〔6〕 （2012）民二终字第66-1号。

"闽民初字第10号民事判决,向最高人民法院提起上诉。因案件存在中止审理事由,最高人民法院于2012年12月14日裁定中止诉讼。因中止事由消除,最高人民法院决定于2014年6月20日恢复诉讼。本案现已审理终结。

恒发电业公司于2008年5月22日向原审法院提起诉讼,请求判令:(1)郑振欣与刘晓萍返还恒发电业公司自成立以来至2007年的全部财务账簿和财务文件、企业法人营业执照(正、副本)、批准证书(正、副本)、组织机构代码(正本和副本卡)、房产证十七本、法人代码书、财务专用章、带有恒发电业公司董事会成员签名的空白文件两份;(2)郑振欣假冒恒发电业公司名义与漳州紫金公司恶意串通签订的署名日期为2007年12月19日《12·19股权转让协议》无效;(3)郑振欣和漳州紫金公司返还恒发电业公司持有的福建紫金恒发公司建材有限公司30%股权(价值3865万元);(4)郑振欣返还其非法占有的恒发电业公司所有的车牌号为×××的保时捷越野车(价值140万元)、车牌号为×××皮卡车(价值10万元)一辆、龙岩市西城莲花侨新村金怡阁D座304号住房(价值50万);(5)郑振欣返还其非法占有的恒发电业公司资金58882787.45元;(6)郑振欣赔偿因其侵权行为给恒发电业造成的经济损失500万元;(7)郑振欣承担恒发电业公司因此案支出的合理律师费用50万元;郑振欣、刘晓萍及漳州紫金公司承担本案诉讼费用。

原审法院经审理确认了双方当事人均无异议的事实:

恒发电业公司成立于1993年,系中外合资经营企业,其三方股东香港恒发世纪有限公司、福建省龙岩市国有资产投资经营有限公司、香港朗远有限公司分别持有90%、7%、3%的股权,董事长及法定代表人为陈进强(本案一审诉讼期间法定代表人变更为陈昆)。

2006年1月20日,陈进强向郑振欣出具《授权书》一份,其内容为:兹因恒发电业公司法定代表人陈进强先生现住香港,无法经常回龙岩处理有关公司事务,现特全权委托受托人郑振欣先生处理有关公司事务(包括签订合同、办理银行贷款等),受托人郑振欣先生在上述授权委托事项范围内所签署的一切文件,授权委托人均予以承认。委托期限:2006年1月20日至2008年12月31日。受托人郑振欣先生无转委托权。之后,恒发电业公司的经营管理由郑振欣负责。

2007年12月20日,陈进强代表恒发电业公司通过龙岩市公证处公证,签署《取消委托声明书》一份,从当日起取消对郑振欣的前述委托。2007年12月11日,陈进强向李强签署《授权委托书》,授权李强全权处理有关恒发电业公司事务（包括签订合同、办理银行贷款等）。同年12月24日，郑振欣签收前述公证《取消委托声明书》。2008年1月1日，陈进强主持召开恒发电业公司董事会，决议聘请李强为公司总经理，同时免去郑振欣公司总经理职务。

2007年9月21日及2008年1月2日，根据郑振欣要求，刘晓萍向恒发电业公司借出公司相关资料文件20份、房产证17本（具体文件载于刘晓萍签字的两份《文档借阅目录》）。2008年1月2日，根据郑振欣要求，刘晓萍取走恒发电业公司董事会成员签名空白文件两份。郑振欣离职后，其占有的恒发电业公司所有的龙岩市西城莲花侨新村金怡阁D座304号住房一套和车牌号为×××的保时捷越野车及车牌号为×××皮卡车各一辆未归还公司。

2007年2月13日，福建紫金集团与香港顺安泰有限公司、恒发电业公司签订《中外合资福建紫金恒发建材有限公司合同》，约定三方合资成立福建紫金恒发建材有限公司（以下简称福建紫金恒发公司），其中，福建紫金集团出资4200万元，占注册资本的20%；香港顺安泰有限公司出资10500万元，占注册资本的50%；恒发电业公司出资6300万元，占注册资本的30%。随后，顺安泰有限公司委派陈进强为公司董事，任董事长兼法定代表人；恒发电业公司委派林钦木任公司董事；福建紫金集团委派郑振欣为公司董事，任副董事长兼任总经理。

2007年3月20日，福建紫金恒发公司法定代表人陈进强到龙岩市公证处公证授权委托："特全权委托受托人郑振欣先生处理有关公司事务（包括签订合同、办理银行贷款、担保等）及代为召集、参加公司董事会并表决，受托人郑振欣先生在上述授权委托事项范围内所签署的一切文件，授权委托人均予以承认。"2007年紫金恒发工业园开园仪式时，陈进强以董事长身份参加。2007年12月11日，陈进强向福建紫金恒发公司提交辞职报告，向公司董事会辞去董事长职务。

2007年12月19日，恒发电业公司与漳州紫金公司签订一份《股权转让协议》（以下简称《12·19股权转让协议》），约定恒发电业公司将其持有的福建紫金恒发公司30%股权转让给漳州紫金公司，同时鉴于至协议签订之日，恒发电业公司实际投入福建紫金恒发公司3865万元（含已验资的2835万元及未验资的1030万元），因此，双方商定股份转让价格为3865万元，上述款项漳州紫金公司于股权工商变更登记手续办理完后支付。同日，形成福建紫金恒发公司董事会决议，同意此次股权转让并决议免去陈进强董事、董事长职务。前述《12·19股权转让协议》及董事会决议中恒发电业公司法定代表人董事长陈进强的签名均为郑振欣代签。2008年1月7日，龙岩市新罗区对外贸易经济合作局批复同意该项转让后，龙岩市工商行政管理局办理了变更登记手续，将股权变更到漳州紫金公司名下。

针对恒发电业公司《关于申请变更项目业主的报告》（龙恒电（2007）综第6号）和龙岩市发展与改革委员会的请示意见（龙发改产业（2007）37号），福建省发展和改革委员会于2007年11月9日作出闽发改工业（2007）1061号《关于同意恒发电业公司日产4500号熟料新型干法水泥生产线项目业主变更的批复》，同意该项目业主由恒发电业公司变更为福建紫金恒发公司。

漳州紫金公司系中方股东饶建洪与外方股东顺安泰有限公司合资成立的公司。

陈进强在本案诉讼前系恒发电业公司法定代表人董事长，其同时还是占恒发电业公司90%股权的最大股东香港恒发世纪有限公司的董事。2004年7月，陈进强代表香港恒发世纪有限公司将持有的恒发电业公司90%股份质押给香港集友银行。

原审法院经审理认为：

本案各方当事人争议的焦点是：（1）郑振欣究竟是恒发电业公司总经理还是公司实际控制人或实际股东；（2）郑振欣是否应返还占有的公司房产及汽车；郑振欣是否应与刘晓萍共同返还占有的公司财务账簿、证照、印章；（3）郑振欣是否非法侵占恒发电业公司资金58882787.45元；（4）2007年12月19日的《12·19股权转让协议》是否有效，郑振欣和漳州紫金公司是否应返还恒发电业公司原持有的福建紫金恒发公司30%的股权；（5）郑振欣是否应向恒发电业公司赔偿项目业主变更的经济损失500万元；（6）恒发电业公司律师费用50万元是否应由郑振欣、刘晓萍、漳州紫金公司负担；（7）本案是否存在犯罪线索并应移送公安侦查。

经该院审判委员会研究认为，郑振欣在任职恒发电业公司总经理期间，非法占有公司财务资料及账簿、有关证照及文件、汽车及房产，违反《公司法》对公司高级管理人员忠实、勤勉义务的有关规定，侵犯公司合法权益，应将相关财产及材料、文件返还恒发电业公司。恒发电业公司此项诉讼请求事实成立，应予支持。关于福建紫金恒发公司30%股权转让效力问题。郑振欣及漳州紫金公司提供的所谓委托付款证据存在诸多疑点，无法证明漳州紫金公司已实际支付该项投资项下的投资款，恒发电业公司持有的福建紫金恒发公司30%股权价值数千万元，其转让问题应是公司重大资产处置事项，属于公司章程规定的应经董事会决定的重大事项，不论董事长还是总经理均无权个人决定。郑振欣违反公司章程、《公司法》和《中外合资经营企业法》规定，以总经理身份，越权"代表"恒发电业公司签订的讼争《12·19股权转让协议》对恒发电业公司不发生效力；对于漳州紫金公司亦不产生表见代理的法律后果。鉴于讼争《12·19股权转让协议》签订时，福建紫金恒发公司为外商投资企业，根据《最高人民法院关于审理外商投资企业纠纷案件若干问题的规定（一）》第三条"人民法院在审理案件中，发现经外商投资企业审批机关批准的外商投资企业合同具有法律、行政法规规定的无效情形的，应当认定合同无效"的规定，该《12·19股权转让协议》应认定为无效合同，由此产生的民事责任应由行为人承担而不应由恒发电业公司承担。漳州紫金公司无权依据该《12·19股权转让协议》取得讼争福建紫金恒发公司的30%股权，应将股权返还恒发电业公司。由于该股权由漳州紫金公司取得，恒发电业公司要求郑振欣一并承担返还责任事实上无法履行，故恒发电业公司此项要求不应予以支持。关于恒发电业公司主张郑振欣返还其非法侵占恒发电业公司资金58882787.45元的请求，应在恒发电业公司取得相关证据后另行主张；恒发电业公司关于赔偿4500吨熟料新型干法水泥生产线的项目业主变更损失500万元、赔偿恒发电业公司因本案支付的50万元律师费的请求，均因证据不够充分，法律依据不足，不予支持。郑振欣主张其仅是恒发电业公司事实股东和实际控制人，恒发电业公司不能以公司高级管理人员身份起诉其的理由与事实不符，不予采纳。郑振欣主张本案存在犯罪线索应当移送的主张非本案审查范围，亦不能支持。刘晓萍主张不承担责任的理由成立，应予采信。

一审判决如下：（1）郑振欣于该判决生效之日起十日内返还恒发电业公司自成立以来至2007年的全部财务账簿和财务文件、企业法人营业执照（正、副本）、批准证书（正、副本）、组织机构代码（正本和副本卡）、房产证十七本、法人代码书、财务专用章、带有恒发电业公司董事会成员签名的空白文件两份；（2）郑振欣于该判决生效之日起十日内返还恒发电业公司车牌号为×××的保时捷越野车一辆、车牌号为×××皮卡车一辆、龙岩市西城莲花侨新村金怡阁D座304号住房；（3）恒发电业公司与漳州紫金公司于2007年12月19日就福建紫金恒发公司30%股权签订的《股权转让协议》无效；（4）漳州紫金公司于该判决生效之日起一个月内办理变更手续，将福建紫金恒发有限公司30%股权返还给恒发电业公司；（5）驳回恒发电业公司其他诉讼请求。案件受理费566964元，由恒发电业公司负担170089元，郑振欣负担396875元；财产保全费

5000元，由郑振欣负担。

郑振欣不服上述民事判决，向最高人民法院提起上诉，请求依法撤销原审判决第一、二、三、四项，改判驳回恒发电业公司关于要求返还恒发电业公司全部财务账簿、财务文件、各类证照、财务章、车辆、房产，及要求判令《12·19股权转让协议》无效、返还福建紫金恒发公司建材有限公司30%股权的诉讼请求，或将本案发回原审人民法院重新审理。

最高人民法院对一审查明的事实予以确认，二审期间另查明：郑振欣另案向原审法院提起诉讼，主张其已履行《1·4股权转让协议》项下部分股份转让款支付义务，共计5570万元，并据此请求香港恒发世纪有限公司和恒发电业公司共同履行办理其受让恒发电业公司股权所需的报送外商投资企业审批机关审批的义务及工商行政管理部门的股权变更义务。香港恒发世纪有限公司在该案诉讼中提起反诉，请求确认陈进强与郑振欣签订的《1·4股权转让协议》无效，香港朗远公司以第三人身份参加诉讼，请求撤销该《1·4股权转让协议》，原审法院受理了该反诉和第三人之诉。该案最高人民法院以（2013）民四终字第30号民事判决，维持了原审法院驳回郑振欣、香港恒发世纪有限公司和香港朗远公司的全部诉讼请求的判决。该判决还查明，2006年1月20日，恒发电业公司向本公司各部门发出任命郑振欣为公司总经理文件，该文件抄报龙岩市人民政府、福建省电力公司、龙岩市经贸委、龙岩市外经局、福建电力调度中心、龙岩电业局、恒发电业公司董事会等。

| **裁判结果** | 驳回上诉，维持原判。

| **裁判理由** | 最高人民法院认为：因当事人对涉案《1·4股权转让协议》争议另案诉讼，本院已以（2013）民四终字第30号民事判决对该协议的效力问题等作出终审判决，本案对此不再审理，直接采用本院上述生效判决书的认定和判决结果。本院上述生效判决书认定《1·4股权转让协议》为陈进强与郑振欣签订的关于恒发电业公司向郑振欣转让股权的协议，因陈进强是占香港恒发世纪有限公司70%股份的股东，而香港恒发世纪有限公司是占恒发电业公司90%股份的股东，故该《1·4股权转让协议》虽然具备合同成立要素并有效，但并不构成转让恒发电业公司股权的协议，郑振欣主张为其办理受让恒发电业公司股权报批手续及股权变更登记等，不能获得支持。据此判决结果应认定《1·4股权转让协议》仅对陈进强和郑振欣有约束力，对恒发电业公司并不产生法律后果，郑振欣以其与陈进强之间签订的该协议主张其为恒发电业公司事实股东或实际控制人，应享有经营管理权的观点不成立，本院不予支持。

陈进强对郑振欣的授权委托等安排系其个人行为，并非恒发电业公司的决定。恒发电业公司章程规定由董事会决定公司的重大事宜，包括决定聘用公司总经理等。陈进强可以根据其持股比例间接或者直接实际控制公司，但其控制地位只能对公司的经营管理发生影响，不能影响公司其他股东权利。郑振欣在诉讼中主张《1·4股权转让协议》有效，应继续履行，其有权依约占有、保管和使用恒发电业公司资产等，因该协议仅为其与陈进强之间合同，对恒发电业公司没有约束力，陈进强选择违约还是继续履行合同是其个人行为，在陈进强未选择继续履行合同并将恒发电业公司经营管理权继续委托给郑振欣行使之前，郑振欣在恒发电业公司没有任何权力。恒发电业公司为独立法人，郑振欣以其与陈进强之间的合同有效为由主张占有恒发电业公司资产等观点不成立，本院不予支持。

2008年1月1日恒发电业公司董事会决议免去郑振欣公司总经理职务，至此，郑振欣在恒发电业公司也不再享有一般公司高管权力。郑振欣占有的恒发电业公司全部财务账册、财务文件及汽车和房产等属于恒发电业公司所有资产，其在被解除委托授权及被免职时应当依据恒发电业公司的管理规定予以返还，原审法院判决支持恒发电业公司请求郑振欣返还上述资产的主张正确，本院予以维持。

《12·19股权转让协议》涉及转让恒发电业公司持有福建紫金恒发公司30%的股权，合同约定的转让价格为3865万元，属于对公司重要资产的处置，应当由公司董事会作出决议，郑振欣以法定代表人或者公司总经理职务身份自行决定签订上述协议无疑系越权处置公司资产。

根据本案查明的事实，郑振欣系龙岩紫金集团董事局主席，该集团包括福建紫金集团、漳州紫金公司等成员单位，在2006年4月26日至同年10月8日期间，郑振欣还曾经担任漳州紫金公司董事职务。郑振欣在恒发电业公司担任公司总经理并受法定代表人委托代行法定代表人职权，同时又在龙岩紫金集团中担任董事局主席，漳州紫金公司为该集团成员单位，且郑振欣曾经在漳州紫金公司担任过董事，应当认定郑振欣与漳州紫金公司之间构成关联关系。郑振欣利用其在恒发电业公司有权代理法定代表人签字及担任总经理职务的便利，利用公司名义与其关联公司漳州紫金公司签订涉案《12·19股权转让协议》，在未交付股权转让款的情形下安排将恒发电业公司的股权过户给漳州紫金公司，系双方联手侵占恒发电业公司利益。郑振欣及漳州紫金公司主张该股权原为其投资形成，无须再支付对价，故该《12·19股权转让协议》仅为办理股权过户手续需要的文件材料，恒发电业公司与漳州紫金公司之间并不存在真实的股权转让法律关系。郑振欣越权代表恒发电业公司与漳州紫金公司签订表面具备合同全部要素的协议,但实际上该协议系郑振欣以恒发电业公司名义与漳州紫金公司串通所作的虚假意思表示,其目的为获得相关行政管理机关关于股权过户审批和变更登记。因该协议载明设立的法律关系为双方当事人的虚假意思表示,不符合《民法通则》第五十五条第二项关于民事法律行为应当具备意思表示真实的条件,原审法院判决认定该《12·19股权转让协议》无效正确,应予以维持。对依据该协议过户的股权,漳州紫金公司应予以返还。

漳州紫金公司主张登记在恒发电业公司名下的股权为其所有,该主张涉及确认涉案股权所有权的归属,已构成独立的诉讼请求,可以另案起诉。因本案系恒发电业公司提起的公司高管侵权之诉,而《12·19股权转让协议》涉及的股权系侵权之诉的标的物,恒发电业公司通过请求认定该协议无效而达到追求返还股权的诉讼目的,故该《12·19股权转让协议》属于本案审理范围。漳州紫金公司提出的隐名持股关系涉及涉案股权在福建紫金恒发公司设立时是由谁创设的,涉及该股权的所有权确认,该法律关系与一审原告起诉涉及的法律关系是分别独立的,原审法院对此没有合并审理,决定由漳州紫金公司另案起诉符合法律规定,对于漳州紫金公司的该上诉主张,本院不予支持。

综上,《1·4股权转让协议》为陈进强与郑振欣之间的协议,郑振欣以履行该协议为由主张为恒发电业公司事实股东或者实际控制人,并进而主张有权保留恒发电业公司的相关财务账册、财务文件及汽车和房产等观点不成立。在签订《12·19股权转让协议》之前,该协议涉及股权为登记在恒发电业公司名下的资产,郑振欣对与其有关联关系的交易事项未提交董事会决议,而是利用职务便利采用签署虚假协议的非法手段将股权变更登记到其关联公司漳州紫金公司名下。漳州紫金公司未支付股权转让款,与郑振欣有关联关系,其并非善意第三人,应返还涉案股权。郑振欣及漳州紫金公司上诉还主张陈进强涉嫌犯罪,但根据本案现有证据材料不能确定存在犯罪嫌疑,对其该主张本院不予采信。原审法院判决认定事实清楚,适用法律正确。

(二)裁判旨要

公司高管违反《公司法》对公司高级管理人员忠实、勤勉义务的有关规定,侵犯公司合法权益,应承担责任。

公司高级管理人员在未经董事会决议的情况下,擅自以公司名义与其关联公司签订股权转让协议的行为，系越权处置公司资产、损害公司利益的行为，违反了《公司法》第二十一条的强制性规定，故其签订的股权转让协议应被认定为无效。

（三）律师评析

本案是一个关于损害公司利益责任纠纷的一个典型案例，案件非常复杂，其中的法律关系的甄别和适用不同的规则很有指导意义。

1. 中外合资经营企业的法律适用很复杂

本案的特殊之处在于涉及中外合资经营企业。中外合资经营企业系由中方、外方投资者按照一定比例共同出资在我国境内设立的有限责任公司。因中外合资经营企业的特殊性，在我国的现行法律规制中，中外合资经营企业的正常运行和管理不仅要受到我国基本法律《民法通则》《合同法》《公司法》等基础规范的制约，还要受到《中外合资经营企业法》等特别法律规范的调整。

关于中外合资经营企业的法律适用，尤其是同《公司法》的衔接，需要进一步探讨。在诸多的问题当中，股东（会）与董事会的权限分配是不断困扰中外合资经营公司的法律问题。《中外合资经营企业法实施条例》明确董事会是合资公司的最高权力机构，并有权决定合资公司的重大事项，而作为合营各方的股东，在经营管理的权限上似乎只剩下委派和撤换董事的权力，其中的权力制衡，耐人寻味。

2. 中外合资经营公司不设立股东会时，董事会的权限范围

中外合资经营公司不设立股东会时，董事会有何种权限？根据相关法律法规，此时董事会无疑是合资公司的最高权力机构，有权决定合资公司的重大事项，而就合营各方而言，其经营管理的权限在于委派和撤换董事。因此，股东对公司的经营控制，主要体现为股东在人事任免上对董事的控制。

公司的董事、监事，是由股东会（股东大会）选举产生的，是被委托、推选经营管理公司的，所以有义务遵守公司章程。本案涉及公司章程的规定、董事会权力、法定代表人的权利与职责、股权转让合法性的判断、关联公司、表见代理、善意第三人、恶意串通等问题的分析与判断，非常复杂。

在本案中，公司章程的规定是非常关键的。恒发电业公司持有的福建紫金恒发公司30%股权价值数千万元，其转让问题应是公司重大资产处置事项，属于公司章程规定的应经董事会决定的重大事项，不论董事长还是总经理均无权

个人决定。因此，高管违反公司章程，未经董事会决议即以公司名义与其关联公司签订的股权转让协议是无效。

3. 实际控制人的法律界定及可能的刑事风险

根据《公司法》第二百一十六条的规定，实际控制人是指虽不是公司的股东，但通过投资关系、协议或者其他安排，能够实际支配公司行为的人。结合《公司法》、相关行政法规及文件的规定，具有以下情形之一的，可以被认定为公司的实际控制人：(1) 为持有上市公司50%以上股份的控股股东；(2) 可以实际支配上市公司股份表决权30%以上；(3) 通过实际支配上市公司股份表决权能够决定公司董事会半数以上成员选任；(4) 通过实际支配上市公司股份表决权足以对公司股东大会的决议产生重大影响；(5) 中国证监会认定的其他情形。

实际控制人对公司具有很强的管控能力，根据"权利义务对等"的原则，法律也规定了实际控制人相应的义务。从刑法的角度来看，实际控制人可能成为多种犯罪的主体而承担刑事责任。例如，集资诈骗罪、贷款诈骗罪、逃税罪、合同诈骗罪、职务侵占罪、挪用资金罪等。

关于实际控制人等涉嫌违法犯罪的问题，法院在审理民事案件的时候一般不会去判断处理，需要采取另外的维权措施。

（四）相关法条及司法解释

《中华人民共和国公司法》

第二十一条 公司的控股股东、实际控制人、董事、监事、高级管理人员不得利用其关联关系损害公司利益。

违反前款规定，给公司造成损失的，应当承担赔偿责任。

《中华人民共和国民事诉讼法》

第一百七十条 第二审人民法院对上诉案件，经过审理，按照下列情形，分别处理：

（一）原判决、裁定认定事实清楚，适用法律正确的，以判决、裁定方式驳回上诉，维持原判决、裁定；

（二）原判决、裁定认定事实错误或者适用法律错误的，以判决、裁定方式依法改判、撤销或者变更；

（三）原判决认定基本事实不清的，裁定撤销原判决，发回原审人民法院重审，或者查清事实后改判；

（四）原判决遗漏当事人或者违法缺席判决等严重违反法定程序的，裁定撤销原判决，发回原审人民法院重审。

原审人民法院对发回重审的案件作出判决后，当事人提起上诉的，第二审人民法院不得再次发回重审。

第十五章　股东损害公司债权人利益责任纠纷

一、股东损害公司债权人利益责任纠纷概述

股东损害公司债权人利益纠纷，系《民事案件案由规定》中与公司有关的纠纷下的一个二级案由。通常，股东损害公司债权人利益的表现形式为股东与公司产生业务混同、人员混同、财产混同，滥用公司法人独立地位，逃避债务。这一点在《公司法》第二十条中有明确规定。该规定即平时俗称的法人人格否认制度。

法人人格否认制度，又称"刺破公司面纱"制度，来源于英美法系，主要由一系列判例构成。相比较于《公司法》中规定的业务混同和人员混同，股东滥用法人独立地位和股东有限责任的核心是股东财产与公司财产的混同。在这种情况下，公司被控股股东完全操纵，并且损害债权人利益，公司在意志上和行为上的独立性已然丧失殆尽。不过，并非所有控股股东操控公司的行为都系违法，否则控股股东将失去价值。只有当控股股东对公司的控制达到混同的程度时，其控制行为具有不法性，构成权利的滥用。

二、未经债权人认可的无偿划转，划入方承担赔偿责任，作出划转决定的股东存在承担连带责任的风险

国有企业产权无偿划转是国有资产交易的特殊形式。但是，国有企业的无偿划转行为基本依据的《企业国有产权无偿划转管理暂行办法》仅为部门规章，而不能排除适用《民法总则》《公司法》《合同法》等一般商事法律法规，故无偿划转在实践中还面临着公司股权转让程序、保护公司债权人利益以及不得滥

用股东权利而逃避债务等一般商事规则的约束。

（一）典型案例

☞ **吉林市中小企业信用担保集团有限公司诉中国长城资产管理股份有限公司吉林省分公司等公司股东损害公司债权人利益责任纠纷案**[1]

【关键词】 滥用权利 国有资产股东

|**基本案情**| 再审申请人（一审被告、二审上诉人）：吉林市中小企业信用担保集团有限公司；再审申请人：吉林市人民政府；再审申请人：吉林华星电子集团公司破产管理人；被申请人（一审原告、二审被上诉人）：中国长城资产管理股份有限公司吉林省分公司（原中国长城资产管理公司长春办事处）；原审被告：吉林市人民政府国有资产监督管理委员会。

1997年至2001年，吉林华星电子集团有限公司（以下简称华星公司）主债务人高特公司、创伤医院、半导体分公司及龙鼎公司在工行吉林分行的四笔债务本金人民币6663万元、美元480万元及相应利息提供连带责任保证。

2005年7月31日，工行吉林分行将上述四笔债权一并转让给了中国东方资产管理公司长春办事处。

2008年10月31日，吉林市人民政府下发《吉林市人民政府同意将吉林华星电子集团有限公司国有法人股无偿划入吉林市中小企业信用担保集团有限公司的批复》（吉市政函〔2008〕265号），"同意将吉林华星电子集团有限公司持有的2000万国有法人股无偿划入吉林市中小企业信用担保集团有限公司"。

2008年12月29日，国务院国资委下发《关于吉林华微电子股份有限公司国有股东所持股份无偿划转有关问题的批复》（国资产权〔2008〕1439号），同意华星公司将持有的华微公司的2000万股股份无偿划转给吉林市中小企业信用担保集团有限公司（以下简称中小企业担保公司）。2009年1月15日，《中国证券登记结算有限责任公司上海分公司过户登记确认书》明确，"上述股权无偿划转事宜的过户登记手续已于2009年1月15日办理完毕"。

2009年5月20日，中国东方资产管理公司长春办事处将上述四笔债权一并转让给吉林省国有资产经营管理有限责任公司（以下简称吉林省国资公司）。

---

[1] （2017）最高法民终181号；（2018）最高法民申1952号。

2011年1月4日,吉林省国资公司以华星公司为被告向吉林省高级人民法院提起诉讼,要求华星公司就上述四笔债务履行担保责任(以下简称华星公司担保责任案)。

2011年3月15日,吉林省国资公司将上述四笔债权一并转让给了中国长城资产管理股份有限公司吉林省分公司(以下简称长城资产公司吉林分公司)。长城资产公司吉林分公司遂变更为华星公司担保责任案的原告。

2011年4月15日,华星公司向吉林高新技术产业开发区人民法院(以下简称吉林高新区法院)申请破产。长城资产公司吉林分公司依法向华星公司破产管理人申报了债权。

2011年8月24日,吉林高新区法院作出(2011)吉高新民破字第1-4号民事裁定,裁定终结华星公司破产清算程序。在破产清算过程中,华星公司的破产财产不足以清偿第一顺位劳动债权,尚有缺口7193.68万元。由于华星公司担保责任案并未审结,该案所涉长城资产公司吉林分公司的债权并未被确认为普通破产债权。

2013年5月13日,吉林省工商行政管理局下发《核准注销登记通知书》(吉核注通内字〔2013〕第1300481950号),核准华星公司注销登记。

另外,2011年3月,长城资产公司吉林分公司曾以华星公司和中小企业担保公司为被告向吉林省高级人民法院提起债权人撤销权之诉,请求撤销华星公司与中小企业担保公司之间的股权转让协议。

在该案审理期间,吉林市人民政府向吉林省高级人民法院出具《吉林市人民政府关于对吉林华星电子集团有限公司法人股进行行政性调整的情况说明函》(吉市政函〔2011〕104号),就该案中对华星公司"持有的2000万股国有法人股进行的行政性调整一事说明如下:一、该国有法人股权的调整是经吉林市、吉林省和国务院三级政府批准调整的企业改制行政行为。二、根据《最高人民法院关于审理与企业改制相关的民事纠纷案件若干问题的规定》第三条'政府主管部门在对企业国有资产进行行政性调整、划转过程中发生的纠纷,当事人向人民法院提起民事诉讼的,人民法院不予受理'的规定,对长城资产公司吉林分公司的起诉应按上述规定处理"。

吉林省高级人民法院于2011年11月28日作出(2011)吉民二初字第1号民事裁定,驳回长城资产公司吉林分公司的起诉。长城资产公司吉林分公司不服该裁定,向最高人民法院提起上诉,最高人民法院于2013年8月5日作出(2012)民二终字第58号民事裁定,该裁定认为:"这一划转行为虽经吉林市人民政府及相关部门批准,但就其实质来讲,仍然是吉林市国资委作为出资人处分华星电子财产的民事行为,由此引发纠纷应作为民事案件受理。""因吉林高新技术产业开发区人民法院是受理吉林华星电子集团有限公司破产清算法院,根据《破产法》第二十一条关于'人民法院受理破产申请后,有关债务人的民事诉讼,只能向受理破产申请的人民法院提起'的规定,本案应由吉林高新技术产业开发区人民法院受理。"裁定撤销(2011)吉民二初字第 1 号民事裁定,由吉林高新区法院作为一审法院受理此案。在吉林高新区法院审理过程中,长城资产公司吉林分公司于 2015 年 1 月 28 日撤回起诉。吉林高新区法院于 2015 年 1 月 29 日作出(2014)吉高新民二初字第 129 号民事裁定,准许长城资产公司吉林分公司撤回起诉。

同日,长城资产公司吉林分公司向最高人民法院提起本案诉讼请求:(1)判令中小企业担保公司在无偿接收华星公司持有的吉林华微电子股份有限公司(以下简称华微公司)2000 万股股权受益范围内,就华星公司对债务本息 209240000 元承担连带偿还责任;(2)判令吉林市国资委在其滥用股东权利无偿划转华星公司持有的华微公司 2000 万股股权范围内就上述债务本息承担连带偿还责任;(3)诉讼费用由中小企业担保公司和吉林市国资委承担。

|裁判结果| 一审法院判决:(1)吉林市中小企业信用担保集团有限公司在其无偿接收吉林华星电子集团有限公司持有的华微公司 2000 万股股权受益范围内,对华星公司所欠长城资产公司吉林分公司的 209240000 元债务本息承担连带清偿责任;(2)驳回中国长城资产管理股份有限公司吉林省分公司的其他诉讼请求等。

一审宣判后,中小企业担保公司提出上诉。最高人民法院于 2017 年 12 月 26 日作出(2017)最高法民终 181 号民事判决:(1)撤销吉林省高级人民法院(2015)吉民二初字第 8 号民事判决;(2)吉林市中小企业信用担保集团有限公司于本判决生效之日起 10 日内在其无偿接收吉林华星电子集团有限公司持有的吉林华微电子股份有限公司 1600 万股股权受益范围内,对吉林华星电子集团有限公司所欠中国长城资产管理股份有限公司吉林省分公司的 209240000 元债务本息承担赔偿责任;(3)驳回中国长城资产管理股份有限公司吉林省分公司的其他诉讼请求等。

终审宣判后,再审申请人中小企业担保公司、吉林市人民政府、华星公司破产管理人不服,向最高人民法院申请再审。最高人民法院于 2018 年 11 月 8 日作出(2018)最高法民申 1952 号民事裁定书,驳回中小企业担保公司、吉林市人民政府和华星公司破产管理人的再审申请。

| 裁判理由 | 再审法院认为：

（1）关于原判决认定的基本事实是否缺乏证据证明。原审已查明，吉林高新技术产业开发区人民法院作出的（2011）吉高新民破字第1-4号民事裁定书中载明，因破产人无财产可供分配，华星公司破产清算程序于2011年8月24日终结，普通破产债权人中不包括长城资产公司吉林分公司。本院于2014年12月27日作出的（2014）民二终字第99号民事判决只确认长城资产公司吉林分公司对华星公司享有担保债权，并未确认为破产债权。长城资产公司吉林分公司的担保债权被确认时，因破产程序已终结超过两年，而依照《破产法》第一百二十三条的规定，长城资产公司吉林分公司无法请求追加分配财产，华星公司破产管理人亦认可破产申请时因长城资产公司吉林分公司对华星公司的担保债权未经生效判决确认未列入破产债权，故原判决关于长城资产公司吉林分公司因不能归责于其自身的事由未能参与破产财产分配，且破产清算程序已经终结，其担保债权不能通过破产程序救济的基本事实的认定，并不缺乏证据证明。

本案一审时，中小企业担保公司、吉林市国资委曾提出管辖权异议，请求将本案移送至破产法院即吉林高新技术产业开发区人民法院审理，吉林省高级人民法院裁定驳回其管辖权异议，本院于2015年8月27日作出（2015）民二终字第188号民事裁定，维持了原裁定。原判决在中小企业担保公司、吉林市国资委的管辖权异议被生效裁定驳回，且长城资产公司吉林分公司的担保债权不能通过破产程序救济非因其自身原因的情况下，作出实体裁判，依法有据。中小企业担保公司关于长城资产公司吉林分公司系华星公司的破产债权人，应当依据《破产法》的规定行使权利的再审理由不成立。

本院于2013年8月5日作出的（2012）民二终字第58号民事裁定认定，案涉划转行为虽经吉林市人民政府及相关部门批准，但就其实质来讲，仍然是吉林市国资委作为出资人处分华星公司财产的民事行为，由此引发纠纷应作为民事案件受理。中小企业担保公司系无偿受让案涉国有股权，《企业国有产权无偿划转管理暂行办法》规定，划转方无偿划转应当通知债权人，划出方应当依规制定债务处置、划转方案，接收方应当研究审议并形成书面决议。故原判决据此认定的基本事实不缺乏证据证明。无意思联络的侵权行为与共同侵权行为均以存在过错为主观要件。原判决在长城资产公司吉林分公司未提交充分证据证明华星公司与中小企业担保公司属于共同侵权的情形下，认定中小企业担保公司和华星公司不具有共同侵权的意思联络，并未否认中小企业担保公司具有过错，原判决关于过错的认定亦不矛盾。

（2）关于原判决适用法律是否确有错误。《民法通则》第五条规定："公民、法人的合法的民事权益受法律保护，任何组织和个人不得侵犯。"《侵权责任法》第二条列举的民事权益中虽未列有债权，但是也未将债权排除在保护范围之外。原判决在中小企业担保公司存在主观过错，无偿划转案涉股权行为直接损害了华星公司债权人权益，长城资产公司吉林分公司向中小企业担保公司主张权利也不违反债权公平受偿原则的情形下，认定中小企业担保公司侵权，适用法律并无不当。《破产法》第一百二十三条规定："自破产程序依照本法第四十三条第四款或者第一百二十条的规定终结之日起二年内，有下列情形之一的，债权人可以请求人民法院按照破产财产分配方案进行追加分配：（一）发现有依照本法第三十一条、第三十二条、第三十三条、第三十六条规定应当追回的财产的；（二）发现破产人有应当供分配的其他财产的。"本案中，案涉国有股权无偿划转事宜的过户登记手续于2009年1月15日办理完毕，华星公司破产管理人于2011年4月15日申请破产时，已经超过管理人行使撤销权的一年期间。2011年8月24日华星公司破产清算程序终结，破产程序终结时，案涉的2000万股国有股权也已经超过了两年追回期，也无法列入破产债权，故案涉的国有股权不属于破产财产范围，长城资产公司吉林分公司在普通程序中单独受偿，并不侵害其他破产债权人的债权。

（3）关于原判决是否剥夺了当事人辩论权利。连带责任与赔偿责任均为承担侵权责任的方式，而且侵权纠纷和合同纠纷均涉及诉讼时效的问题，故中小企业担保公司关于"原审法院未在庭审中释明承担赔偿责任的法律关系和法律依据，剥夺了其答辩权，导致其未提出诉讼时效抗辩"的再审理由，不符合《民事诉讼法司法解释》第三百九十一条的规定。

（4）关于新证据是否足以推翻原判决。审查期间，再审申请人吉林市政府提交了《吉林市工业和信息化局关于支付吉林华微电子股份有限公司职工安置费的情况说明》《吉林市财政局关于拨付吉林华星电子集团有限公司财政补贴、国债转贷、职工安置等相关费用的证明》及相关凭证的复印件和相关凭证取证过程的公证书，拟证明2005年以来吉林市政府向代为托管华星公司职工的吉林华微电子股份有限公司支付职工安置费等各项费用共计11175.75万元，案涉2000万股国有权股权并非无偿划拨。被申请人长城资产公司吉林分公司质证认为，上述证据中有的是情况说明，不符合证据的形式要件，而公证书只能证明取证的过程，不能证明是原始档案，且支付安置费属于政府的义务，不能认定是有偿划转，最高人民法院生效裁定已经明确国有资产划转行为不能免责。

本院经审查认为，公证书是公证机构按照法定程序制作的具有特殊法律效力的司法证明书，经公证的事实和文书应当作为认定事实的根据。吉林省吉林市江城公证处出具的四份公证书中载明，再审申请人提交的相关凭证的复印件均取自原始财务档案，对该证据的真实性应予认定，吉林市政府申请再审时提交的证据能够证明吉林市政府支付了华星公司职工安置费等费用，但该笔费用是吉林市政府为解决破产企业职工的安置问题支出的政府垫款，中小企业担保公司未提交证据证明其是有偿受让案涉2000万国有股权，故吉林市政府提交的证据不能推翻原判决关于中小企业担保公司无偿接收案涉股权的认定。《最高人民法院关于正确审理企业破产案件为维护市场经济秩序提供司法保障若干问题的意见》第二条规定："有条件的地方，可通过政府设立的维稳基金或鼓励第三方垫款等方式，优先解决破产企业职工的安置问题，政府或第三方就劳动债权的垫款，可以在破产程序中按照职工债权的受偿顺序优先获得清偿。"根据该条规定，政府的垫款应当在破产资产中优先受偿。如前所述，案涉股权因已超过两年追回期，不属于破产资产，吉林市政府关于原判决判令长城资产公司吉林分公司单独受偿，侵犯了其优先受偿权，应予撤销的再审理由不成立。关于吉林市政府的优先购买权问题。最高人民法院《关于审理涉及金融不良债权转让案件工作座谈会纪要》第四条规定："金融资产管理公司在《纪要》发布之前已经完成不良债权转让，上述优先购买权人主张行使优先购买权的，人民法院不予支持。"该会议纪要形成于2009年3月30日，而案涉的金融不良债权早在2005年7月31日就由中国工商银行股份有限公司吉林省分行转让给中国东方资产管理公司长春办事处，长城资产公司吉林分公司于2011年3月15日受让该笔债权时，该笔债权已经多次转让，故吉林市政府关于原判决侵犯其优先购买权的再审理由亦不能成立。

综上，中小企业担保公司、吉林市政府和华星公司破产管理人的再审申请均不符合《民事诉讼法》第二百条规定应当再审的情形。

（二）裁判旨要

本案长城资产公司吉林分公司与中小企业担保公司之间的纠纷属于侵权责任纠纷，同时长城资产公司吉林分公司与吉林国资委之间的纠纷时股东损害公司债权人利益责任纠纷，因此存在多个法律关系。根据《最高人民法院关于印发修改后的〈民事案件案由规定〉的通知》（法〔2011〕42号）关于"同一诉讼中涉及两个以上的法律关系的，应当依当事人诉争的法律关系的性质确定案由，均为诉争法律关系的，则按诉争的两个以上法律关系确定并列的两个案由"的规定，本案案由应确定为侵权责任纠纷、股东损害公司债权人利益责任纠纷。

华星公司将案涉股权划转至中小企业担保公司后即进入破产程序，转移后华星公司财产尚不足以清偿第一顺位劳动报酬债权。案涉股权的无偿划转与接收客观上导致华星公司偿债能力降低，与涉案担保债权不能实现具有直接因果关系。在此情况下，可适用侵权责任法作为保护财产权益的补充手段。

《公司法》第二十条属于衡平性条款，只有债权人利益通过其他途径无法获得救济时方得适用。本案中，长城资产公司吉林分公司的债权因吉林市国资委权利行使行为受到的影响，可以通过中小企业担保公司就接受股权的价值承担赔偿责任获得救济，基于此，长城资产公司吉林分公司并未因吉林市国资委的权利行使行为受到损失，没有适用《公司法》第二十条追究吉林市国资委的必要。

（三）律师评析

本案中，华星公司在进入破产程序之前，将股份无偿转让给中小企业担保公司，这一行为显然是对公司债权人利益的巨大损害，是典型的违反《破产法》逃废债务的行为。但债权人可通过其他途径获得救济，即通过向受转让方中小企业担保公司追偿，从而保障自己的权益。

结合本案举起情况。国有产权无偿划转虽然不同于在对价基础上的财产转让行为，但无偿划转存在损害国有产权划出方债权人利益的问题。对此，《企业国有产权无偿划转管理暂行办法》第八条、第十八条规定：划出方应当就无偿划转事项通知本企业（单位）债权人，并制订相应的债务处置方案，如划出方债务未有妥善处置方案的，则不得实施无偿划转。未经债权人认可的无偿划转，作出国有产权划转决定的股东存在被认定为滥用股东权利而就国有产权划出方承担连带责任的风险。

国有产权无偿划转中，一旦产权划出方发生不能按期足额偿债的情况，包括产权划转双方以及产权划出方的股东在内的各方均存在被诉并承担责任的风险，但因无偿划转一般需要服从政府的经济决策和国资管理政策，具有类似行政行为的属性，产权划出方、划入方乃至产权划出方的股东往往"身不由己"，故在此情况下，难以完全提前规避前述风险，只能尽量降低相关风险，因撤销权受一年除斥期间限制、侵权责任受三年诉讼时效限制，故应及时就无偿划转事宜通知债权人，并明示逾期未提出异议的，即视为认可。

综上所述，在受让标的公司财产时，应当注意做好调查，以防止相关当事人承担不必要的法律责任。

（四）相关法条及司法解释

《中华人民共和国公司法》

第二十条 公司股东应当遵守法律、行政法规和公司章程，依法行使股东权利，不得滥用股东权利损害公司或者其他股东的利益；不得滥用公司法人独立地位和股东有限责任损害公司债权人的利益。

公司股东滥用股东权利给公司或者其他股东造成损失的，应当依法承担赔偿责任。

公司股东滥用公司法人独立地位和股东有限责任，逃避债务，严重损害公司债权人利益的，应当对公司债务承担连带责任。

《中华人民共和国企业破产法》

第三十一条 人民法院受理破产申请前一年内，涉及债务人财产的下列行为，管理人有权请求人民法院予以撤销：

（一）无偿转让财产的；

（二）以明显不合理的价格进行交易的；

（三）对没有财产担保的债务提供财产担保的；

（四）对未到期的债务提前清偿的；

（五）放弃债权的。

第十六章 公司关联交易损害责任纠纷

一、公司关联交易损害责任纠纷概述

关联交易是现代公司实践中普遍存在的一种经济现象,一般指具有投资关系或合同关系的不同主体之间所进行的交易。我国近年来的司法实践中,有关关联交易的诉讼案件日益增多,大股东、实际控制人或高管通过关联交易,随意挪用公司资金、转移利润至关联方、为关联方提供担保等,甚至恶意"掏空"公司的事情常有发生,这严重损害了公司、其他股东利益。而我国法律并不禁止合理的关联交易,公司的控股股东、实际控制人、董事、监事、高级管理人员运用关联关系进行不当或不公允的关联交易,且损害公司(少数股东、债权人)利益的,《公司法》第二十一条作出了禁止性规定。

不公平或不当关联交易往往是通过合同的形式来实现的。基于合同而言,只要非正当关联交易的交易相对方之间存在合同关系,那么,合同双方之间的民事责任只能是因合同无效或被撤销产生的缔约过失责任或损失赔偿责任。[1]从诉讼请求出发,以关联交易为直接诉因的诉讼请求主要分为"效力请求"和"责任请求"。其中效力请求包括决议效力和合同效力;而责任请求包括关联交易合同方责任和非关联交易合同方责任。具体而言,关联交易之诉主要可以归纳为以下四类请求:公司或股东请求与交易对方的合同无效及无效赔偿责任;股东请求公司的股东会决议、董事会决议无效或撤销;公司或股东请求关联人赔偿关联交易损失或请求返还关联交易所得;公司或股东请求非关联董事承担职务失职赔偿责任等。[2]

---

[1] 陈洁:《论不当关联交易的司法救济》,载《人民司法·应用》,2014年第19期。
[2] 乔欣:《关联交易纠纷诉讼中诉权与诉提起之形态分析》,载《河北法学》2010年第3期。

在不同原告以及不同诉由之下，关联交易纠纷所涉民事责任的性质也呈现复杂性。从合同相对性原则出发，关联交易合同双方之间所涉的民事责任主要为合同责任，非直接交易方之间则主要涉及侵权责任、法定归入责任以及特殊情形下违约与侵权责任的竞合。所以，鉴于关联交易所涉法律关系众多，关联交易纠纷诉求的多样性，对于不当或不公平关联交易的司法救济成为我国审判实务的难题。

二、股东、董监高与公司之间合法的关联交易且不损害公司利益的，应认定有效

法律禁止损害公司利益的关联交易行为。但是公允、平等的关联交易行为，是合法有效的，具体包含以下条件：(1) 关联交易的信息依照法律、行政法规或者公司章程的规定进行了披露，并由公司权力机构作出了同意交易的有效决议；(2) 关联交易属于正常的商业往来，交易价格公允合理；(3) 关联交易符合交易双方的经营需要，不损害公司利益。

（一）典型案例

☞ 兖矿贵州能化有限公司、安顺永峰煤焦集团有限公司诉贵州东圣恒泰矿业投资管理有限公司公司决议及公司关联交易损害责任纠纷案[3]

【关键词】控股股东　关联交易　股东会决议　滥用权利

|**基本案情**| 上诉人（原审被告）：贵州东圣恒泰矿业投资管理有限公司；被上诉人（原审原告）：兖矿贵州能化有限公司；被上诉人（原审原告）：安顺永峰煤焦集团有限公司。

2012年，兖矿贵州能化有限公司（以下简称兖矿公司）、安顺永峰煤焦集团有限公司（以下简称永峰公司）、北京金最矿业投资有限公司（以下简称金最公司）及恒盛西南（北京）矿业投资有限公司（以下简称恒盛公司）共同投资设立贵州东圣恒泰矿业投资管理有限公司（以下简称东圣公司），各股东的出资额及股权比例分别为：金最公司出资9000万元，股权比例45%；兖矿公司出资

---

[3] （2015）黔高民商初字第14号；（2017）最高法民终416号。

8000万元，股权比例40%；恒盛公司出资2000万元，股权比例10%；永峰公司出资1000万元，股权比例5%。

2013年12月23日，东圣公司召开了董事会会议，决定"由公司法定代表人王刚负责组织收购贵州海隆矿业投资有限公司工作，并代表东圣公司与相关方签订系列收购文件"。王刚、李士岗、张贵山、贾昌涛、颜士华、潘刚等董事签名。同日，董事长王刚主持召开了东圣公司临时股东会议，并作出《临时股东会议决议》："全体股东一致同意东圣公司收购海隆公司，收购具体工作由王刚负责组织实施，并授权王刚代表东圣公司与相关各方签订相关文件。"陶林、李士岗、王刚、张立文作为股东代表签字。同日，金最公司（甲方）、东陶公司（乙方）与东圣公司（丙方）、海隆公司共同签署了《股权转让协议》。其中载明："金最公司持有海隆公司65%股权，东陶公司持有海隆公司35%股权，截至2013年11月23日，海隆公司负债52158.26万元。金最公司、东陶公司拟将其持有的海隆公司股权转让给东圣公司，东圣公司同意受让。股权转让款10000万元，在协议生效后的3个工作日内支付股权转让定金8000万元；在协议生效后6个月内支付股权转让余款2000万元等。"协议签订次日，东圣公司将8000万元定金汇入了金最公司账户。

兖矿公司、永峰公司认为：2013年12月23日，东圣公司董事会、股东会作出决议，该决议内容严重违反法律、行政法规强制性规定；东圣公司与金最公司、东陶公司据此签署的合同内容属于重大违法关联交易的《股权转让协议》，致使东圣公司于2013年12月24日被金最公司以"股权转让定金"方式抽逃出资8000万元，直接损害了兖矿公司、永峰公司作为东圣公司股东的合法股权权益。并请求法院判令：1. 确认东圣公司董事会于2013年12月23日作出的《董事会决议》中第3项和第6项决议内容无效；2. 确认2013年12月23日以东圣公司股东会名义作出的《股东会议决议》内容无效等。

│裁判结果│一审法院判决：（1）确认贵州东圣恒泰矿业投资管理有限公司董事会于2013年12月23日作出的《董事会决议》中第3项和第6项决议内容无效。（2）确认贵州东圣恒泰矿业投资管理有限公司于2013年12月23日作出的《临时股东会议决议》内容无效。

二审法院判决：（1）撤销贵州省高级人民法院（2015）黔高民商初字第14号民事判决；（2）驳回兖矿贵州能化有限公司、安顺永峰煤焦集团有限公司的诉讼请求等。

│裁判理由│二审法院认为：涉及关联交易的决议无效，还需要判定公司决议是否系股东滥用股东权利,以及是否损害公司或其他股东利益,而不能仅因涉及关联交易,辄认定股东会、董事会决议当然无效。本案中,东圣公司董事会及股东会决议作出时,各方董事及股东代表均参加会议并一致同意表决通过,对决议内容未提出异议。参与表决的董事及股东代表与决议事项虽具有关联关系,但法律并未对其行使表决权作出限制,并不能因此认定其行为构成滥用股东权利。至于董事会或股东会的召开是否违反公司章程关于会议召集程序的相关规定,应为董事会或股东会决议撤销的事由,不属于对相关决议效力认定的依据。

另就案涉决议内容而言,其中关于收购海隆公司并授权王刚组织收购工作的内容并未涉及具体的交易条件等事项,现有证据不能证明该决议内容损害了公司或其他股东的利益。至于东圣公司基于董事会及股东会决议,与金最公司、东陶公司和海隆公司签订《股权转让协议》是否构成恶意串通、抽逃出资的行为属于股权转让合同应否以及能否继续履行的问题,不构成案涉董事会及股东会决议对公司或其他股东利益的损害,不影响本案对东圣公司董事会及股东会决议效力的认定。

(二)裁判旨要

参照《关于人民法院为企业兼并重组提供司法保障的指导意见》的规定,最高人民法院认为,应依法规制关联交易,严厉禁止不当利益输送。严格防范以关联交易的方式侵吞国有资产。公司股东、董事、高级管理人员与公司之间从事的交易,符合法律法规规定的关联交易程序规则且不损害公司利益的,应当认定行为有效。

本案审理中,法院未支持原告诉求的主要理由在于:第一,仅存在关联交易,但不存在损害公司利益的情况,则关联交易合同并非当然无效。公司决议的效力,须判定公司决议是否系股东滥用股东权利,以及是否损害公司或其他股东利益,而不能仅因涉及关联交易,辄认定股东会、董事会决议当然无效。第二,董事会及股东会决议的作出后,各方董事及股东代表一致同意表决通过,对决议内容未提出异议。参与表决的董事及股东代表与决议事项虽具有关联关系,但法律并未对其行使表决权作出限制,并不能因此认定其行为构成滥用股东权利。第三,董事会或股东会的召开是否违反公司章程关于会议召集程序的相关规定，应为董事会或股东会决议撤销的事由，不属于对相关决议效力认定的依据。第四，股权转让合同是否构成恶意串通、抽逃出资的行为属于股权转让合同应否以及能否继续履行的问题，不构成案涉董事会及股东会决议对公司或其他股东利益的损害，不影响对董事会及股东会决议效力的认定。

（三）律师评析

通过中国裁判文书网及北大法宝司法案例检索，由最高人民法院审结（二审、再审）的公司关联交易损害责任纠纷案例共计13件。除本案外，其余12件中，3例驳回再审申请案件，再审中主要涉及是否过诉讼时效、未经质证是否能作为定案依据等；5例管辖权异议案件；2例因未在法定期限内缴纳诉讼费按照自动撤诉处理的案件；1例驳回上诉，维持原判；1例指令再审。司法实践中，最高人民法院作为最高级别审判机构，其裁判观点与裁判逻辑具有一定的参考性及指导意义。

公司关联交易损害责任纠纷是由于关联交易责任主体（《公司法》第二十一条规定的控股股东、实际控制人、董事、监事、高级管理人员或其关联人）代表公司与第三人订立合同或发生交易，损害公司利益而产生的纠纷。该纠纷的争议主要发生在关联关系的认定、关联关系是否损害公司利益的认定上。其中，是否具有关联关系（即责任主体要件）是判断关联交易损害责任的首要条件。

我国《公司法》中并没有使用"关联交易"这一概念，只是在《公司法》第二十四条、第一百二十四条、第二百一十六条中对"关联关系"有所界定。结合我国国资委、证监会、财政部、税务部从国有资产监管、上市公司监管、财政、税收等方面对公司关联交易控制作的一些规定进行考察，财政部2006年《企业会计准则第36号——关联方披露》第七条规定：关联方交易，是指关联方之间转移资源、劳务或义务的行为，而不论是否收取价款。2011年5月1日《上海证券交易所上市公司关联交易实施指引》（下简称《上交所指引》）第十二条规定，上市公司的关联交易，是指上市公司或者其控股子公司与上市公司关联人之间发生的可能导致转移资源或者义务的事项。参照《上交所指引》第二条"上市公司关联交易应当定价公允、决策程序合规、信息披露规范"。可知，合法有效的关联交易应当同时满足以下三个条件：交易信息披露充分、交易程序合法、交易对价公允。违反其中任意一项要求，都可能构成不公平或不当关联交易，对公司利益产生损害。

2019年4月29日，《〈公司法〉司法解释（五）》第一条、第二条对关联交易问题进行了规范。一是规定了关联交易的内部赔偿责任。尽管交易已经履行了法定程序，但如果结果上存在不公平、损害公司利益的情形，公司依然可以主张控股股东等关联人承担损害赔偿责任。二是否认关联交易相关合同的效力。将股东代表诉讼的适用范围扩大到关联交易合同行为中，在关联交易合同存在无效或者可撤销情形而公司不起诉的情况下，符合条件的股东可以依法请求确认关联交易合同无效或者撤销该合同。

关联关系如何认定，在《公司法》及其他部门法规规章中都有所体现。《公司法》第二百一十六条规定："关联关系，是指公司控股股东、实际控制人、董事、监事、高级管理人员与其直接或者间接控制的企业之间的关系，以及可能导致公司利益转移的其他关系。但是，国家控股的企业之间不仅因为同受国家控股而具有关联关系。"《企业会计准则第36号——关联方披露》第三条规定，一方控制、共同控制另一方或对另一方施加重大影响，以及两方或两方以上同受一方控制、共同控制或重大影响的，构成关联方。前述会计准则对关联关系的认定其实也是比较清晰的，且直接通过列举予以规定。《国家税务总局关于完善关联申报和同期资料管理有关事项的公告》第二条规定，一方直接或者间接持有另一方的股份总和达到25%以上；双方直接或者间接同为第三方所持有的股份达到25%以上的，则构成关联关系。

司法实践中，判断控股股东、实际控制人、董事、监事、高级管理人员利用关联关系进行关联交易时，是否损害公司或公司股东及公司债权人合法权益，主要从以下几点进行审查：（一）关联交易的信息是否依照法律、行政法规或者公司章程的规定进行了披露，并由股东会、股东大会或者董事会作出了有效决议，同意进行关联交易；（二）关联交易是否属于正常的商业往来，交易价格公允合理，平等有偿；（三）关联交易是否符合交易双方的经营需要，不损害公司利益。

就本案而言，有几个问题需要关注：

第一，法院之所以未认定公司决议无效，在于原告未能充分举证公司决议是否系股东滥用股东权利，以及是否损害公司或其他股东利益。虽《〈公司法〉司法解释（五）》明确了股东代表诉讼的诉权，但最终能否得到支持，仍然存在许多不确定因素。司法解释并未将"关联交易损害公司利益"的举证责任转移至被告方,依据我国《民事诉讼法》规定"谁主张、谁举证"的举证责任规则,原告方仍然需要承担此项举证责任,即证明关联交易在结果上损害了公司的利益。否则,法院也可能以原告证据不足为由驳回诉讼请求。

第二,关于公司股东滥用股东权利。《公司法》第二十条第一款、第二款作了限制股东滥用权利的原则性规定,属于不完全法条中的引用性法条,没有明确或列举哪些行为构成滥用股权权利。且第一款中"应当遵守法律、行政法规和公司章程,依法行使股东权利"没有规定相应的法律效果,需要引用其他法条进行补充性说明。公司股东滥用股东权利的常见表现形态为,滥用查阅权、滥用表决权、滥用自益权、滥用诉权。[4] 本案中,法院认为东圣公司董事会及股东会决议作出时,各方董事及股东代表均参加会议并一致同意表决通过,对决议内容未提出异议。参与表决的董事及股东代表与决议事项虽具有关联关系,但法律并未对其行使表决权作出限制,并不能因此认定其行为构成滥用股东权利。

第三,股东会或董事会决议撤销还是无效,要视具体的情况进行区分。依据《公司法》第二十二条规定,公司股东(大)会、董事会的决议实体内容违反法律、行政法规的,是无效的决议,视为自始无效。股东(大)会、董事会的会议召集程序、表决方式违反法律、行政法规或者公司章程,或者决议内容违反公司章程的,股东可以自决议作出之日起六十日内,请求人民法院撤销。《民事案件案由规定》中决议无效和撤销属于公司决议纠纷下两个不同案由,即公司决议效力确认纠纷、公司决议撤销纠纷。本案中,原告以决议程序违法主张协议无效,未得到法院支持。法院认为董事会或股东会的召开是否违反公司章程关于会议召集程序的相关规定,应为董事会或股东会决议撤销的事由,不属于对相关决议效力认定的依据。

(四)相关法条及司法解释

《中华人民共和国公司法》

第二十条 【股东禁止行为】公司股东应当遵守法律、行政法规和公司章程,依法行使股东权利,不得滥用股东权利损害公司或者其他股东的利益;不得滥用公司法人独立地位和股东有限责任损害公司债权人的利益。公司股东滥

---

[4] 参见邓峰:《普通公司法》,中国人民法学出版社2009年版。

用股东权利给公司或者其他股东造成损失的,应当依法承担赔偿责任。公司股东滥用公司法人独立地位和股东有限责任,逃避债务,严重损害公司债权人利益的,应当对公司债务承担连带责任。

第二十一条 【禁止关联交易】公司的控股股东、实际控制人、董事、监事、高级管理人员不得利用其关联关系损害公司利益。违反前款规定,给公司造成损失的,应当承担赔偿责任。

第二十二条 【公司决议的无效或被撤销】公司股东会或者股东大会、董事会的决议内容违反法律、行政法规的无效。股东会或者股东大会、董事会的会议召集程序、表决方式违反法律、行政法规或者公司章程,或者决议内容违反公司章程的,股东可以自决议作出之日起六十日内,请求人民法院撤销。股东依照前款规定提起诉讼的,人民法院可以应公司的请求,要求股东提供相应担保。公司根据股东会或者股东大会、董事会决议已办理变更登记的,人民法院宣告该决议无效或者撤销该决议后,公司应当向公司登记机关申请撤销变更登记。

《中华人民共和国民法通则》

第五十八条 【无效民事行为】下列民事行为无效:(一)无民事行为能力人实施的;(二)限制民事行为能力人依法不能独立实施的;(三)一方以欺诈、胁迫的手段或者乘人之危,使对方在违背真实意思的情况下所为的;(四)恶意串通,损害国家、集体或者第三人利益的;(五)违反法律或者社会公共利益的;(六)以合法形式掩盖非法目的的。无效的民事行为,从行为开始起就没有法律约束力。

三、董事个人未通过关联交易谋取利益的,不应承担法律责任

如关联交易系双方公司股东之间存在关联,则该交易客观上代表了出资股东的真实意志。公司董事未从交易中谋取私利的,即使董事会决议批准进行管理交易,董事的行为也仅代表参与公司经营管理。董事个人不对该关联交易的后果承担责任。

（一）典型案例

☞ 迪美斯（太仓）窗型材有限公司诉皮特·容根费尔德公司关联交易损害责任纠纷案[5]

【关键词】 关联交易　实际控制人　董事

|基本案情| 上诉人（原审原告）：迪美斯（太仓）窗型材有限公司，法定代表人：周民；被上诉人（原审被告）：彼得·容根费尔德。

2007年12月27日，迪美斯（太仓）窗型材有限公司（以下简称太仓迪美斯公司）与公司股东德国迪美斯公司投资设立的另一全资子公司奥地利迪美斯公司签订了《生产设备采购合同》一份，约定太仓迪美斯公司向奥地利迪美斯公司采购"7件螺旋挤出机和衔接设备"等，合同价款为140.8万欧元。

2010年4月，太仓迪美斯公司股权发生变更，公司发现从奥地利迪美斯公司进口的设备至今无法使用，遂于2011年12月17日以公司原董事彼得关联交易损害公司利益向一审法院提起诉讼，请求法院判令：彼得赔偿太仓迪美斯公司损失645689欧元。

另外，德国迪美斯公司2007年年报显示："2007年度执行理念的主要目标是关闭奥地利的生产场所，并将其转移至德国和中国。……所有相关措施，比如设备转移和产能调整，都在2007年度被持续的执行"；2008年年报显示："奥地利迪美斯公司于2008年9月申请破产，……太仓迪美斯公司再次取得了销售额的增长。"彼得作为德国迪美斯公司董事长在上述两份年报上签名。2008年1月10日、4月15日，太仓迪美斯公司两次召开董事会，董事彼得等人出席会议。会议全票通过决议，从德国MDB公司共计借款64万欧元用于投资机器设备，以扩大生产能力。

|裁判结果| 一审法院判决：驳回太仓迪美斯公司的诉讼请求；二审法院判决：驳回上诉，维持原判。

|裁判理由| 二审法院认为：

(1) 关于本案的法律适用问题

从太仓迪美斯公司的诉讼主张来看，本案涉及公司法领域中的侵权责任问

---

[5] 一审（2012）苏中商外初字第0001号；二审（2013）苏商外终字第0008号。

题，且被诉侵权人彼得系德国的自然人，故本案系涉外商事纠纷案件。根据《涉外民事关系法律适用法》第四十四条之规定："侵权责任，适用侵权行为地法律，但当事人有共同经常居所地的，适用共同经常居所地法律。侵权行为发生后，当事人协议选择适用法律的，按照其协议。"因太仓迪美斯公司所主张的被控侵权行为发生在中国，且双方当事人未协议选择本案的适用法律，故一审法院以我国法律作为本案的准据法正确，本院予以确认。

(2) 现有证据不足以认定彼得利用关联关系损害公司利益

我国《公司法》第二十一条规定，公司的控股股东、实际控制人、董事、监事、高级管理人员不得利用其关联关系损害公司利益。违反前款规定，给公司造成损失的，应当承担赔偿责任。所谓关联关系是指公司的控股股东、实际控制人、董事、监事、高级管理人员与其直接或者间接控制的企业之间的关系，以及可能导致公司利益转移的其他关系。但是法律并不禁止所有关联交易，只是禁止不公平的、损害公司利益的关联交易。所以，太仓迪美斯公司关于彼得构成实际控制人、董事利用关联关系损害公司利益的主张不能成立。

首先，现有证据不足以证明彼得系太仓迪美斯公司的实际控制人。涉案交易发生时，太仓迪美斯公司及其交易相对方奥地利迪美斯公司的股东均为德国迪美斯公司。虽然，MDB公司作为德国迪美斯公司的股东，与奥地利迪美斯公司及太仓迪美斯公司之间存在关联关系，但彼得担任MDB公司董事长并不意味着其个人系太仓迪美斯公司的实际控制人。太仓迪美斯公司主张彼得是太仓迪美斯公司实际控制人的直接证据是证人赫克、毕恩的证人证言，但是上述证人正是在董事会决议中同意涉案交易的四位董事中的两位成员，且赫克在涉案交易时系太仓迪美斯公司的法定代表人，而且该两位证人持有太仓迪美斯公司现股东香港迪美斯公司的股权，与太仓迪美斯公司存在利害关系，上述证言不足以认定彼得系太仓迪美斯公司的实际控制人及涉案交易系在彼得恶意操纵下完成。

其次，太仓迪美斯公司二审中还主张彼得构成董事利用关联交易损害公司利益。对此，法院认为，其一，涉案交易经太仓迪美斯公司董事会决议一致同意，并非彼得个人未经董事会同意之行为，并不违反公司的相关规定。其二，彼得在任职太仓迪美斯公司董事期间，在公司董事会作出涉案交易决议时发表意见和进行表决，是履行董事职责，并未超越公司章程或者董事会授权的权利范围。其三，如果存在董事利用关联交易损害公司利益的情况，则也应当由做出涉案交易决定的全体董事承担责任，而不是仅由其中的某一位董事承担全部责任，故太仓迪美斯公司仅要求董事彼得承担全部可能的侵权责任，于法无据，本院不予支持。

综上，太仓迪美斯公司的上诉请求及上诉理由缺乏事实和法律依据，不能成立；其上诉请求，应予驳回。

（二）裁判旨要

本案审理中，法院未支持原告诉求的主要理由在于：其一，现有证据不足以证明彼得系太仓迪美斯公司的实际控制人。涉案交易发生时，太仓迪美斯公司及其交易相对方奥地利迪美斯公司的股东均为德国迪美斯公司。虽然，MDB公司作为德国迪美斯公司的股东，与奥地利迪美斯公司及太仓迪美斯公司之间存在关联关系，但彼得担任MDB公司董事长并不意味着其个人系太仓迪美斯公司的实际控制人。其二，如果存在董事利用关联交易损害公司利益的情况，则也应当由作出涉案交易决定的全体董事承担责任，而不是仅由其中的某一位董事承担全部责任，故太仓迪美斯公司仅要求董事彼得承担全部可能的侵权责任，没有事实和法律依据。

（三）律师评析

对于实际控制人的理解，通常人们会认为董事长就是掌握公司实权的人，是背后的金主，公司的一切都由董事长一人说了算。事实上，实际控制人既可能是某个自然人，也可能是某个法人或其他组织。实际控制人，并不是公司股东，但是通过投资关系、协议或者其他安排，能够支配、实际支配公司行为。总之，不能仅仅以某个人具有董事长的头衔就认定为公司实际控制人，是能够实际支配公司行为的人。

本案中，有几个问题需关注：

第一，对于实际控制人的认定标准。法院认为主张一方应承担严格的举证责任，证明行为人的行为是否超越了公司章程或董事会授权的权利范围，是否存在通过个人投资关系、协议或其他安排对公司的经营计划、方针、财务、人事等事务作出决定的情形，否则不能仅以行为人是公司董事或董事长的身份，在董事会决议中发表意见进行表决，就认定行为人是公司的实际控制人，存在董事利用关联交易损害公司利益的情况。

第二，区分董事（长）之个人行为与公司集体行为。在现代公司治理结构中，董事（长）作为主持公司的实际经营者，直接参与公司日常经营管理。为避免董事（长）滥用股东赋予之权力而损害公司与股东利益，为自己谋取不正当利益，现代公司法制度为董事（长）设置了注意义务、忠实义务等。我国《公司法》规定，对于有限责任公司董事会及董事（长）的选举、职权等由公司意思自治，可在公司章程中进行约定。实践中，董事长往往从董事中选举产生，董事长均兼有董事之身份。相比于一般董事，董事长对公司经营管理之控制力更大，其对公司经营损失所承担的风险亦明显高于一般董事。在司法实践中，一般参照美国司法实践的商业判断准则制度，以此维护公司董事正常商业判断决策之行为。如果董事或高管在从事经营管理活动中尽到了注意义务与忠实义务；在作出该项商业判断时，依据了他所能合理信赖的判断信息与资料（如律师法律意见书、会计事务所报告、市场调研报告等），尽到了普通正常人所应尽到的注意；遵循了正当决议程序与权限，则其行为即可认为属正当经营行为，无须承担公司经营损失。

本案中，涉案交易是经太仓迪美斯公司董事会决议一致同意，属于公司行为，并非彼得个人未经董事会同意之行为，并不违反公司的相关规定。而且，彼得在任职太仓迪美斯公司董事期间，在公司董事会做出涉案交易决议时发表意见和进行表决，是履行董事职责，并未超越公司章程或者董事会授权的权利范围。故，在原告公司未能举证董事个人利用关联关系进行关联交易损害公司利益情况下，主张要求董事个人为董事会的集体行为承担赔偿责任，难以得到法院的支持。

（四）相关法条与司法解释

《中华人民共和国公司法》

第二十一条　【禁止关联交易】公司的控股股东、实际控制人、董事、监事、高级管理人员不得利用其关联关系损害公司利益。

违反前款规定，给公司造成损失的，应当承担赔偿责任。

第二百一十六条　【本法相关用语的含义】本法下列用语的含义：

（一）高级管理人员，是指公司的经理、副经理、财务负责人，上市公司董事会秘书和公司章程规定的其他人员。

（二）控股股东，是指其出资额占有限责任公司资本总额百分之五十以上或者其持有的股份占股份有限公司股本总额百分之五十以上的股东；出资额或者持有股份的比例虽然不足百分之五十，但依其出资额或者持有的股份所享有的表决权已足以对股东会、股东大会的决议产生重大影响的股东。

（三）实际控制人，是指虽不是公司的股东，但通过投资关系、协议或者其他安排，能够实际支配公司行为的人。

（四）关联关系，是指公司控股股东、实际控制人、董事、监事、高级管理人员与其直接或者间接控制的企业之间的关系，以及可能导致公司利益转移的其他关系。但是，国家控股的企业之间不仅因为同受国家控股而具有关联关系。

第十七章 公司合并纠纷

一、公司合并纠纷概述

随着市场经济的快速发展,企业之间的竞争日渐激烈,很多公司为扩大经营范围、获取更多的效益,采取合并的方式促进自身的发展。从可持续发展的角度来看,公司合并肯定是利大于弊的,主要是在规模效益上比较明显,另外人员整合后会更加精干,减少成本。公司合并不但涉及原有公司股东利益保护问题,而且对债权人、公司员工等利益相关者产生重大影响,法律关系非常复杂。[1]

公司合并是一家或多家公司无须进行清算程序,依照《公司法》等相关法律的规定,将其全部资产和负债转让给另一家现存或新设企业被合并企业股东换取合并企业的股权或非股权支付,实现两个或两个以上企业的依法合并。根据《公司法》规定,公司合并可以采取吸收合并或者新设合并。

公司合并是一种法律行为,它不仅引起合并前公司的权利、义务的变更,而且关涉到国家、公司股东、债权人以及公司职工的利益,关涉到国家对公司的宏观控制和管理,因此,公司合并在坚持意思自治、契约自由的同时,又必须严格依照法定程序进行,其合并行为方能有效。[2] 因此,公司合并有非常严格的流程要求。

---

[1] 参见李臣:《公司合并的法律问题分析》,载《金融法苑》2005 年第 4 期。
[2] 参见陈运雄:《论公司合并的基本原则》,载《求索》1999 年第 1 期。

1. 合并方各自形成决议

根据《公司法》，合并须由合并前的各方董事会制定合并方案，股东（大）会须以特别多数通过作出决议。在合并过程中，股东根据自身情况会有多种考虑，可能并不接受合并方案。因此，在有限公司，反对公司合并决议的股东有权请求公司以合理价格收购其股权；在股份公司，对公司合并决议持异议的股东也可以要求公司收购其股份。

2. 申请主管部门批准

合并如涉及国有资产变动，须经国有资产监督管理部门批准；上市公司的合并须证监会核准。

3. 签订合并协议

合并各方股东（大）会决议通过的合并方案是签订正式协议的基础。公司合并协议是指由两个或者两个以上的公司就公司合并的有关事项而订立的书面协议。协议的内容应当载明法律、法规规定的事项和双方当事人约定的事项，一般来说应当包括以下内容：（1）公司的名称与住所。这里所讲公司的名称与住所包括合并前的各公司的名称与住所和合并后存续公司或者新设公司的名称与住所。公司名称应当与公司登记时的名称相一致，并且该名称应当是公司的全称；公司的住所应当是公司的实际住所即总公司所在地；（2）存续或者新设公司因合并而发行的股份总数、种类和数量，或者投资总额，每个出资人所占投资总额的比例等；（3）合并各方现有的资本及对现有资本的处理方法；（4）合并各方所有的债权、债务的处理方法；（5）存续公司的公司章程是否变更，公司章程变更后的内容，新设公司的章程如何订立及其主要内容；（6）公司合并各方认为应当载明的其他事项。

4. 编制资产负债表和财产清单

资产负债表是反映公司资产及负债状况、股东权益的公司要的会计报表，会计合并中必须编制的报表。合并各方应当真实、全面地编制此表，以反映公司的财产情况，不得隐瞒公司的债权、债务。此外，公司还要编制财产清单，清晰地反映公司的财产状况。财产清单应当翔实、准确。

5. 合并前各方分别通知债权人并公告，债权人在法定期间内有权要求公司清偿债务或者提供相应担保

《公司法》第一百七十三条规定："公司应当自作出合并决议之日起十日内通知债权人，并于三十日内在报纸上公告。债权人自接到通知书之日起三十日内，未接到通知书的自公告之日起四十五日内，可以要求公司清偿债务或者提供相应的担保。"一般来说，对所有的已知债权人应当采用通知的方式告知，只有对那些未知的或者不能通过普通的通知方式告知的债权人才可以采取公告的方式。通知和公告的目的主要是告知公司债权人，以便让他们作出决定，对公司的合并，是否提出异议，此外，公告也可以起到通知未参加股东会（股东大会）的股东的作用。

6. 实施合并

在完成公司债权人的保护程序后，合并各方即可按照有关合并协议实施公司合并，进行公司之间资本的合并及财产的转移。

7. 被合并方办理税务注销手续

《中华人民共和国税收征收管理法》第四十八条规定："纳税人有合并、分立情形的，应当向税务机关报告，并依法缴清税款。纳税人合并时未缴清税款的，应当由合并后的纳税人继续履行未履行的纳税义务；纳税人分立时未缴清税款的，分立后的纳税人对未履行的纳税义务应当承担连带责任。"

8. 双方办理公司登记

合并登记分为解散登记和变更登记。公司合并以后，解散的公司应当到工商登记机关办理注销登记手续；存续公司应当到登记机关办理变更登记手续；新成立的公司应当到登记机关办理设立登记手续。公司合并只有进行登记后，才能得到法律上的承认。《公司法》第一百七十九条规定："公司合并或者分立，登记事项发生变更的，应当依法向公司登记机关办理变更登记；公司解散的，应当依法办理公司注销登记；设立新公司的，应当依法办理公司设立登记。"由此，对于被吸收的公司，主体已灭失的需办理注销登记，存续的公司需办理变更登记，新设立的公司需办理设立登记。随着工商登记程序的简化，已不用再分步、分层级办理相应工商登记手续，就注销、变更、新设立的登记可以同步同时办理，大大提高了工商登记手续的办理效率。

二、合并应是各方公司的真实意思表示，并应严格履行合并程序

（一）典型案例

☞ 中国远大集团有限责任公司与天津市一轻集团（控股）有限公司、天津远大感光材料公司、中国东方资产管理公司天津办事处、中国工商银行天津市分行广厦支行公司合并纠纷上诉案[3]

【关键词】公司合并　公平原则

|基本案情| 上诉人（原审原告）：中国远大集团有限责任公司；被上诉人（原审被告）：天津市一轻集团（控股）有限公司；被上诉人（原审被告）：天津远大感光材料公司；被上诉人（原审第三人）：中国东方资产管理公司天津办事处；被上诉人（原审第三人）：中国工商银行天津市分行广厦支行。

上诉人中国远大集团有限责任公司（以下简称远大集团公司）与被上诉人天津一轻集团（控股）有限公司（以下简称一轻控股公司）、天津远大感光材料公司（以下简称感光材料公司）、中国东方资产管理公司天津办事处（以下简称东方公司天津办事处）、中国工商银行天津市分行广厦支行公司（以下简称工行广厦支行）合并纠纷一案不服北京市高级人民法院（2004）高民初字第26号民事判决，向最高人民法院提起上诉。本院依法组成由审判员张勇健、于松波，代理审判员殷媛参加的合议庭进行了审理，张勇健担任审判长，书记员张永姝担任记录。本案现已审理终结。

1997年3月5日，远大集团公司与感光材料公司签订《兼并协议》，主要内容是：远大集团公司兼并感光材料公司，远大集团公司全部承接感光材料公司资产、债权债务和全部职工妥善安置；远大集团公司承担与感光材料公司资产等值或超值的债务为条件，全部承接其资产。同年4月28日，天津市调整工业办公室致函一轻控股公司，同意远大集团公司（国有）以接收感光材料公司（国有）资产、债权、债务及全部职工为有偿条件，对感光材料公司实施兼并。

---

[3] 再审：最高人民法院（2005）民二终字第38号。

1997年6月9日,远大集团公司与一轻控股公司签订《移交协议书》。感光材料公司于同年7月,在天津市工商局办理了企业法人变更登记,并在国家国有资产管理局办理了企业国有资产变动产权登记。

1997年7月28日,远大集团公司向感光材料公司拨款人民币1000万元。

中国银行天津市分行(以下简称中行天津分行)、中国工商银行天津市河西支行(以下简称工行河西支行)作为感光材料公司的债权人,与感光材料公司重新签订了《借款合同》。远大集团公司承诺对感光材料公司的借款承担连带保证责任。同时,工行河西支行将对感光材料公司的债权转让给工行广厦支行。中行天津分行将对感光材料公司的债权转让给东方公司天津办事处。

2003年12月12日,远大集团公司提起诉讼,请求确认《兼并协议》未生效,并判令解除该协议;解除《移交协议书》;感光材料公司返还拨款人民币1000万元;一轻控股公司承担连带返还责任;解除远大集团公司因《兼并协议》而对第三人承担保证担保责任。

一审法院认为:远大集团公司与感光材料公司签订的《兼并协议》是双方真实意思的表示,内容不违反法律规定,且该协议已经天津市调整工业办公室批复同意,应依法确认有效。《兼并协议》签订后,双方办理了移交手续,感光材料公司在天津市工商局也办理了企业法人变更登记,并在国家国有资产管理局办理了企业国有资产变动产权登记。远大集团公司也向感光材料公司进行了资金投入。上述履行合同的事实证明远大集团公司已经对感光材料公司实施了兼并,《兼并协议》已经履行完毕。远大集团公司以其未能享受国家有关国企兼并的优惠政策,认为《兼并协议》未生效的理由不能成立。因为享受该优惠政策,作为远大集团公司的预期利益,并非一轻控股公司、感光材料公司应履行的合同义务。远大集团公司应另行通过行政途径解决。

| 裁判结果 | 一审法院判决:驳回远大集团公司的诉讼请求。远大集团公司不服一审判决,提起上诉。二审法院判决:(1)撤销北京市高级人民法院(2004)高民初字第26号民事判决;(2)中国远大集团有限责任公司与天津远大感光材料公司之间的《兼并协议》予以解除;(3)中国远大集团有限责任公司与天津市一轻集团(控股)有限公司之间的《移交协议书》予以解除;(4)中国远大集团有限责任公司对中国东方资产管理公司天津办事处的担保责任予以免除;(5)中国远大集团有限责任公司对中国工商银行天津市分行广厦支行的担保责任予以免除;(6)驳回中国远大集团有限责任公司的其他诉讼请求。

|裁判理由| 最高人民法院认为:(1)远大集团公司与感光材料公司签订的《兼并协议》已经生效,该协议是双方当事人真实意思表示,内容不违反法律禁止性规定,原审判决认定协议有效并无不当。远大集团公司提出《兼并协议》中约定的一系列优惠政策未得到实施,其并没有实际控制远大感光公司,均属于协议履行中的问题,与协议是否生效没有关系。故远大集团公司请求确认《兼并协议》未生效没有法律依据,本院不予支持。(2)《兼并协议》已经实际履行,但由于感光材料公司的主要债权人申行天津分行并未就兼并事宜与远大集团公司达成一致意见,致使《兼并协议》中贷款本息的处置等约定未能得到实际履行。另在企业制度改革时,就企业管理、组织人事调整等方面与感光材料公司产生矛盾,发生冲突,失去对感光材料公司的实际控制。双方均强烈要求解除《兼并协议》,继续维持必将使企业陷入运行上的僵局,特别是感光材料公司不能正常经营,企业将丧失所应享受的地方政策,职工的生活没有保障,维持此种状况既有违兼并双方当事人的意愿,亦与司法审判所应追求的法律效果与社会效果相悖。故应尊重远大集团公司与感光材料公司双方意愿,解除其兼并关系。远大集团公司上诉理由中提出其向感光材料公司拨款1000万元的性质为借款并请求予以返还。远大集团公司主张该笔款项为借款缺乏事实根据。鉴于远大集团公司、感光材料公司在履行《兼并协议》的过程中均存在过错,共同导致了《兼并协议》无法继续履行,且因兼并协议无法继续履行的行为给感光材料公司造成了损失,故请求返还1000万元款项的上诉请求不予支持。(3)为了落实《兼并协议》中有关银行贷款的优惠政策,在天津市人民政府有关部门的协调下,感光材料公司与中行天津分行、工行河西支行重新签订了借款合同,远大集团公司承诺为上述借款承担连带保证责任。据查,涉及中行天津分行、工行河西支行的债权,均是《兼并协议》之前即已形成,远大集团公司承诺对上述债务承担连带保证责任是基于兼并行为。在《兼并协议》应依法予以解除的情况下,还要承担担保责任,确实显失公平。故对远大集团公司提供的担保予以免除的请求应予支持。工行广厦支行、东方公司天津办事处可以向原债务人主张权利。综上,解除《兼并协议》符合我国民法的基本原则,也是兼并双方的真实意思表示。《兼并协议》解除后感光材料公司的权属问题,可由其通过行政途径予以解决。原审判决认定事实基本清楚,但适用法律欠当,应予纠正。

（二）裁判旨要

兼并协议是双方真实意思表示，约定不违反法律与行政法规的禁止性规定，应当认定有效。[4] 解除《兼并协议》系双方在履行兼并的过程中均存在过错，共同导致了协议无法继续履行。本案基于公平原则，由合并各方共同承担损失。

（三）律师评析

一是本案在公司合并的两种形式中属于吸收合并形式。公司合并分为两种形式，一种是一个公司吸收其他公司为吸收合并，被吸收的公司解散。另一种是两个以上公司合并设立一个新的公司为新设合并，合并各方解散。本案属于上述第一种吸收合并形式，感光材料公司并入远大集团公司，感光材料公司的权利义务关系由合并后的远大集团公司概括继受，感光材料公司解散无须履行清算程序。

二是公司合并相关协议签订后的生效问题。本案的争议焦点，双方签订的公司合并协议即《兼并协议》是否生效，应根据《合同法》第四十四条规定，该协议属于依法成立的合同，自成立时生效。法律、行政法规规定应当办理批准、登记等手续生效的，依照其规定。本案中的《兼并协议》双方主体感光材料公司与远大集团公司均基于真实的意思表示确认签字，感光材料公司在天津市工商局办理了企业法人变更登记，并在国家国有资产管理局办理了企业国有资产变动产权登记，已经完成了公司合并法律行为，《兼并协议》符合生效要件。

三是为避免公司合并过程中股东、债权人等各方权益受损，《公司法》对公司合并有非常严格的流程要求。公司合并既是公司资产的重新组合，也是公司债务的重新分配，因此公司合并关系到参与合并公司的各方主体。实践中，为了防止公司合并过程中侵害中小股东及债权人利益，《公司法》规定了明确且严格的合并程序。公司合并需要由合并各方签订合并协议；经过股东会决议通过；编织资产负债表及财产清单；通知或公告债权人；最终履行相应的登记程序。本案中，感光材料公司与远大集团公司在合作之初为达成合并的目的，各方均按照公司法相关要求完成各项合并流程，并依据法律、行政法规的规定办理了

---

[4]《最高人民法院司法观点集成（新编版）·商事卷Ⅱ》。

国有资产的审批、批复等手续，并最终办理了工商变更登记，合并流程完备，符合相关的法律程序及实体要求，合并完成。

四是认为公司合并行为无效只能由法院通过司法程序予以确认。公司合并无效之诉，是指基于公司合并的基础法律行为违反程序性或者实体性规定，合法权益受到侵害的利害关系人提起的请求法院确认公司的合并行为无效的诉讼。[5] 因违反相关法律、行政法规等强制性规定而导致公司合并无效，必将涉及合并各方公司及股东、职工、债权人等众多主体的切身利益受损，因此，公司合并无效只能由法院通过司法审查程序予以确认。公司合并中的任何一方当事人或利害关系人均可向法院提起公司合并无效确认之诉。公司合并行为由法院判决宣告无效后，应当及时公告。第三人若对公司合并无效判决提出异议，应当在该判决公告后的合理期限内提出。法院在确认公司合并无效时除严格遵守法定司法审查程序还应严格遵守实体法律规则，并根据各方实际情况兼顾公平。本案中，远大集团公司基于公司合并后未获得《兼并协议》约定的优惠政策及没有实际控制远大感光公司，单方认为合并无效，因此向人民法院提起了合同无效的司法确认。尽管法院认为优惠政策的获取及实际控制权的掌握均属于协议履行中的问题，与协议是否生效没有关系，而没有支持远大集团公司的诉求，但远大集团公司向法院提起诉求的程序是正确的。

（四）相关法条及司法解释

《中华人民共和国公司法》

第一百七十二条 【公司的合并】公司合并可以采取吸收合并或者新设合并。

一个公司吸收其他公司为吸收合并，被吸收的公司解散。两个以上公司合并设立一个新的公司为新设合并，合并各方解散。

第一百七十四条 【公司合并债权债务的承继】公司合并时，合并各方的债权、债务，应当由合并后存续的公司或者新设的公司承继。

第一百七十九条 【公司变更的登记】公司合并或者分立，登记事项发生变更的，应当依法向公司登记机关办理变更登记；公司解散的，应当依法办理公司注销登记；设立新公司的，应当依法办理公司设立登记。

---

[5] 参见岳彩东：《浅析公司合并无效之诉》，载《东方企业文化》2013年第15期。

公司增加或者减少注册资本,应当依法向公司登记机关办理变更登记。

《中华人民共和国合同法》

第四十五条 【附条件的合同】当事人对合同的效力可以约定附条件。附生效条件的合同,自条件成就时生效。附解除条件的合同,自条件成就时失效。

当事人为自己的利益不正当地阻止条件成就的,视为条件已成就;不正当地促成条件成就的,视为条件不成就。

第九十四条 【合同的法定解除】有下列情形之一的,当事人可以解除合同:

(一)因不可抗力致使不能实现合同目的;

(二)在履行期限届满之前,当事人一方明确表示或者以自己的行为表明不履行主要债务;

(三)当事人一方迟延履行主要债务,经催告后在合理期限内仍未履行;

(四)当事人一方迟延履行债务或者有其他违约行为致使不能实现合同目的;

(五)法律规定的其他情形。

三、公司合并纠纷应从合法性、正当性中确定适格主体

(一)典型案例

☞ 济南高新技术产业开发区管理委员会国有资产监督管理委员会办公室、科信丰大投资担保有限公司与济南山水集团有限公司、山东森特医院控股管理集团有限公司等公司合并纠纷二审[6]

【关键词】公司合并　主体适格　出资瑕疵

|基本案情| 上诉人(原审被告):济南山水集团有限公司;被上诉人(原审原告):济南高新技术产业开发区管理委员会国有资产监督管理委员会办公室;被上诉人(原审原告):科信丰大投资担保有限公司;原审被告:山东森特医院控股管理集团有限公司;原审被告:山东永大房地产开发有限公司;原审

---

[6] 二审:山东省高级人民法院(2014)鲁商终字第180号。

被告：济南市经济技术投资公司。

上诉人济南山水集团有限公司（以下简称山水集团公司）与被上诉人济南高新技术产业开发区管理委员会国有资产监督管理委员会办公室（以下简称高新国资委）、科信丰大投资担保有限公司（以下简称科信丰大公司）、山东森特医院控股管理集团有限公司（以下简称森特医院）、山东永大房地产开发有限公司（以下简称永大房地产公司）、济南市经济技术投资公司（以下简称经济技术投资公司），公司合并纠纷一案，不服山东省济南市中级人民法院（2013）济商初字第132号民事判决，向山东省高级人民法院提起上诉。该院受理后依法组成合议庭，公开开庭审理了本案。上诉人山水集团公司的委托代理人陈珍果、尹亮亮，被上诉人高新国资委员、科信丰大公司的委托代理人魏永振，原审被告永大房地产公司的委托代理人仲涛、徐征年，经济技术投资公司的委托代理人陈学锋、田青华已到庭参加诉讼。本案现已审理终结。

一审法院查明：（1）2009年5月27日，甲方高新国资委与乙方丰大公司签订《吸收合并暨增资扩股协议》约定：科信担保中心以本协议约定的条件和方式吸收合并丰大公司，合并完成后科信担保中心存续，丰大公司解散，丰大公司的全部资产、负债和权益由合并后公司承继。科信担保中心在吸收合并丰大公司的同时增资扩股，改制设立科信丰大公司。作为本次吸收合并的对价，丰大公司股东持有的丰大公司股权转换为其各自对新公司的股权，转换完成后各方持有新公司的股权比例分别为：高新国资委占51%、森特医院占34.30%、永大房地产公司占9.80%、山水集团公司占2.94%、经济技术投资公司占1.96%。本次吸收合并完成后，新公司承继丰大公司的全部担保业务；新公司承继丰大公司的全部债权债务（以2009年丰大公司审计报告为准）。另约定，因本次合并交割完成前丰大公司的担保业务、其他业务及丰大公司本身所存在的债务、风险、责任或有负债等造成新公司损失的，由丰大公司股东连带赔偿新公司损失。（2）丰大公司于2009年5月26日召开股东大会，一致通过了如下决议：一致同意本公司被科信担保中心吸收合并，吸收合并同时科信担保中心增资扩股变更设立科信丰大公司；一致同意授权公司董事长范恩军代表本公司及各股东与高新国资委签署《吸收合并暨增资扩股协议》，并一致同意和认可范恩军代表签署的内容。（3）2009年5月27日，丰大公司及四被告授权范恩军代表丰大公司及四被告与高新国资委签署《吸收合并暨增资扩股协议》。（4）2009年8月24日，丰大公司向工商行政管理部门申请注销登记。2009年8月18日，科信担保向工商行政管理部门提交非公司企业法人改制申请，由高新国资委与四被告作为公司发起人，以科信担保中心改制的方式，设立科信丰大公司。(5) 关于因丰大公司吸收合并前为森特医院的债务提供担保，导致科信丰大公司被能源环境公司起诉并被判决承担连带清偿责任的事实。(6) 科信丰大公司因能源环境公司追索租赁费一案支出上诉费95699元、支出律师费10万元，科信丰大公司因本案支出律师代理费287000元。(7) 丰大公司的审计报告可以证实，丰大公司为森特医院提供担保及可能承担责任未列入审计范围。

科信丰大公司诉至法院，请依法予判令：(1) 各被告连带赔偿原告经济损失计12545070.75元；(2) 各被告连带赔偿原告利息损失；(3) 本案诉讼费用、律师代理费由各被告承担。

经一审法院释明，原告高新国资委明确，其所主张的上述损失及利息由各被告向另一原告科信丰大公司支付。

| 裁判结果 | 一审判决：(1) 森特医院、永大房地产公司、山水集团公司、经济技术投资公司于本判决生效后10日内连带赔偿科信丰大公司12545070.75元及利息；(2) 驳回高新国资委的其他诉讼请求；(3) 驳回科信丰大公司的其他诉讼请求。

山水集团公司不服一审判决，提起上诉。二审判决：驳回上诉，维持原判。

| 裁判理由 | 一审法院认为：(1) 本案所涉《吸收合并暨增资扩股协议》虽然未以各股东的名义签署，但各被告均授权范恩军代表丰大公司及各被告与高新国资委签订合并协议，范恩军也作为授权人在该协议上签字。同时，本案四被告作为丰大公司的股东作出股东会决议，一致同意和认可范恩军代表签署的《吸收合并暨增资扩股协议》的内容。故该条款对四被告具有约束力，四被告应按照约定承担赔偿责任。(2) 本案所涉科信丰大公司系由科信担保中心与丰大公司吸收合并设立而成，高新国资委系原科信担保中心的出资人，本案四被告系丰大公司的股东。依据双方所签订的《吸收合并暨增资扩股协议》，丰大公司的原股东，即本案四被告，通过股权置换的方式变更为新设的科信丰大公司的股东。四被告经置换所持有的新公司的股权系依据原丰大公司净资本总额（4998万元）确定总体持股比例（49%），并在此基础上分别确定各自的持股比例。因此，四被告持股比例系由丰大公司的净资本总额决定的。由于丰大公司对于其为森特医院提供担保的事实在公司合并过程中未进行披露，该笔债务并未纳入审计范围，由此导致科信丰大公司承继丰大公司的债务并实际向债权人支付后丰大公司净资本总额的减少。在《吸收合并暨增资扩股协议》

约定的持股比例不变的情况下，因丰大公司净资本总额的减少，显然损害了高新国资委的利益，故高新国资委属于与本案有利害关系的主体，为本案适格之原告，有权依据该条款提起本案诉讼。(3) 由于公司合并是公司设立的一种特殊形式，故新设公司的股东也要履行出资义务，所不同的是其对新设公司的出资系由其原来对被合并公司的出资转化而来。本案四被告对科信丰大公司的股权即是依据审计报告所确定的丰大公司的净资产额转化而来，因此，只有审计报告所确定的丰大公司的净资产额与丰大公司的实际净资产额一致时，四被告才适当地履行了对于科信丰大公司的出资义务。但是，由于原丰大公司对森特医院的担保债务未纳入审计范畴，科信丰大公司实际承担了原丰大公司的债务后，本质上相当于丰大公司的原股东（四被告）未完全履行对科信丰大公司的出资义务，科信丰大公司有权要求四被告向科信丰大公司履行其出资义务，且可以请求公司的发起人与被告股东承担连带责任，也即连带赔偿因其履行原丰大公司的债务给其造成的损失。该赔偿损失在性质上相当于公司要求股东补足出资，故科信丰大公司作为原告提起诉讼也无不当。本案中，高新国资委与科信丰大公司基于不同的请求权基础可以分别向四被告主张权利，但由于高新国资委并不要求四被告向其支付赔偿金，而是主张四被告应向科信丰大公司承担赔偿责任，故高新国资委与科信丰大公司作为本案的共同原告不矛盾。由于四被告所承担的责任是出资瑕疵股东对公司的资本充实责任，并非担保责任，四被告向科信丰大公司赔偿以后并不享有向科信丰大公司的追偿权。(4) 原告所主张的各被告应承担的损失数额能否成立。由于双方所签订的《吸收合并暨增资扩股协议》中并没有对因该协议的履行所发生争议时支出律师代理费的赔偿问题进行明确约定，故原告要求于法无据，该院不予支持。能源环境公司追索租赁费一案一审判决后，科信丰大公司提起上诉系基于自身对该判决的认识而启动的维护自身利益的行为，由此导致诉讼周期延长进而所承担责任数额的扩大不属于扩大损失的范畴，故森特医院主张因科信丰大公司的上诉行为导致损失扩大的抗辩不能成立。

二审法院认为：本案属于公司合并纠纷，一审法院裁判对事实的认定、证据的采信、各项数据的计算均无不当。

（二）裁判旨要

公司合并是参与合并的两个公司之间发生的民事法律行为，本案协议中为丰大公司股东设定义务之行为，该条款的内容超出了普通公司合并的范畴，应由丰大公司的各股东同意方对各方具有法律效力，否则订立合同双方不能为第三人创设合同义务。

本案中，原股东通过股权置换的方式变更为新设公司的股东。持股比例系由变更后公司的净资本总额决定。在合并过程中未披露且未纳入审计范围的债务，导致科信丰大公司净资本总额减少。在《吸收合并暨增资扩股协议》约定的持股比例不变的情况下，丰大公司净资本总额的减少，损害了高新国资委的利益，故高新国资委属于与本案有利害关系的主体，为本案适格之原告，有权提起本诉。

（三）律师评析

企业合并既是社会化大生产和发展规模经济的内在要求，又是市场经济条件下优胜劣汰规律作用的必然结果。[7] 本案就是典型的企业合并引发的纠纷。

1. 关于公司合并诉讼主体适格问题

适格主体是民事法律关系中享有诉权和诉讼利益的当事人，只有主体适格，才会进一步涉及主体的责任承担问题。诉讼主体适格是对于诉讼标的的特定权利或者法律关系，以当事人的名义参与诉讼，并且请求通过裁判来予以解决的一种资格。本案一、二审均涉及公司合并纠纷诉讼主体是否适格的焦点问题。在一般情况下，合并双方产生纠纷的，公司合并纠纷之诉的原、被告是签订合并协议的各方公司主体。但由于引发公司合并纠纷的事由很多，所产生的相关诉讼的诉讼主体也各不相同，其中：(1) 如果对作出合并的股东（大）会决议有异议的，则股东、董事、监事等可以就公司的合并决议提起确认决议不成立或者无效之诉，此时股东、董事、监事是原告，公司是被告，目标公司等利害关系人可列为第三人；(2) 如果认为股东（大）会决议可撤销，则是起诉时具备公司股东资格的股东是原告，公司是被告，目标公司等利害关系人可列为第三人；(3) 如果是公司债权人基于债务清偿提起诉讼，则原告是债权人，被告可能是合并前的公司，也可能是合并后概括承受债务的新公司；(4) 如果债权人基于债务未公告、未被清偿，也未提供担保提起诉讼，请求确认合并无效的，则债权人是原告，合并各方是被告；(5) 股东因不服公司分立，可请求公司回

---

[7] 参见陈运雄：《论公司合并的基本原则》，载《求索》1999 年第 1 期。

购其股份，股东是原告，公司是被告。

2. 关于公司合并纠纷案件的管辖法院问题

公司合并中依合并协议起诉的，则合并协议有约定的，依据合并协议的约定确定管辖；无约定的，由公司住所地人民法院管辖。根据《民事诉讼法司法解释》第二十二条规定："因股东名册记载、请求公司变更登记、股东知情权、公司决议、公司合并、公司分立、公司减资、公司增资等纠纷提起的诉讼，依照民事诉讼法第二十六条规定确定管辖。"而《民事诉讼法》第二十六条规定："因公司设立、确认股东资格、分配利润、解散等纠纷提起的诉讼，由公司住所地人民法院管辖。"

（四）相关法条及司法解释

《中华人民共和国公司法》

第三十条　【出资不足的补充】有限责任公司成立后，发现作为设立公司出资的非货币财产的实际价额显著低于公司章程所定价额的，应当由交付该出资的股东补足其差额；公司设立时的其他股东承担连带责任。

第一百七十四条　【公司合并债权债务的承继】公司合并时，合并各方的债权、债务，应当由合并后存续的公司或者新设的公司承继。

《中华人民共和国合同法》

第八条　【依合同履行义务原则】依法成立的合同，对当事人具有法律约束力。当事人应当按照约定履行自己的义务，不得擅自变更或者解除合同。

依法成立的合同，受法律保护。

《最高人民法院关于适用〈中华人民共和国公司法〉若干问题的规定（三）》

第十三条　股东未履行或者未全面履行出资义务，公司或者其他股东请求其向公司依法全面履行出资义务的，人民法院应予支持。

公司债权人请求未履行或者未全面履行出资义务的股东在未出资本息范围内对公司债务不能清偿的部分承担补充赔偿责任的，人民法院应予支持；未履行或者未全面履行出资义务的股东已经承担上述责任，其他债权人提出相同请求的，人民法院不予支持。

股东在公司设立时未履行或者未全面履行出资义务，依照本条第一款或者第二款提起诉讼的原告，请求公司的发起人与被告股东承担连带责任的，人民法院应予支持；公司的发起人承担责任后，可以向被告股东追偿。

股东在公司增资时未履行或者未全面履行出资义务,依照本条第一款或者第二款提起诉讼的原告,请求未尽公司法第一百四十七条第一款规定的义务而使出资未缴足的董事、高级管理人员承担相应责任的,人民法院应予支持;董事、高级管理人员承担责任后,可以向被告股东追偿。

第十八章 公司分立纠纷

一、公司分立纠纷概述

随着社会经济的发展,近年来,公司分立行为及因此产生的纠纷数量激增,公司作为营利性社会组织,其存续运营的首要目标即在于追求利益最大化,任何重大经营决策的作出亦必须以此为根本取向。同时,公司又是多元利益的载体,股东、董事、债权人及职工等主要参与者之间,由于经济地位不同所导致诉求的分离,利益冲突也就在所难免。[1]

公司分立,又称为公司分离、公司拆分,有学者将其概括为"一家公司不经过清算程序,分设为两家以上公司的法律行为"[2]。企业发展过程中,为使自有资产能够获得有效的利用,优化资源配置,往往需要通过企业分立方式,将原有企业分立成两个独立的企业法人,并相应分配、划转相关资产和业务,以求实现专业化经营。公司分立的形式有存续分立与解散分立两种,存续分立指一个公司分出一个或者一个以上新公司,原公司存续。解散分立指一个公司分为两个或者两个以上新公司,原公司解散。

公司分立属于公司的重大法律行为,必须严格依照法律规定的程序进行。

1. 公司董事会制定公司分立方案

在公司分立方案中,应当对分立原因、目的、分立后各公司的地位、分立后公司章程及其他相关问题作出安排。

2. 公司股东会通过分立方案的决议

依据《公司法》相关规定,公司分立属于重大事项,应当由股东会作出特

---

[1] 参见车传波:《公司分立法律问题探讨》,载《东岳论丛》2010年11期。
[2] 参见刘俊海:《现代公司法》,法律出版社2011年版。

别决议。对于有限责任公司分立，应由股东会作出公司分立的决议，且必须经代表三分之二以上表决权的股东通过；对于股份有限公司，应由股东大会作出公司分立的决议，且必须经出席会议的股东所持表决权的三分之二以上通过。

3. 申请主管部门批准程序

法律、行政法规或国务院规定要求分立必须报经批准的，需取得批准。如国有独资企业的分立需国资委批准；重要的国有独资企业分立需国资委审核，本级政府批准。外资或境外的，需商务部批准。上市公司的，需证监会批准。

4. 签订分立协议

公司分立，涉及多方当事人的利益，如分立前公司的股东、公司债权人、债务人，还涉及公司资产的分割、债权债务清理等。为避免争议，有关各方应订立分立协议。分立协议的内容应包括：（1）分立协议各方拟定的名称、住所、法定代表人；（2）分立后公司的投资总额和注册资本；（3）分立形式；（4）分立协议各方对拟分立公司财产的分割方案；（5）分立协议各方对拟分立公司债权、债务的承继方案；（6）职工安置方法；（7）违约责任；（8）解决争议的方式；（9）签约日期、地点；（10）分立协议各方认为需要规定的其他事项。

5. 编制资产负债表和财产清单

确定分立基准日，对公司现有资产进行审计，编制财产负债表和财产清单，以清资核产。

6. 通知债权人和公告

根据我国《公司法》相关规定，公司应当自作出分立决议之日起10日内通知债权人，并于30日内在报纸上公告。公司分立前的债务由分立后的公司承担连带责任。但是，公司在分立前与债权人就债务清偿达成的书面协议另有约定的除外。

7. 实施分立财产的转移

通知债权人并完成公司债权人保护程序后，分立的公司可以进行资产分割和财产移转。

8. 依法办理工商登记手续

因分立而存续的公司，其登记事项发生变化的，应当申请变更登记；因分立而解散的公司，应当申请注销登记；因分立而新设立的公司，应当申请设立登记。因公司分立申请办理公司登记，自公告刊登之日起45日后，申请人可以同时申请办理公司注销、设立或者变更登记。应提交分立决议、协议或者决定以及公司在报纸上登载公司分立公告的有关证明和债务清偿或者债务担保情况的说明等。

关于公司分立后的责任承担，我国《公司法》第一百七十六条规定："公司分立前的债务由分立后的公司承担连带责任。但是，公司在分立前与债权人就债务清偿达成的书面协议另有约定的除外。"由此可知，对公司分立债务的归属有以下两种：（1）公司与债权人没有特别约定，债务由分立后的公司承担连带责任。在解散分立中，原公司的财产按照各个新成立的公司的性质、宗旨、业务范围进行重新分配组合。同时原公司解散，债权、债务由新设立的公司分别承受。在存续分立中，原公司继续存在，原公司的债权债务可由原公司与新公司分别承担，也可按协议由原公司独立承担。（2）公司与债权人有债务归属约定，在分立前债权人得知公司即将分离后，可以与公司就债务承担达成协议，约定债务由其中一家公司偿还或者其他偿还方式。

二、公司分立纠纷应从合法性、正当性中确定适格主体

公司分立将会引起分立前公司主体和权利义务的变更，为了保护各方主体利益，分立行为必须严格依照公司法所规定的条件和程序来进行。

（一）典型案例

> 呼和浩特市宇翔出租汽车有限责任公司与内蒙古翔宇房地产开发集团有限公司、史全生公司分立纠纷再审纠纷[3]

【关键词】公司分立　按出资比例分割原则

|基本案情| 再审申请人（一审被告、二审上诉人）：呼和浩特市宇翔出租汽车有限责任公司；再审申请人（一审被告、二审上诉人）：内蒙古翔宇房地产开发集团有限公司；被申请人（一审原告、二审上诉人）：史全生。

再审申请人呼和浩特市宇翔出租汽车有限责任公司（以下简称宇翔出租汽车公司）、内蒙古翔宇房地产开发集团有限公司（以下简称翔宇房地产公司）因与被申请人史全生公司分立纠纷一案，不服呼和浩特市中级人民法院（2016）

---

[3] 再审：内蒙古自治区高级人民法院（2017）内民申86号。

内 01 民终 802 号民事判决，向内蒙古自治区高级人民法院申请再审。该院依法组成合议庭进行了审查，现已审查终结。

2007 年 4 月 6 日，翔宇房地产公司与史全生合资组建了宇翔出租汽车公司，其中史全生的出资比例为股东出资总额的 33.3%，翔宇房地产公司的出资比例为股东出资总额的 66.7%，以上各方就宇翔出租汽车公司分立事宜已达成《存续分立协议书》，并约定：（1）根据持股比例，将宇翔出租汽车公司所经营的 300 辆客运出租汽车中的 100 辆分离出来，由史全生另行注册成立新公司，独立经营。在新公司成立 10 日内将 100 辆出租车、保证金及相关材料一并交付给史全生；（2）宇翔出租汽车公司进行分立前的审计和清算，清算起止时间从 2007 年 4 月 11 日至上述 100 辆出租车正式移交到新公司止；（3）宇翔出租汽车公司依照审计结果按照出资比例支付史全生应得的收益。翔宇房地产公司和史全生对审计结果签字确认后 15 日内向史全生支付款项。

2012 年 11 月 25 日，对宇翔出租汽车公司进行了审计。三方达成《和解协议》约定：（1）三方均同意按照审计报告给付史全生 14587027 元，此外再行给付史全生 160 万元，以上共计给付史全生 16187027 元；（2）本和解协议订立之日起 5 日内，先期给付史全生 500 万元，其余款项在 2013 年 1 月 21 日前付清，否则史全生有权要求按银行同期贷款利率四倍支付违约金；（3）宇翔出租汽车公司、翔宇房地产公司应将 2012 年 11 月、12 月经营出租车所取得的收益（即份子钱）据实交付史全生，史全生交付管理费 5 万元。该款应于 2012 年 12 月 31 日前付清；（4）办理 100 辆出租车的过户费由史全生承担。上述协议达成后的实际履行情况：2012 年 12 月 25 日宇翔出租汽车公司给付（转出）史全生注册资本金 333 万元。同日给付史全生承包车辆押金 167 万元。2013 年 1 月 21 日宇翔出租汽车公司给付史全生出租车司机承包车辆押金 2119500 元。2013 年 1 月 21 日、2 月 4 日、3 月 8 日宇翔出租汽车公司分别给付史全生利润分配款 1715500 元、200 万元、1067329 元。2012 年 12 月 22 日史全生收到 100 份车辆登记证书。上述 100 辆车的价值为 684243 元（史全生分得 100 辆车的余值 374743.12 元＋经营权余值 312500 元），随车转让的应收债权（即分出的 100 辆车欠付的承包费）为 359860 元。2013 年 1 月 21 日宇翔出租汽车公司、翔宇房地产公司给付史全生 11 月、12 月承包费 116.5 万元（已扣减 5 万元管理服务费）。

一审法院认为：（1）《存续分立协议书》《和解协议》中确立的公司分立和财产分割原则均按照股东的出资比例分配，符合双方协议的相关条款及交易习惯。(2) 宇翔出租汽车公司的总资产按出资比例应分给史全生14587027元，该款项包括约定的实物、有关联的应收债权、负债和待摊费用等项目，其余款项应为现金。(3) 宇翔出租汽车公司、翔宇房地产公司尚欠史全生的未付款项为2909770元。(4) 史全生提出补充审计的申请，没有法律依据，不予准许。(5) 史全生要求宇翔出租汽车公司、翔宇房地产公司支付违约金的诉讼请求，合理部分，该院予以支持。(6) 交付财产主体应该是被分立的公司，由于当事人在《存续分立协议书》中约定给付分立财产的主体是宇翔出租汽车公司和翔宇房地产公司，故该院尊重当事人的约定，判决宇翔出租汽车公司与翔宇房地产公司承担义务。

| 裁判结果 | 一审判决：(1) 内蒙古翔宇房地产开发集团有限公司、呼和浩特市宇翔出租汽车有限责任公司于判决生效后十日内给付史全生欠付公司分立款2909770元；(2) 内蒙古翔宇房地产开发集团有限公司、呼和浩特市宇翔出租汽车有限责任公司于判决生效后十日内按约定给付史全生违约金1756752元，至实际付清之日止；(3) 驳回史全生的其他诉讼请求。

史全生、宇翔出租汽车公司、翔宇房地产公司均不服一审法院判决，分别提起上诉。再审裁定：驳回呼和浩特市宇翔出租汽车有限责任公司、内蒙古翔宇房地产开发集团有限公司的再审申请。二审判决：(1) 维持呼和浩特市新城区人民法院（2015）新商初字第00011号民事判决主文第三项即"驳回史全生的其他诉讼请求"；(2) 变更呼和浩特市新城区人民法院（2015）新商初字第00011号民事判决主文第一项为"内蒙古翔宇房地产开发集团有限公司、呼和浩特市宇翔出租汽车有限责任公司于判决生效后十日内给付史全生欠付公司分立款2910870元"；(3) 变更呼和浩特市新城区人民法院（2015）新商初字第00011号民事判决主文第一项为"内蒙古翔宇房地产开发集团有限公司、呼和浩特市宇翔出租汽车有限责任公司于判决生效后十日内按约定给付史全生违约金1757399元，并以2910870元为基数，从2015年5月1日起至付清款之日止，按照中国人民银行同期贷款利率的四倍计算至实际付清款之日止"。本判决为终审判决。

| 裁判理由 | 二审法院认为，本案系公司分立纠纷，史全生与翔宇房地产公司系宇翔出租汽车公司的股东，三方就宇翔出租汽车公司分立已达成《存续分立协议书》，后又达成《和解协议书》，因此该两份协议书并不是孤立的，而是相互联系、相互补充的，均是确定本案双方当事人权利义务的依据。(1) 根据公司分立的一般规则，即如无特别约定，则原公司股东应按照股权份额对公

司资产及债务进行分割，此种分割方式更符合公平原则。本案中，史全生与翔宇房地产公司对于宇翔出租汽车公司分立所确定的资产分割的基本原则就是除双方在两份协议书中特别约定的事项以外，其余均按照各自在宇翔出租汽车公司出资比例进行分配。现两份协议书中均没有明确约定出租车的价值不计入宇翔出租汽车公司的资产总额，而审计报告中宇翔出租汽车公司的资产总额中也包括了300辆出租汽车的价值，因此分配给史全生的100辆出租汽车的价值应当包含在翔宇房地产公司应当向史全生支付的14587027元中，此种分配方式既符合双方约定，又不违背公平原则。(2) 宇翔出租汽车公司出具证据证明宇翔出租汽车公司代史全生向税务机关缴纳1565585.16元个人所得税，并主张该笔款项应从宇翔出租汽车公司及翔宇房地产公司应付史全生的款项中扣除，该主张属于抵销权的范畴，但是抵销权的行使条件是双方互付到期债务，而本案中史全生对于宇翔出租汽车公司代其缴纳个人所得税的合理性及合法性均不认可，也即宇翔出租汽车公司所主张的其对史全生的债权尚存争议，故该笔款项不符合抵销权行使的条件，法院不予支持。宇翔出租汽车公司因此与史全生之间所形成的债权债务关系其可另案主张。(3) 宇翔出租汽车公司所主张的部分负债，包括员工工资、企业所得税金，以及其他应付款项中史全生工资、包车押金等，在《审计报告》中均已包含，而《和解协议书》系在《审计报告》作出之后达成的，《和解协议书》中并未约定史全生按照出资比例承担宇翔出租汽车公司该部分负债，且《存续分立协议书》中也约定分配给史全生的100辆出租汽车在转由史全生新成立的公司独立经营前产生的债权债务由宇翔出租汽车公司承担，因此宇翔出租汽车公司的这一主张不能成立，法院不予支持。(4) 关于2012年11月、12月所发生的营业税、附加税、10月利润应缴纳的所得税以及司机的社保费，双方在签订《和解协议书》时上述费用已经发生或者是应当预见的，但是双方并未进行约定，因此宇翔出租汽车公司及翔宇房地产公司主张从应付史全生款项中扣减上述各项费用缺乏合同依据，法院不予支持。(5) 一审法院根据双方达成的《存续分立协议书》及《和解协议书》对于宇翔出租汽车公司及翔宇房地产公司应向史全生支付的款项、数额进行了核对，一审认定宇翔出租汽车公司与翔宇房地产公司向史全生应付全部款项为17352027元，双方对此无异议，法院予以确认；一审认定已付款总额为14442257.42元系计算错误，实际应为14441157.42元，法院予以更正。故，宇翔出租汽车公司、翔宇房地产公司尚欠史全生的未付款项为2910870元。根据《和解协议书》的约定，史全生有权要求按照银行同期贷款利率的四倍支付违约金，不违反法律规定，法院予以支持。截至 2015 年 4 月 30 日共计应付违约金 1757399 元。

宇翔出租汽车公司、翔宇房地产公司申请再审。再审法院经审查认为，本案系公司分立纠纷。本案中，双方所达成的《存续分立协议书》《和解协议书》中相关条款均反映了按照各自出资比例对宇翔出租汽车公司资产进行分割的意思表示。二审法院裁判对事实的认定、证据的采信、各项数据的计算均无不当。

（二）裁判旨要

根据公司分立的一般规则，即如无特别约定，则原公司股东应按照股权份额对公司资产及债务进行分割，此种分割方式更符合公平原则。本案中史全生与翔宇房地产公司在宇翔出租汽车公司的出资比例同时也是各自的股权份额，而就公司分立事宜所达成的相关协议书中均反映了按照各自出资比例对公司资产进行分割的意思表示，此种分配方式既符合双方约定，又不违背公平原则。

（三）律师评析

1. 关于公司分立的形式问题

公司分立是公司变更的常见形式之一，是法律认可的一种简化程序，公司在无须实体灭失的情况下实现分立。公司分立可以采取两种形式，存续分立与解散分立。公司的分立不是公司的完全解散，无论是存续分立还是解散分立，均无须经过清算程序而实现在原公司基础上成立两个或两个以上公司。公司分立是法律认可的一种简化程序，公司在无须实体灭失的情况下实现分立，因此，公司分立是公司组织法定变更的特殊形式。本案中，宇翔出租汽车公司将部分公司财产分离出来，由史全生另行注册成立新公司，独立经营，同时，原宇翔出租汽车公司仍然存续，属于典型的公司分立形式中的存续分立。

2. 关于本案争议焦点中抵销权问题

债的抵销指互负债务时，各以其债权充当债务的清偿而使其债务与对方的债务在同等数额内互相抵销。债权债务抵销的要件包括：（1）抵销人与被抵销人之间互负债务、互相债权；（2）抵销的债务必须是同种类的给付，用以抵销的通常是同种类的货币或者实物；（3）必须双方债务均已届清偿期；（4）双方适用抵销的债务是能抵销的债务。本案中，宇翔出租汽车公司主张代史全生向税务机关缴纳1565585.16元个人所得税，该笔费用应从宇翔出租汽车公司及翔宇房地产公司应付史全生的款项中扣除。而史全生对于其代缴纳个人所得税的合理性及合法性均不认可，因此，宇翔出租汽车公司的主张并不符合上述关于抵销人与被抵销人之间互负债务、互相债权，双方债务均已届清偿期的相关要件及抵销权行使的条件，不能直接在本案中予以抵消。

3. 关于公司分立纠纷案件的管辖法院问题

公司分立协议对管辖有约定的，依据分立协议的约定确定管辖；无约定的，由公司住所地人民法院管辖。根据《民事诉讼法司法解释》第二十二条规定："因股东名册记载、请求公司变更登记、股东知情权、公司决议、公司合并、公司分立、公司减资、公司增资等纠纷提起的诉讼，依照民事诉讼法第二十六条规定确定管辖。"而《民事诉讼法》第二十六条规定："因公司设立、确认股东资格、分配利润、解散等纠纷提起的诉讼，由公司住所地人民法院管辖。"

4. 在公司分立后债务如何承担的问题。

公司分立属于公司法人的变更，并不意味着分立前的公司与债权人之间的债权、债务关系消灭。公司分立将减少分立公司的财产，因此，除非分立公司债权人对债务承担有特别约定，否则分立公司的债务由分立后的主体共同承担。公司在分立前必须通知和公告债权人，不过这种通知和公告，只是对债权人的一个警示，债权人并不因此享有类似合并时的异议权，不能要求公司提前清偿或者提供相应担保。[4]

（四）相关法条及司法解释

《中华人民共和国民法总则》

第六十七条 【法人合并、分立后的权利义务享有和承担】法人合并的，其权利和义务由合并后的法人享有和承担。

法人分立的，其权利和义务由分立后的法人享有连带债权，承担连带债务，但是债权人和债务人另有约定的除外。

《中华人民共和国公司法》

第四十三条 【股东会的议事方式和表决程序】股东会的议事方式和表决程序，除本法有规定的外，由公司章程规定。

---

[4] 参见彭冰：《论公司分立行为的界定》，载《证券法苑》2019年第3期。

股东会会议作出修改公司章程、增加或者减少注册资本的决议,以及公司合并、分立、解散或者变更公司形式的决议,必须经代表三分之二以上表决权的股东通过。

第一百零三条 【股东表决权】股东出席股东大会会议,所持每一股份有一表决权。但是,公司持有的本公司股份没有表决权。

股东大会作出决议,必须经出席会议的股东所持表决权过半数通过。但是,股东大会作出修改公司章程、增加或者减少注册资本的决议,以及公司合并、分立、解散或者变更公司形式的决议,必须经出席会议的股东所持表决权的三分之二以上通过。

第一百七十五条 【公司的分立】公司分立,其财产作相应的分割。

公司分立,应当编制资产负债表及财产清单。公司应当自作出分立决议之日起十日内通知债权人,并于三十日内在报纸上公告。

《最高人民法院关于审理与企业改制相关的民事纠案件若干问题的规定》

第十二条 债权人向分立后的企业主张债权,企业分立时对原企业的债务承担有约定,并经债权人认可的,按照当事人的约定处理;企业分立时对原企业债务承担没有约定或者约定不明,或者虽然有约定但债权人不予认可的,分立后的企业应当承担连带责任。

第十三条 分立的企业在承担连带责任后,各分立的企业间对原企业债务承担有约定的,按照约定处理;没有约定或者约定不明的,根据企业分立时的资产比例分担。

《中华人民共和国公司登记管理条例》

第三十八条 因合并、分立而存续的公司,其登记事项发生变化的,应当申请变更登记;因合并、分立而解散的公司,应当申请注销登记;因合并、分立而新设立的公司,应当申请设立登记。

公司合并、分立的,应当自公告之日起45日后申请登记,提交合并协议和合并、分立决议或者决定以及公司在报纸上登载公司合并、分立公告的有关证明和债务清偿或者债务担保情况的说明。法律、行政法规或者国务院决定规定公司合并、分立必须报经批准的,还应当提交有关批准文件。

《最高人民法院关于适用〈中华人民共和国民事诉讼法〉的解释》

第三百九十五条 当事人主张的再审事由成立,且符合民事诉讼法和本解释规定的申请再审条件的,人民法院应当裁定再审。

当事人主张的再审事由不成立,或者当事人申请再审超过法定申请再审期限、超出法定再审事由范围等不符合民事诉讼法和本解释规定的申请再审条件的,人民法院应当裁定驳回再审申请。

三、分立前公司单方决定分立即可生效

公司分立是指根据分立前公司的单方意思表示即可生效的商事行为。

(一) 典型案例

☞ 山东高青华盛商贸有限公司、闫佃良与高青华盛商场有限公司、闫佃东公司分立纠纷二审[5]

【关键词】公司分立 协议无效 财产返还

|基本案情| 上诉人(原审原告):山东高青华盛商贸有限公司;上诉人(原审原告):闫佃良;被上诉人(原审被告):高青华盛商场有限公司;被上诉人(原审被告):闫佃东;原审第三人:闫镇(闫佃良之子);原审第三人:闫鹏(闫佃东之子)。

山东高青华盛商贸有限公司(以下简称华盛商贸公司)、闫佃良因与高青华盛商场有限公司(以下简称华盛商场公司)、闫佃东、闫镇、闫鹏公司分立纠纷一案,现已审理终结。

闫佃良是闫佃东的哥哥,其父闫维义(2003年7月去世),其母位希凤。兄弟二人于1989年第一次分家,半年后又合在一起生活,2010年第二次分家。

华盛商贸公司于1999年4月22日经高青县工商行政管理局登记设立,登记出资人为闫佃良、张爱民(亲戚),出资50万元,其中闫佃良出资37万元(货币资金32万元、实物出资5万元),张爱民出资13万元,法定代表人为闫佃良,2008年3月4日,华盛商贸公司股东变更为闫佃良、闫佃东,张爱民将股权转让给闫佃东,变更注册资本为500万元,其中闫佃良出资287万元,闫佃东出资213万元。张爱民在案件审理过程中证明其未实际出资,闫佃良、闫佃东均认可张爱民未实际出资,张爱民是顶名闫佃东出资。闫佃良在案件审理过程中主张在设立登记时其股份为74%、张爱民(闫佃东)为26%,在增资登记时

---

[5] 山东省高级人民法院(2015)鲁商终字第360号。

实为华盛商贸公司出资，工商登记变更是闫佃东私自办理，不符合公司法的规定，闫佃良、闫佃东的股份比例仍为公司设立时的出资比例。

2009年10月22日，闫佃良、闫佃东二人及其母位希凤签订协议书一份，对原地税局土地使用权归闫佃东、高青县油棉厂项目的土地使用权归闫佃良、华盛商场沿中心线分割、华盛商场资金分割、留给母亲300万元养老金、华盛商场经营分成比例为5∶5等作了约定。

2010年1月12日，闫佃良、闫佃东二人签订华盛商贸公司股权转让协议一份，对闫佃东将全部股权转让给闫佃良进行了约定。双方办理了华盛商贸公司的股权变更登记，华盛商贸公司至此变更登记为闫佃良一人公司。

2010年8月2日，经分家小组四人见证，闫佃良、闫佃东二人、母亲位希凤签订分割华盛资产协议，对华盛商场界限分割、原羽绒服品牌经营权划分、华盛商场现有物品分割、债权债务分割、购物卡分割、2010年8月7日21时冻结财务、关闭运营系统、清算债权债务、2010年8月8日各自运营进行了约定。自此，闫佃良、华盛商贸公司在高青县城黄河路61号以"华盛商厦"字号经营，华盛商场公司、闫佃东在高青县城青城路39号以"华盛商场"字号经营。

2012年10月8日，位希凤出具证明一份，内容如下：华盛商贸公司注册资金来源是当时的家庭所有成员共同积累所成，闫维义主持当家，主要家庭成员由闫维义、位希凤、闫佃良、闫佃东、刘纪华、郭秀青6人组成。闫佃东是借张爱民之名与闫佃良共同成立华盛商贸公司，华盛商贸公司实为闫佃良与闫佃东所有。华盛商贸公司至2010年8月7日分家，赚取的利润属于家庭共同财产，其中留300万元归位希凤所有，其余财产是闫佃良、刘纪华、闫佃东、郭秀青同等分配所赚取的利润，部分剩余财产待分配。分家析产和联合开发项目，按照由位希凤委托曹国孝、孙文宝、于卫东、李先堂、张海宗5人成立的分家小组通过调解达成的13份各项协议是各方的真实意思表示，合法有效。上述证明由高青县公证处公证。

原告诉求：（1）确认闫佃良和闫佃东签订的分割华盛商贸公司资产及分立华盛商贸公司成立华盛商场公司的协议无效；（2）判决华盛商场公司、闫佃东返还因分割、分立取得的华盛商贸公司的财产现金及房产共计44820680元；（3）由华盛商场公司、闫佃东承担诉讼费及其他费用。原审审理过程中，华盛商贸公司、闫佃良将第二项诉讼请求的相关财产明确为返还给华盛商贸公司。

一审法院认为：（1）华盛商贸公司并不属于闫佃良、闫佃东二人所有，双方陈述自2010年8月8日华盛商场分割之前，全家共同经营包括华盛商场在内的所有产业，华盛商场的财务、涂料业务的财务和全家生活财务均由其父、其母先后掌管，所以该公司产权在2010年8月8日之前属全家所有。在2010年8月2日协议及之前、之后的相关分割协议中，以闫佃良、闫佃东为首的两兄弟家庭对华盛商贸公司拥有资产的分割是分家小组依据当地习俗对华盛商贸公司产权的分割，双方均签字确认，均属当事人双方的真实意思表示，合法有效。相关协议既属于对华盛商贸公司产权的分割，也属于对全家财产的分割，所以既是公司分立行为，也是家庭析产行为。需要说明的是，对华盛商贸公司产权的分割是对预留其母位希凤300万元养老金、相关家庭成员扶助资金后对闫佃良、闫佃东二人为首的两兄弟家庭之间的平均分割，与两人经工商登记的股份比例不符，但此并不违背公司法的相关规定。因为该公司属家庭所有，闫佃良、闫佃东的股东资格只是显名，公司并不是真正为二人所独自拥有，按照以上分配方法进行的分配是公司内部和家庭内部进行的自愿分配，并无不当；此次公司分立或产权分割并未对华盛商贸公司外部债权人造成权益损害。所以华盛商贸公司、闫佃良请求确认相关分割华盛商贸公司和分立华盛商贸公司成立华盛商场公司的协议无效的主张不能成立，不予支持。（2）对于华盛商贸公司请求返还的相关资产包括现金和3处不动产的主张也不能成立，不予支持。对于闫佃东分配或取得的相关现金，既属华盛商贸公司原有财产，也属家庭原共有财产，但均属相关分割协议中约定分配或追认，上述协议均合法有效，所以华盛商贸公司请求返还无充分理由，不能支持。对于闫佃东及闫鹏所有的3处不动产的原产权，还有对应闫佃良和闫镇的3处不动产，均属全家共同生活期间已经分配给闫佃良、闫佃东、闫镇、闫鹏的个人私产，属于公司所有人（即全家）对华盛商贸公司经营所得的分配；虽然在华盛商贸公司未分割之前的经营中作为公司资产混同使用，但该使用混同并未造成对外债权人权益的损害，即其4人拥有以上不动产产权并未造成华盛商贸公司对债权人权益的损害，所以华盛商贸公司无权要求返还已经分配给闫佃东、闫鹏的3处不动产，对于华盛商贸公司的该项诉讼请求，不予支持。

| 裁判结果 | 一审法院判决：驳回华盛商贸公司、闫佃良的诉讼请求。二审法院判决：驳回上诉，维持原判。

| 裁判理由 | 华盛商贸公司、闫佃良不服原审判决，提起上诉。二审法院经审查认为，本案系公司分立纠纷。本案中，（1）华盛商贸公司系闫氏家庭共同出资设立、共同经营管理。闫佃良提出的其在华盛商贸公司占74%的股权，闫佃东占26%的上诉主张，与事实不符。（2）涉案资产分配协议具有法律约定

效力。闫佃良与闫佃东于 2009 年至 2010 年前后签订多份协议,有的协议有其母亲签字确认,有的协议还经分家小组见证,上述协议既是对华盛商贸公司资产的分配,又是闫氏家庭的分家析产行为,系各方当事人的真实意思表示,内容不违反法律、行政法规的禁止性规定,具有法律约束力。闫佃良虽然主张,涉案资产分配协议属于被胁迫所签,但没有提供充分证据证明,也没有在法定期限内请求予以撤销。闫佃良以此为由主张上述协议无效,不能成立。(3) 华盛商贸公司注册登记的股权比例仅系名义上的股权安排,不能据此确定闫佃良、闫佃东对华盛商贸公司的资产分配比例。闫佃良所主张的上述现金和房产均属于闫氏家庭对华盛商贸公司经营所得的分配,相应的分配行为或者有资产分配协议为依据,或者已经自愿办理产权登记手续,均属于各方当事人的真实意思表示,内容合法有效。因此,闫佃良要求返还的主张缺乏事实和法律依据,不能成立。

(二) 裁判旨要

华盛商贸公司财产系家庭共同出资设立、共同经营管理。闫佃良、张爱民等人仅为名义出资人,注册登记的股权份额也仅为名义上的股权安排。涉案资产分配既是对华盛商贸公司资产的分配,又是闫氏家庭的分家析产行为,系各方当事人的真实意思表示,内容不违反法律、行政法规的禁止性规定,具有法律约束力。

(三) 律师评析

1. 公司分立无效只能通过司法途径确认

公司分立无效之诉乃确认之诉,法院作出的无效判决没有给付内容,不具有执行性。但是对于少数股东而言,更实际的利益在于得到相应的物质赔偿。因此,法院判决分立无效后,少数股东往往就此次有瑕疵之分立所遭受的损失对控股股东、董事、监事以及高级管理人员等提起给付之诉,要求相关责任人赔偿损失——此处的损失既可指公司的损失也可指股东个人的损失。[6] 公司分立是否有效一般只能通过诉讼途径来主张,根据司法实践,公司分立是否有效

---

[6] 参见刘文、张照涓:《公司分立中少数股东权利救济之探讨》,载《中国商法年刊》2006 年。

的原因主要体现在有关公司分立的过程是否违反法律规定程序,有关决议是否存在瑕疵,股份比率分派的是否公正等。有权提起分立无效之诉的主体,一般包括股东、董事、监事、清算人以及破产管理人,对此实务界和理论界观点较为一致。[7] 而分立无效之诉的被告,鉴于公司分立生效以后,有些公司已灭失,因此,被告是分立后新设的公司或存续的公司。本案,原告诉请法院确认闫佃良和闫佃东签订的分割华盛商贸公司资产及分立华盛商贸公司成立华盛商场公司的协议无效,但因华盛商贸公司并不属于闫佃良、闫佃东二人所有,而是属于家庭共同出资所有,家庭成员对分家析产已达成一致协商意见并签订协议,相关协议既是对华盛商贸公司产权的分割,也是对全家财产的分割,既是公司分立行为,也是家庭析产行为。所以华盛商贸公司、闫佃良请求确认相关分割华盛商贸公司和分立华盛商贸公司成立华盛商场公司的协议无效的主张法院未能予以支持。

2. 公司分立时的债权人保护措施

有的公司为了达到逃避债务的目的,往往将公司中经营较好的部分单独分出来,成立一个新的公司;或将公司的资产转移到新设的公司,由只剩下一个空壳的公司承担债务。这种做法严重损害了债权人的合法权益,危害社会的经济秩序。[8] 近年来修订的《公司法》简化了公告程序并取消了债权人异议制度。直至目前,我国《公司法》仅设有信息公开规定和连带责任制度,但仅靠这两项制度很难全面地保护公司分立中的债权人利益。如何保护债权人的利益,成为公司分立制度中最重要的问题之一。在司法实践中,公司分立时的债权人可以从如下方面积极采取措施保障自己的权益:(1) 债务人公司分立的,债权人应及时核实与债务人公司签署的相关合同,确定是否作了特别约定,如有约定的则应按照相关约定进行处理;如无特殊约定,则由分立后的公司承担连带责任,但是为保全面障债权人合法权益,建议补充签订书面确认文件。(2) 债权人应及时核实债务是否设有担保,如果设有抵押担保,则需要查看抵押担保是否会受到公司分立的影响。同时核实与债务人签订的相关合同,确定是否对此做出了特别约定,如有约定,则应当按照相关约定进行处理。如无特

---

[7] 参见刘凯湘:《公司分立程序与效力研究》,载赵旭东主编《公司法评论》第3辑,人民法院出版社2005年版;苏三永:《公司分立制度研究》(中国政法大学博士论文),载全文期刊网优秀硕博论文库,http://e33.enki.net/kns50/classical/singledbindex.aspx? ID=2。

[8] 参见石少侠主编:《公司法教程(修订本)》中国政法大学出版社1999年版。

殊约定，则根据具体情况采取措施，严格把控公司分立可能对抵押物带来的风险。如果设有保证担保的，在公司分立时，应当针对公司分立后债务承担问题，另行取得保证人的书面同意文件。（3）公司分立后会引起公司注册资本变化，建议债权人关注债务人公司分立的进展情况，并及时获取分立后相关主体的营业执照复印件等资料，保护自己的合法权益。本案中华盛商贸公司系以家庭为单位共同投资、共同经营、共同管理、共享收益，公司分立涉及的资产分配也是基于家庭成员内部协商的分家析产行为，只要达成协议各方是真实意思表示，不损害其他债权人的权益，其行为就具有法律约束力。

3. 公司分立应当注意的法律风险

结合实践，公司分立时，还应重点注意如下方面的法律风险：（1）审核企业分立协议及相关配套协议是否符合法律法规的要求；（2）企业分立是否及时办理公告，并按规定的时间书面通知债权人；（3）分立企业和被分立企业注册资本是否符合法律法规的要求；（4）资产处置的相关文件、条款约定是否明确，是否及时办理资产的所有权转移手续；（5）企业分立税务处理是否按相关财税政策执行完毕；（6）是否及时到工商等相关部门办理变更登记。

（四）相关法条及司法解释

《中华人民共和国公司法》

第三十七条　【股东会职权】股东会行使下列职权：

（一）决定公司的经营方针和投资计划；

（二）选举和更换非由职工代表担任的董事、监事，决定有关董事、监事的报酬事项；

（三）审议批准董事会的报告；

（四）审议批准监事会或者监事的报告；

（五）审议批准公司的年度财务预算方案、决算方案；

（六）审议批准公司的利润分配方案和弥补亏损方案；

（七）对公司增加或者减少注册资本作出决议；

（八）对发行公司债券作出决议；

（九）对公司合并、分立、解散、清算或者变更公司形式作出决议；

（十）修改公司章程；

（十一）公司章程规定的其他职权。

对前款所列事项股东以书面形式一致表示同意的，可以不召开股东会会议，直接作出决定，并由全体股东在决定文件上签名、盖章。

第九十九条 【股东会的职权】本法第三十七条第一款关于有限责任公司股东会职权的规定，适用于股份有限公司股东大会。

第一百七十五条 【公司的分立】公司分立，其财产作相应的分割。

公司分立，应当编制资产负债表及财产清单。公司应当自作出分立决议之日起十日内通知债权人，并于三十日内在报纸上公告。

第一百七十六条 【公司分立前的债务承担】公司分立前的债务由分立后的公司承担连带责任。但是，公司在分立前与债权人就债务清偿达成的书面协议另有约定的除外。

第十九章 公司增资、减资纠纷

一、公司增资纠纷、公司减资纠纷概述

在商业活动中，基于筹集资金、扩大经营的目的，许多公司普遍存在吸引外来投资、增加公司资本的行为。增资一方面使得公司实力得到增强，另一方面直接或间接的影响现有股东的利益。增资必然会调整公司现有的股权结构，使得公司股东增加，原有的股东所占股权比例或受到稀释，新股东与原股东由此常常引发利益之争。公司增资纠纷就是指公司在增加注册资本过程中因增资行为引起的民事纠纷。公司减资纠纷则是指公司减少注册资本的行为违反法定程序和条件，损害了公司股东或债权人利益而引发的民事纠纷。

《民事案件案由规定》第一级案由第八部分是"与公司、证券、保险、票据等有关的民事纠纷"，其下的二级案由之二十一是"与公司有关的纠纷"，该二级案由下的第三级案由为"261、公司减资纠纷，262、公司增资纠纷"。

公司增资有利于保障债权人的利益和维护交易安全，因此世界各国在立法上通常较少对增资条件和增资程序做出限制。实务中，新股东和原股东引发的增资纠纷，往往围绕着股东会决议、增资协议或入股协议的效力问题，以及损失责任的承担主体问题。相比而言，我国的《公司法》对公司的减资行为规定了更为严格的条件和程序。从公司法的角度看，不论是对初始出资的现金补偿，还是退出时的股份回购，它都意味着公司向股东无对价地支付了财产。[1] 公司注册资本金既是公司股东承担有限责任的依据，亦是公司债权人跟公司进行交易的基础，从保障公司债权人利益的角度出发，股东负有按照公司章程切实履

---

[1] 刘燕：《对赌协议与公司法资本管制：美国实践及其启示》，载《环球法律评论》2016年第3期。

行全面出资的义务，同时负有保持公司注册资本充实的法定责任。而公司减资涉及对公司资产的处分，与债权人的利益密切关联。因减资导致公司责任财产严重减损并危及债权人利益，成为引发减资纠纷的重要原因。在公司的责任财产仍不能清偿债务时，司法裁判一般会基于保护债权人的立场，要求股东在减资范围内对公司债务不能清偿部分承担补充赔偿责任，债权人获得了对股东的追偿权[2]。随着《公司法》修订及相关司法解释的出台，关于公司减资过程中债权人权益的保护问题应当成为更多法律人关注的焦点，亦有必要进一步研究总结。

二、增资协议的法律效力应结合不同因素来作出具体认定

增资协议法律效力的认定标准在司法实践中还存有一定争议，不同地区、不同层级的法院依据的标准不同，导致其作出了不同的裁判结论。在苏州工业园区海富投资有限公司诉甘肃世恒有色资源再利用有限公司、香港迪亚有限公司、陆波增资纠纷一案中，我们可以清晰地看到三级法院分别作出了不同的裁决，并且在当年引发学界的巨大争议，这对我们未来厘清案件事实及争议焦点、正确适用法律具有很好的借鉴价值。

（一）典型案例

☞ **苏州工业园区海富投资有限公司诉甘肃世恒有色资源再利用有限公司、香港迪亚有限公司、陆波增资纠纷案**[3]

【关键词】公司增资　补偿责任

|基本案情| 再审申请人（一审被告、二审被上诉人）：甘肃世恒有色资源再利用有限公司；再审申请人（一审被告、二审被上诉人）：香港迪亚有限公司；被申请人（一审原告、二审上诉人）：苏州工业园区海富投资有限公司；二审被上诉人（一审被告）：陆波。

2007年11月1日前，甘肃众星锌业有限公司（以下简称众星公司）、海富公司、迪亚公司、陆波共同签订一份《甘肃众星锌业有限公司增资协议书》（以

---

[2] 薛波：《公司减资违反通知义务时股东的赔偿责任——〈最高人民法院公报〉载"德力西案"评释》，载《北方法学》2019年第3期。
[3] 再审（2012）民提字第11号。

下简称《增资协议书》),约定:众星公司注册资本为384万美元,迪亚公司占投资的100%。各方同意海富公司以现金2000万元人民币对众星公司进行增资,占众星公司增资后注册资本的3.85%,迪亚公司占96.15%。依据协议内容,迪亚公司与海富公司签订合营企业合同及修订公司章程,并于合营企业合同及修订后的章程批准之日起10日内一次性将认缴的增资款汇入众星公司指定的账户。合营企业合同及修订后的章程,在报经政府主管部门批准后生效。海富公司在履行出资义务时,陆波承诺于2007年12月31日之前将四川省峨边县五渡牛岗铅锌矿过户至众星公司名下。协议第七条"特别约定"第一项:本协议签订后,众星公司应尽快成立"公司改制上市工作小组",着手筹备安排公司改制上市的前期准备工作,工作小组成员由股东代表和主要经营管理人员组成。协议各方应在条件具备时将公司改组成规范的股份有限公司,并争取在境内证券交易所发行上市。第二项"业绩目标"约定:众星公司2008年净利润不低于3000万元人民币。如果众星公司2008年实际净利润完不成3000万元,海富公司有权要求众星公司予以补偿,如果众星公司未能履行补偿义务,海富公司有权要求迪亚公司履行补偿义务。补偿金额=(1-2008年实际净利润/3000万元)×本次投资金额。第四项"股权回购"约定:如果至2010年10月20日,由于众星公司的原因造成无法完成上市,则海富公司有权在任一时刻要求迪亚公司回购届时海富公司持有之众星公司的全部股权,迪亚公司应自收到海富公司书面通知之日起180日内按以下约定回购金额向海富公司一次性支付全部价款。若自2008年1月1日起,众星公司的净资产年化收益率超过10%,则迪亚公司回购金额为海富公司所持众星公司股份对应的所有者权益账面价值;若自2008年1月1日起,众星公司的净资产年化收益率低于10%,则迪亚公司回购金额为(海富公司的原始投资金额-补偿金额)×(1+10%×投资天数/360)。

2007年11月1日,海富公司、迪亚公司签订《中外合资经营甘肃众星锌业有限公司合同》(以下简称《合资经营合同》),有关约定为:众星公司增资扩股将注册资本增加至399.38万美元,海富公司决定受让部分股权,将众星公司由外资企业变更为中外合资经营企业。在合资公司的设立部分约定:合资各方以其各自认缴的合资公司注册资本出资额或者提供的合资条件为限对合资公司承担责任。海富公司出资15.38万美元,占注册资本的3.85%;迪亚公司出资384万美元,占注册资本的96.15%。海富公司应于本合同生效后10日内一次性向合资公司缴付人民币2000万元,超过其认缴的合资公司注册资本的部分,计入合资公司资本公积金。在第六十八条、第六十九条关于合资公司利润分配部分约定：合资公司依法缴纳所得税和提取各项基金后的利润，按合资方各持股比例进行分配。合资公司上一个会计年度亏损未弥补前不得分配利润。上一个会计年度未分配的利润，可并入本会计年度利润分配。还特别约定：合资公司完成变更后，应尽快成立"公司改制上市工作小组"，着手筹备安排公司改制上市的前期准备工作，工作小组成员由股东代表和主要经营管理人员组成。合资公司应在条件具备时改组成立为股份有限公司，并争取在境内证券交易所发行上市。如果至2010年10月20日，由于合资公司自身的原因造成无法完成上市，则海富公司有权在任一时刻要求迪亚公司回购届时海富公司持有的合资公司的全部股权。合同于审批机关批准之日起生效。《中外合资经营甘肃众星锌业有限公司章程》第六十二条、六十三条与《合资经营合同》第六十八条、六十九条内容相同。之后，海富公司依约于2007年11月2日缴存众星公司银行账户人民币2000万元，其中新增注册资本114.7717万元，资本公积金1885.2283万元。2008年2月29日，甘肃省商务厅甘商外资字〔2008〕79号文件《关于甘肃众星锌业有限公司增资及股权变更的批复》同意增资及股权变更，并批准"投资双方于2007年11月1日签订的增资协议、合资企业合营合同和章程从即日起生效"。2009年6月，众星公司依据该批复办理了相应的工商变更登记。众星公司经甘肃省商务厅批准，到工商部门办理了名称及经营范围变更登记手续，名称变更为"甘肃世恒有色资源再利用有限公司"。另据工商年检报告登记记载，众星公司2008年度净利润26858.13元，金额远低于增资协议书约定的3000万元。

于是，原告海富公司在2009年12月30日一审诉至兰州市中级人民法院，请求判令被告世恒公司、迪亚公司和陆波向其支付协议补偿款1998.2095万元并承担本案诉讼费及其他费用。

| 裁判结果 | 兰州市中级人民法院一审判决驳回原告的全部诉讼请求。原告不服，提起上诉。甘肃省高级人民法院二审认为一审判决认定部分事实不清，导致部分适用法律不当，应予纠正，判决：撤销兰州市中级人民法院（2010）兰法民三初字第71号民事判决；世恒公司、迪亚公司于判决生效后30日内共同返还海富公司1885.2283万元及利息（自2007年11月3日起至付清之日止按照中国人民银行同期银行定期存款利率计算）。

世恒公司、迪亚公司不服二审判决，向最高人民法院申请再审。最高人民法院判决：撤销甘肃省高级人民法院（2011）甘民二终字第96号民事判决；本

判决生效后30日内，迪亚公司向海富公司支付协议补偿款19982095元。如未按本判决指定的期间履行给付义务，则按《民事诉讼法》第二百二十九条的规定，加倍支付延迟履行期间的债务利息；驳回海富公司的其他诉讼请求。

裁判理由 最高人民法院再审认为：2009年12月，海富公司向一审法院提起诉讼时的诉讼请求是请求判令世恒公司、迪亚公司、陆波向其支付协议补偿款19982095元并承担本案诉讼费用及其他费用，没有请求返还投资款。因此二审法院判令世恒公司、迪亚公司共同返还投资款及利息超出了海富公司的诉讼请求，是错误的。

海富公司作为企业法人，向世恒公司投资后与迪亚公司合资经营，故世恒公司为合资企业。世恒公司、海富公司、迪亚公司、陆波在《增资协议书》中约定，如果世恒公司实际净利润低于3000万元，则海富公司有权从世恒公司处获得补偿，并约定了计算公式。这一约定使得海富公司的投资可以取得相对固定的收益，该收益脱离了世恒公司的经营业绩，损害了公司利益和公司债权人利益，一审法院、二审法院根据《公司法》第二十条和《中外合资经营企业法》第八条的规定认定《增资协议书》中的这部分条款无效是正确的。但二审法院认定海富公司18852283元的投资名为联营实为借贷，并判决世恒公司和迪亚公司向海富公司返还该笔投资款，没有法律依据，本院予以纠正。《增资协议书》中并无由陆波对海富公司进行补偿的约定，海富公司请求陆波进行补偿，没有合同依据。此外，海富公司称陆波涉嫌犯罪，没有证据证明，最高人民法院对该主张亦不予支持。

但是，在《增资协议书》中，迪亚公司对于海富公司的补偿承诺并不损害公司及公司债权人的利益，不违反法律法规的禁止性规定，该约定有效。迪亚公司对海富公司承诺了众星公司2008年的净利润目标并约定了补偿金额的计算方法。在众星公司2008年的利润未达到约定目标的情况下，迪亚公司应当依约应海富公司的请求对其进行补偿。迪亚公司对海富公司请求的补偿金额及计算方法没有提出异议，最高人民法院予以确认。

（二）裁判旨要

法院的判决不应超出原告的诉讼请求范围，否则应予以纠正。海富公司在向一审法院起诉时请求判令世恒公司、迪亚公司、陆波向其支付协议补偿款

19982095元并承担本案诉讼费用及其他费用，并没有请求返还"投资款"，故二审判令世恒公司、迪亚公司共同返还投资款及利息超出了海富公司的诉讼请求范围是错误的，应予以纠正。

世恒公司、海富公司、迪亚公司、陆波在《增资协议书》有关如果世恒公司实际净利润低于3000万元，则海富公司有权从世恒公司处获得补偿的约定，实际上使得海富公司的投资可以取得相对固定的收益，该收益则脱离了世恒公司的经营业绩，损害了公司利益和公司债权人利益，根据《公司法》第二十条和《中外合资经营企业法》第八条的规定，该部分条款应无效。

《增资协议书》中迪亚公司对于海富公司的补偿承诺并不损害公司及公司债权人的利益，不违反法律法规的禁止性规定，约定有效。

在众星公司2008年的利润未达到约定目标的情况下，迪亚公司没有异议即应当依约进行补偿。

（三）律师评析

在我国日趋活跃的民间投融资经济活动中，公司增资行为必然会调整一个公司现有的股权结构，直接影响现有股东的利益并可能在股东之间引发利益之争。投资者在向一家公司注资入股时，往往带着明确的目标，为保证未来收益，投资者与目标公司或其他主体之间会通过增资协议的方式对某些重要事项进行约定，当协议约定的事项无法实现时也常常引发诉讼风险，前文中（2012）民提字第11号案例就是一个因增资协议而引发诉争的具有典型性的案例。

1. 牢牢把握"不告不理"原则和法院审查、审理范围问题

在法律实践中，尤其是经过再审的案件，我们往往容易忽视不告不理原则、法院审查和审理范围方面的问题。在法律上，没有原告的起诉，法院就不能进行审判，法院的审理范围应与原告起诉的范围相一致，法院不得对原告未提出诉讼请求的事项进行审判。结合我国的《民事诉讼法》和司法解释，二审法院原则上仅对上诉请求的有关事实和适用法律进行审查，当事人没有提出请求的，法院不予审理，对上诉请求之外的有关事实和适用法律，二审法院不应当进行审查处理。基于此，再审法院纠正了二审判决的错误。

2. 严格遵守我国与公司相关的法律、行政法规的规定，谨慎约定投资协议相关条款

本案涉及的争议问题是社会经济活动的一个缩影，在我国民间融资、投资

经济活动中，融资方和投资者常常会设置估值调整机制，也就是说投资者与融资方约定根据目标企业将来的经营情况而调整投资条件或给予投资者补偿，不管双方出于何种考量，律师提醒融资方和投资方要熟悉并严格遵守我国《公司法》和《合同法》等法律的规定，以确保自身利益的实现。在实际操作中，如果投资者与目标公司本身之间的补偿条款使得投资者一方可以取得相对固定的收益，则该收益会脱离目标公司的经营业绩，直接或间接地损害公司利益和公司债权人利益，那么司法机关应当认定该补偿条款为无效条款。但如果目标公司股东对投资者的补偿承诺不违反法律法规的禁止性规定，不损害公司利益，该承诺则是有效的。在合同约定的补偿条件成立的情况下，根据合同当事人意思自治、诚实信用的原则，引资者应信守承诺，投资者应当得到约定的补偿。

3. 再审法院的论证方法对同类案件具有重要参考价值

再审法院首先纠正了二审法院超出当事人诉讼请求所作出的判决；其次结合争议焦点即《增资协议书》第七条第（二）项是否具有法律效力问题进行约定条款的切割和主体的切割，具体问题具体分析，既肯定又否定，对前半部分的约定认定为有效，对后半部分的约定认定为无效，论证充分，有理有据；最后，对承担补偿责任的主体问题进行客观认定，即迪亚公司作为目标公司的股东对于海富公司的补偿承诺并不损害公司及公司债权人的利益，不违反法律法规的禁止性规定，该约定条款有效，迪亚公司应当承担补偿责任。法院逻辑清晰，层层推进，肯定了一审二审判决的合理之处，又提出了更为精准的裁判观点，令人信服。事实上，在最高法院的判决中，最终导致合同无效的认定是由特定案情多种因素所致，并非出于对股权价格调整条款交易模式设置机制的否认。[4]

4. 全面及时了解中外投资合作的相关法律法规

对于涉及中外投资者的合作，双方当事人应当及时了解《中外合资经营企业法》《公司法》以及2020年1月1日起开始实施的《外商投资法》，熟悉并谨慎对待投资保护、投资管理和法律责任等问题。作为司法机关而言，除了严格审查增资协议的内容外，还应结合公司章程、《公司法》等法律综合判定。上述案例也启示我们，作为律师一定要抓住案件中关于增资的合同约定，认真分析

---

[4] 季境：《私募股权投资中股权价格调整条款法律问题探究》，载《法学杂志》2014年第4期。

推敲，找到相应的法条依据，全面把握每一份证据，为投资者或融资者找到维权的最佳方案。

（四）相关法条及司法解释

《中华人民共和国合同法》

第五十二条 【合同无效的法定情形】有下列情形之一的，合同无效：

（一）一方以欺诈、胁迫的手段订立合同，损害国家利益；

（二）恶意串通，损害国家、集体或者第三人利益；

（三）以合法形式掩盖非法目的；

（四）损害社会公共利益；

（五）违反法律、行政法规的强制性规定。

第六十条 【严格履行与诚实信用】当事人应当按照约定全面履行自己的义务。

当事人应当遵循诚实信用原则，根据合同的性质、目的和交易习惯履行通知、协助、保密等义务。

《中华人民共和国公司法》

第六条 【合同登记】设立公司，应当依法向公司登记机关申请设立登记。符合本法规定的设立条件的，由公司登记机关分别登记为有限责任公司或者股份有限公司；不符合本法规定的设立条件的，不得登记为有限责任公司或者股份有限公司。

法律、行政法规规定设立公司必须报经批准的，应当在公司登记前依法办理批准手续。

公众可以向公司登记机关申请查询公司登记事项，公司登记机关应当提供查询服务。

第二十条 【股东禁止行为】公司股东应当遵守法律、行政法规和公司章程，依法行使股东权利，不得滥用股东权利损害公司或者其他股东的利益；不得滥用公司法人独立地位和股东有限责任损害公司债权人的利益。

公司股东滥用股东权利给公司或者其他股东造成损失的，应当依法承担赔偿责任。

公司股东滥用公司法人独立地位和股东有限责任，逃避债务，严重损害公司债权人利益的，应当对公司债务承担连带责任。

《中华人民共和国中外合资经营企业法》

第二条 中国政府依法保护外国合营者按照经中国政府批准的协议、合同、章程在合营企业的投资、应分得的利润和其它合法权益。

合营企业的一切活动应遵守中华人民共和国法律、法规的规定。

国家对合营企业不实行国有化和征收；在特殊情况下，根据社会公共利益的需要，对合营企业可以依照法律程序实行征收，并给予相应的补偿。

第三条 合营各方签订的合营协议、合同、章程，应报国家对外经济贸易主管部门（以下称审查批准机关）审查批准。审查批准机关应在三个月内决定批准或不批准。合营企业经批准后，向国家工商行政管理主管部门登记，领取营业执照，开始营业。

《中华人民共和国民事诉讼法》

第一百七十条 第二审人民法院对上诉案件，经过审理，按照下列情形，分别处理：

（一）原判决裁定认定事实清楚，适用法律正确的，以判决、裁定方式驳回上诉，维持原判决、裁定；

（二）原判决适用法律错误的，依法改判；

（三）原判决认定事实错误，或者原判决认定事实不清，证据不足，裁定撤销原判决，发回原审人民法院重审，或者查清事实后改判；

（四）原判决违反法定程序，可能影响案件正确判决的，裁定撤销原判决，发回原审人民法院重审。

当事人对重审案件的判决、裁定，可以上诉。

第二百零七条 人民法院按照审判监督程序再审的案件，发生法律效力的判决、裁定是由第一审法院作出的，按照第一审程序审理，所作的判决、裁定，当事人可以上诉；发生法律效力的判决、裁定是由第二审法院作出的，按照第二审程序审理，所作的判决、裁定，是发生法律效力的判决、裁定；上级人民法院按照审判监督程序提审的，按照第二审程序审理，所作的判决、裁定是发生法律效力的判决、裁定。

人民法院审理再审案件，应当另行组成合议庭。

《关于审理联营合同纠纷案件若干问题的解答》

四、（二）企业法人、事业法人作为联营一方向联营体投资，但不参加共同经营，也不承担联营的风险责任，不论盈亏均按期收回本息，或者按期收取固定利润的，是明为联营，实为借贷，违反了有关金融法规，应当确认合同无效。

三、公司减资不履行法定义务或程序有瑕疵的，减资股东应担责

《公司法》明确要求，公司减资时应编制资产负债表及财产清单，并采取及时有效的方式通知债权人，根据债权人的要求清偿债务或者提供担保，以保障债权人的合法权益，这些行为既是公司减资前对债权人应当履行的义务，同时也是股东对公司减资部分免责的前提。公司违反通知义务系股东对债权人承担补充赔偿责任的核心要件，这意味着不管是未履行通知义务还是通知义务履行形式不适当，只要客观上未达到通知债权人的效果，即构成对《公司法》第一百七十七条第二款之违反。[5] 司法实践中，债权人利益受损时可以着重从这一角度入手进行诉讼维权。

（一）典型案例

☞ **山西煤炭运销集团曲阳煤炭物流有限公司诉中储国际控股集团有限公司减资纠纷案**[6]

【关键词】公司减资　重复起诉　清偿债务

| **基本案情** | 上诉人（一审被告）：中储国际控股集团有限公司；被上诉人（一审原告）：山西煤炭运销集团曲阳煤炭物流有限公司。

上诉人中储国际控股集团有限公司（以下简称中储国际）因与被上诉人山西煤炭运销集团曲阳煤炭物流有限公司（以下简称曲阳煤炭）公司减资纠纷一案，不服甘肃省高级人民法院（2016）甘民初104号一审判决，向最高人民法院提起上诉。最高人民法院于2017年5月31日立案后，依法组成合议庭，对本案进行了审理，最终判决驳回上诉，维持原判。

曲阳煤炭起诉中储国投实业公司买卖合同纠纷一案，上海市崇明县人民法院已于2015年12月8日作出（2015）崇民二（商）初字第672号民事判决，判决：（1）中储国投实业公司于判决生效之日起10日内，支付曲阳煤炭物流公

---

[5] 薛波：《公司减资违反通知义务时股东的赔偿责任——〈最高人民法院公报〉载"德力西案"评释》，载《北方法学》2019年第3期。
[6] （2017）最高法民终422号。

司货款 30605629.59 元；（2）中储国投实业公司于判决生效之日起 10 日内，支付曲阳煤炭物流公司以 30605629.59 元为本金，自 2015 年 8 月 20 日起至该判决生效之日止，按中国人民银行同期贷款基准利率计算逾期利息。中储国投实业公司向上海市第二中级人民法院提起上诉，二审法院于 2016 年 3 月 25 日作出 (2016) 沪 02 民终 1178 号民事判决，驳回上诉，维持原判。

中储国际系中储国投实业公司法人股东。2015 年 11 月 12 日，中储国投实业公司作出《股东会决议》：（1）公司注册资本由 37000 万元，减至 1000 万元；（2）法人股东中储国际控股公司减少注册资本 36000 万元；（3）公司减资后，公司股东持股情况如下：河源赖茅古坊酒业有限公司，出资额 1000 万元，出资比例 100%；（4）公司于作出股东会决议之日起 30 日内，在《青年报》上刊登减资公告，并于登报之日起 45 日后向公司登记机关申请注册资本变更登记。

2015 年 11 月 21 日，中储国投实业公司在《青年报》上刊登了减资公告。中储国投实业公司于 2016 年 1 月 6 日出具《有关债务清偿及担保情况说明》，称："根据公司编制的资产负债表及财产清单，针对公司对外一切债务，至 2015 年 1 月 6 日，公司已向要求清偿债务或提供担保的债权人清偿了全部债务或提供了相应担保。如有其他债务，由公司继续负责清算偿还"，并于 2016 年 1 月 11 日进行了注册资本及股东的工商变更登记。

2016 年 1 月 12 日，中储国投实业公司作出《股东会决议》：（1）公司注册资本由 1000 万元，增至 37000 万元；（2）增加大连永通能源有限公司和怀仁县同煜华煤业有限责任公司为公司股东；（3）公司增加注册资本后，股东的出资额如下：河源赖茅古坊酒业有限公司，出资额 1000 万元；大连永通能源有限公司，出资额 10000 万元；怀仁县同煜华煤业有限责任公司，出资额 26000 万元。当日，中储国投实业公司通过新的公司章程，确定公司注册资本为人民币 37000 万元。

2016 年 2 月 18 日，中储国投实业公司申请增资登记，注册资本增至 37000 万元。同日，深圳中兴信会计师事务所出具验资报告，其中第三段"经我们审验，截至 2016 年 2 月 18 日止，贵公司股东本次实缴资本人民币 360000000 元，以货币方式已流入贵公司资产项下"，第四段"截至 2016 年 2 月 18 止，贵公司累计实收资本为人民币 370000000 元"。

2016 年 2 月 19 日，公司进行了注册资本及股东的工商变更登记。当日，中储国投实业公司又作出《关于减少注册资本的股东会决议》：（1）中储国投实业公司注册资本由 37000 万元，减至 36000 万元；（2）法人股东河源赖茅古坊酒业有限公司减少注册资本 1000 万元；（3）减资后，公司股东持股情况如下：大连永通能源有限公司，出资额 10000 万元，出资比例 27.78%，怀仁县同煜华煤业有限责任公司，出资额 26000 万元，出资比例 72.22%；（4）公司于作出股东会决议之日起 30 日内，在《文汇报》上刊登减资公告，并于登报之日起 45 日后向公司登记机关申请注册资本变更登记。中储国投实业公司于 2016 年 2 月 20 日以登报形式进行了减资公告。

中储国投实业公司于 2016 年 4 月 6 日出具《有关债务清偿及担保情况说明》，并于同日作出股东会决议，通过公司新章程，任命新执行董事及监事，变更公司名称为"上海昊阁公司"，2016 年 4 月 7 日，进行了工商变更登记。

2016 年 4 月 26 日，曲阳煤炭向崇明县人民法院申请强制执行（2015）崇民二（商）初字第 672 号民事判决。曲阳煤炭在执行中申请追加中储国际为被执行人。

崇明县人民法院于 2016 年 8 月 22 日作出（2016）沪 0230 执异 15 号执行裁定，认为：本案中，上海昊阁公司在中储国际减资退出后又进行了增资，且新股东已现金出资到位。之后，上海昊阁公司又部分交付了执行款，现有证据尚不能证明被执行人无财产清偿债务。遂依照《最高人民法院关于人民法院执行工作若干问题的规定（试行）》第八十条的规定，裁定驳回曲阳煤炭要求追加中储国际为被执行人的申请。

2016 年 9 月 29 日崇明县人民法院又作出（2016）沪 0230 执 1124 号执行裁定，认为：执行中查明，被执行人上海昊阁公司名下无存款、车辆、有价证券、房地产等可供执行财产，基本账户已被冻结。该案已执行到位 1226400 元。另外，被执行人上海昊阁公司、案外人中储国投能源有限公司、江苏华通供应链管理有限公司承诺用合作煤矿首先开采的约 15 万吨煤炭担保该案债务。该案暂无其他线索，暂不具备继续执行的条件，裁定终结执行。

2016 年 12 月 1 日，《最高人民法院关于民事执行中变更、追加当事人若干问题的规定》开始施行，其中第三十二条第一款规定："被申请人或申请人对执行法院依据本规定第十四条第二款、第十七条至第二十一条规定作出的变更、追加裁定或驳回申请裁定不服的，可以自裁定书送达之日起十五日内，向执行法院提起执行异议之诉。"

2017 年 3 月 13 日，崇明区人民法院向一审法院发来（2016）沪 0230 执 1124 号函，内容如下："我院立案执行的曲阳煤炭物流公司申请执行上海昊阁公司（原名中储国投实业公司）买卖合同纠纷一案，执行标的额为 30810457.59 元及利息。

经执行,已到位 1226400 元。执行过程中,案外人中储国投能源有限公司以公司财产为被执行人提供执行担保;中储国投能源有限公司、江苏华通供应链管理有限公司承诺,将江苏华通供应链管理有限公司享有开采权及经营权的准格尔旗欣发达煤矿开采的约 15 万吨煤提供执行担保;怀仁县同煜华煤业有限公司股东陈曦、庞东升分别以该公司的 87.5% 股份、12.5% 股份提供执行担保。但至今上述执行担保人均未履行担保义务。"

本案中,原告曲阳煤炭一审起诉:(1)中储国际在减资范围内承担货款 30605629.59 元和逾期利息的连带清偿责任(利息自 2015 年 8 月 20 日至 2016 年 3 月 25 日止,按中国人民银行同期贷款利率计算);(2)案件诉讼费由中储国际承担。

| 裁判结果 | 甘肃省高级人民法院一审判决:中储国际于判决生效之日起 10 日内对上海昊阁公司欠曲阳煤炭的货款 30605629.59 元及逾期利息(2015 年 8 月 20 日至 2016 年 3 月 25 日止,按中国人民银行同期贷款利率计算)在上海昊阁公司不能清偿的范围内,以 36000 万元为限承担补充赔偿责任。如果未按判决指定的期间履行给付义务,应当加倍支付迟延履行期间的债务利息。本案预缴的案件受理费 218828 元,保全费 5000 元,合计 223828 元,由中储国际负担 199828 元,向曲阳煤炭退还 24000 元。

中储国际不服,提起上诉,2018 年 7 月 17 日最高人民法院二审判决驳回上诉,维持原判。

| 裁判理由 | 二审法院认为本案争议焦点有两个:一是关于本案曲阳煤炭的起诉是否违反"一事不再理"原则,构成重复起诉的问题;二是关于中储国际应否对上海昊阁公司欠付曲阳煤炭物流公司的债务承担责任的问题。

关于焦点一,法院认为:第一,2016 年 8 月 22 日,上海市崇明县人民法院作出(2016)沪 0230 执异 15 号执行裁定书,裁定驳回曲阳煤炭要求追加中储国际为被执行人的申请。2016 年 12 月 1 日,《最高人民法院关于民事执行中变更、追加当事人若干问题的规定》才开始施行,根据该规定第三十二条,曲阳煤炭如对法院作出的裁定不服,应在裁定送达之日起 15 日内向执行法院提起执行异议之诉。但曲阳煤炭已无法按照上述规定在期限内向执行法院寻求权利救济,故该司法解释对执行裁定不产生溯及力。第二,2016 年 11 月 9 日,曲阳煤炭向一审法院提起诉讼,请求判令中储国际在减资范围内对上海昊阁公司欠其债务承担清偿责任,尽管起诉的事实和理由与曲阳煤炭申请追加被执行人是一致的,但后者的申请是在执行程序中提出,且执行法院对该申请仅是进行程序

性审查，并未经过完整的审判程序作出裁判，故不属于重复诉讼，不违反"一事不再理"的原则。

关于焦点二，法院认为：第一，《公司法》第一百七十七条的规定："公司需要减少注册资本时，必须编制资产负债表及财产清单。公司应当自作出减少注册资本决议之日起十日内通知债权人，并于三十日内在报纸上公告。债权人自接到通知书之日起三十日内，未接到通知书的自告知之日起四十五日内，有权要求公司清偿债务或者提供相应的担保。"故公司减资时，应当采取及时有效的方式通知债权人，以确保债权人有机会在公司责任财产减少之前作出相应的权衡并作出利益选择，这既是公司在减资前对债权人应当履行的义务，也是股东对公司减资部分免责的前提。中储国投实业公司对欠付曲阳煤炭案涉债务明知的情况下，未就减资事项采取及时、有效的方式告知曲阳煤炭，未向工商登记部门如实报告其负有大额债务未清偿的事实就办理了工商变更登记，仅在报纸上刊登减资公告，不能构成通知，未完成法定的通知义务，不符合公司减少注册资本的法定程序，这也使得曲阳煤炭丧失了要求减资公司清偿债务或提供相应担保的权利。后曲阳煤炭虽申请强制执行，但上海昊阁公司无财产可供执行，不能够完全清偿欠付债务。第二，《公司法》规定，有限责任公司的股东应按其认缴的出资额履行足额出资义务，股东认缴的出资未经法定程序不得抽回、减少。中储国投实业公司在未向曲阳煤炭履行通知义务的情况下，其股东中储国际经公司股东会决议减资退股，违反了公司资本不变和资本维持的原则，导致上海昊阁公司不能全面清偿其减资前所负债务，损害了债权人曲阳煤炭的利益，这与股东未履行出资义务及抽逃出资对于债权人利益的侵害在本质上并无不同，一审法院依照《〈公司法〉司法解释（三）》第十三条第二款"公司债权人请求未履行或未全面履行出资义务的股东在未出资本息范围内对公司债务不能清偿部分承担补充赔偿责任的，人民法院应予支持"的规定，判决中储国际应在减资范围内对上海昊阁公司欠付曲阳煤炭的债务承担补充赔偿责任，具有相应的事实和法律依据。第三，在公司注册资本认缴制的情况下，交易相对人对公司清偿能力和注册资本的信赖只能基于对股东的信赖，公司减资后又增资，导致公司股东发生了变化，对股东的信赖也就丧失了基础。本案系债权人以债务人违反法定程序减资导致债权实现受损为由主张的侵权赔偿之诉，根据1124号执行裁定和1124号函可以认定，上海昊阁公司名下无财产可供执行，且案涉多项担保均未得到实际履行，曲阳煤炭的债权未得到清偿，上海昊阁公司的增资行为未对曲阳煤炭的债权实现产生影响，债权不能实现的损害结果已实际发生。

综上，二审判决驳回上诉，维持原判。

（二）裁判旨要

在前诉和后诉的当事人、诉讼标的、诉讼请求都相同的情况下，后诉是否构成重复起诉，关键要判断前诉是否经过法院完整的审判程序并作出裁判，如果前诉只是在执行程序中提出，由执行法院进行程序性审查，那么后诉不构成重复起诉。

《公司法》明确规定了公司减资时应当采取及时有效的方式通知债权人的法定义务，这是确保债权人有机会在公司责任财产减少之前作出相应的权衡并作出利益选择，公司则根据债权人的要求进行清偿或者提供担保。上述行为既是公司减资前对债权人应当履行的义务，同时也是股东对公司减资部分免责的前提。若公司仅在报纸上刊登减资公告，未就减资事项采取及时、有效的方式告知债权人，则不能构成对已知债权人的通知，视为未完成法定的履行通知的义务，不符合公司减少注册资本的法定程序。同时，减资行为也违反了公司资本不变和资本维持的原则，与股东未履行出资义务及抽逃出资对于债权人利益的侵害在本质上并无不同，债权人根据公司法司法解释起诉股东的，减资股东应在减资范围内对公司欠付债权人的债务承担补充赔偿责任。

（三）律师评析

本案是一个因公司减资而引起的纠纷，在公司的实际运行中，公司的减资行为确实减少了以公司资产承担责任的能力，往往会引发债权人的恐慌，直接影响到了公司债权人的利益，因此，当债权人在债权难以实现时或对公司已经起诉时，如何制定诉讼策略及选择起诉的依据成为一个值得研究和探讨的话题。

1. 紧扣重复起诉的判断标准

识别重复起诉的关键在于判断"此诉"与"彼诉"的关系。在当事人、诉讼标的、诉讼请求三项要素平行设置的识别体系中，每一项识别要素都应当在区分"此诉"与"彼诉"时独立地发挥作用。[7]

---

[7] 袁琳：《民事重复起诉的识别路径》，载《法学》2019年第9期。

2. 公司的债权人在公司减资时主张权利是公司法的内在要求

公司减资时未通知债权人的行为,实际上损害的是特定债权人的利益,与国家利益、社会公共利益关系不大。债权人关注的是自己的债权能否及时、全面的实现,而不是减资行为本身的法律效力。我国《公司法》对于公司减资比增资规定了更为严格的法律程序,其目的也是有效保护债权人的利益。故,律师认为公司未通知债权人的减资行为对债权人不产生法律效力,更符合当事人利益和《公司法》的精神。罗马法有法谚,"损人而利己乃违反衡平"[8]。任何人不能因为自己的恶意行为而获得利益,或在责任承担上可以轻易逃逸。[9] 法律要保证债权人可以通过诉讼方式向公司及减资股东主张权利,而不是引导债权人起诉要求确认减资行为无效,这能够更好地实现稳定商事交易秩序与保护债权人利益二者的平衡,符合公司法的精神和内在要求。

3. 减资股东对公司债务责任承担问题的相关制度设计,通过出台司法解释得以细化和具体规定

在审判实务中,公司未按照《公司法》第一百七十八条第二款之规定通知债权人,或者未按照债权人的要求清偿债务或提供相应的担保即减少注册资本的,债权人可以要求减资股东在各自收回出资的范围内对减资前的公司债务连带承担补充赔偿责任。减资中违反通知义务,股东应当承担的是补充赔偿责任,此种责任性质与清偿责任不同,债权人应当先向公司主张债权,在公司不能清偿的范围内方可向股东主张赔偿责任。股东承担补充赔偿责任的法律依据在《〈公司法〉司法解释(三)》中得以规定,在遇到本案中所涉及的股东未履行或未全面履行出资义务时,可适用第十三条第二款之规定,要求该股东在未出资本息范围内对公司债务不能清偿的部分承担补充赔偿责任的;或者可以类推适用第十四条条第二款之规定,由抽逃出资的股东在抽逃出资本息范围内对公司债务不能清偿的部分承担补充赔偿责任。司法解释的出台很好的补充和完善了债权人主张权利的诉讼途径。

4. 注意辨识类似不当减资的其他公司行为

实践中,公司股东为规避公司债务,常在认缴期即将到来时对认缴期作出延长决议。此时如债权已到期,公司变更延长认缴出资的恶意行为损害债权人

---

[8] 桑本谦、纪建文:《司法中法律解释的思维过程探析——就审判利格斯诉帕尔默案与德沃金的对话》,载《法学论坛》2002年第3期。
[9] 朱程斌、曹文兵:《公司减资未通知债权人的股东责任》,载《人民司法·案例》2018年第26期。

利益，直接导致债权人信赖处益受损，与公司不当减资实质相同。此时，公司修改章程延迟出资期限不对债权人产生对抗效力，公司股东仍应在原认缴出资期内对公司债务承担补充赔偿责任。[10]

（四）相关法条及司法解释

《中华人民共和国公司法》

第三条　公司是企业法人，有独立的法人财产，享有法人财产权。公司以其全部财产对公司的债务承担责任。

有限责任公司的股东以其认缴的出资额为限对公司承担责任；股份有限公司的股东以其认购的股份为限对公司承担责任。

第二十六条　有限责任公司的注册资本为在公司登记机关登记的全体股东认缴的出资额。

法律、行政法规以及国务院决定对有限责任公司注册资本实缴、注册资本最低限额另有规定的，从其规定。

第三十五条　公司成立后，股东不得抽逃出资。

第一百七十七条　公司需要减少注册资本时，必须编制资产负债表及财产清单。公司应当自作出减少注册资本决议之日起十日内通知债权人，并于三十日内在报纸上公告。债权人自接到通知书之日起三十日内，未接到通知书的自告知之日起四十五日内，有权要求公司清偿债务或者提供相应的担保。

《最高人民法院关于适用〈中华人民共和国公司法〉若干问题的规定（三）》

第十三条第二款　公司债权人请求未履行或未全面履行出资义务的股东在未出资本息范围内对公司债务不能清偿部分承担补充赔偿责任的，人民法院应予支持。

《最高人民法院关于适用〈中华人民共和国民事诉讼法〉的解释》

第二百四十七条　当事人就已经提起的诉讼事项在诉讼过程中或者裁判生效后再次起诉，同时符合下列条件的，构成重复起诉：（一）后诉与前诉当事人相同；（二）后诉与前诉诉讼标的相同；（三）后诉与前诉的诉讼请求相同，或者后诉的诉讼请求实质上否定前诉的裁判结果。

---

[10] 刘玉妹：《认缴资本制视野下公司减资制度的构建》，载《法律适用》2016年第7期。

第二十章 公司解散纠纷

一、公司解散纠纷概述

公司解散是指已成立的公司,因发生法律或章程规定的解散事由而停止营业活动,开始处理未了结事务,并逐步终止其法人资格的行为。[1] 根据公司解散事由的不同,公司解散有自行解散、强制解散和司法解散三种形式。司法解散又称裁判解散,是指公司的目的和行为违反法律、公共秩序和善良风俗的,依法律的规定命令其解散,或者公司经营出现显著困难、重大损害或董事、股东之间出现僵局时,依据股东的申请,由法院裁判解散公司。

一般我们所指的"公司解散纠纷"主要是指公司僵局出现时,公司股东提起解散公司申请而引发的纠纷。如果一个公司在存续期间长期发生严重的内部矛盾,导致公司的正常经营无法进行,甚至使股东的利益受到严重损失,那么公司继续存续将对股东利益明显不利。尤其是有限责任公司,具有较强的人合性特点,公司能否正常运营依赖股东之间的相互信赖关系,若股东之间关系恶化,公司经营出现严重困难、公司继续存续无法实现公司利益时,就应当赋予股东申请解散公司的权利。《公司法》第一百八十二条规定了公司僵局作为申请法院裁判解散的事由。2008年5月12日公布的《〈公司法〉司法解释(二)》则对公司僵局的司法解散制度作了较具可操作性的具体规定。[2]

《民事案件案由规定》第一级案由第八部分是"与公司、证券、保险、票据等有关的民事纠纷",其下的二级案由之二十一是"与公司有关的纠纷",该二级案由下的第三级案由为"263、公司解散纠纷"。

---

[1] 参见王建文:《商法教程》,中国人民大学出版社2009年版。
[2] 参见范健、王建文:《公司法》(第四版),法律出版社2015年版。

公司的解散事由是案件审理过程中经常涉及的问题。立法本意仅是为解决公司经营已经发生困难濒临破产，但同时因股东分歧严重出现了公司僵局，又无法作出解散决议，公司继续维持将严重损害股东利益的"特殊情形"。按照司法解释起草者的说明，《〈公司法〉司法解释（二）》第一条所规定的四种情形也主要体现的股东僵局和董事僵局所造成的公司经营管理上的严重困难，即公司处于事实上的瘫痪状态，不能正常进行经营活动。[3] 公司经营管理发生严重困难是认定公司是否处于僵局状态的重要因素，但对于如何进行具体判断，在司法实务中存在认识上的不统一。[4] 正确认定公司解散事由是否成立成为解决这类案件的前提条件，在司法审判中对这一问题观点的不同或直接导致判决结果的不同。

二、应从公司运行状态判断公司经营管理是否发生严重困难

一个公司尽管可能处于盈利的状态，但其股东会机制长期失灵，股东之间的矛盾不可调和，公司内部管理存在严重障碍，已经陷入了僵局状态，此时可以认定为"公司经营管理发生严重困难"。法院在审理时不能单纯考虑一个方面或停留于公司表层现象，片面理解为公司只有资金缺乏、严重亏损时才构成经营性困难。对于符合《公司法》及相关司法解释规定的其他条件的，人民法院可以依法判决公司解散。江苏省高级人民法院指导案例8号就明确了这种裁判规则。

（一）典型案例

☞ **林方清诉常熟市凯莱实业有限公司、戴小明公司解散纠纷案**[5]

【关键词】公司解散　经营管理严重困难　公司僵局

|基本案情| 上诉人：林方清，常熟市凯莱实业有限公司总经理；被上诉人：常熟市凯莱实业有限公司，法定代表人：戴小明。

---

[3] 耿利航：《公司解散纠纷的司法实践和裁判规则改进》，载《中国法学》2016年第6期。
[4] 最高人民法院案例指导工作办公室：《指导案例8号〈林方清诉常熟市凯莱实业有限公司、戴小明公司解散纠纷案〉的理解与参照》，载《人民司法·应用》2012年第15期。
[5] 江苏省高级人民法院指导案例8号。

常熟市凯莱实业有限公司（简称凯莱公司）成立于2002年1月，林方清与戴小明系该公司股东，各占50%的股份，戴小明任公司法定代表人及执行董事，林方清任公司总经理兼公司监事。凯莱公司章程规定：股东会的决议须经代表二分之一以上表决权的股东通过，但对公司增加或减少注册资本、合并、解散、变更公司形式、修改公司章程作出决议时，必须经代表三分之二以上表决权的股东通过。股东会会议由股东按照出资比例行使表决权。

2006年起，林方清与戴小明两人之间的矛盾逐渐显现。

2006年5月9日，林方清提议并通知召开股东会，由于戴小明认为林方清没有召集会议的权利，会议未能召开。

2006年6月6日、8月8日、9月16日、10月10日、10月17日，林方清委托律师向凯莱公司和戴小明发函称，因股东权益受到严重侵害，林方清作为享有公司股东会二分之一表决权的股东，已按公司章程规定的程序表决并通过了解散凯莱公司的决议，要求戴小明提供凯莱公司的财务账册等资料，并对凯莱公司进行清算。

2006年6月17日、9月7日、10月13日，戴小明回函称，林方清作出的股东会决议没有合法依据，戴小明不同意解散公司，并要求林方清交出公司财务资料。同年11月15日、25日，林方清再次向凯莱公司和戴小明发函，要求凯莱公司和戴小明提供公司财务账册等供其查阅、分配公司收入、解散公司。

江苏常熟服装城管理委员会（简称服装城管委会）证明凯莱公司目前经营尚正常，且愿意组织林方清和戴小明进行调解。

凯莱公司章程载明监事行使下列权利：（1）检查公司财务；（2）对执行董事、经理执行公司职务时违反法律、法规或者公司章程的行为进行监督；（3）当董事和经理的行为损害公司的利益时，要求董事和经理予以纠正；（4）提议召开临时股东会。

从2006年6月1日至今，凯莱公司未召开过股东会。

服装城管委会调解委员会于2009年12月15日、16日两次组织双方进行调解，但均未成功。

于是，原告林方清起诉称：凯莱公司经营管理发生严重困难，陷入公司僵局且无法通过其他方法解决，其权益遭受重大损害，请求解散凯莱公司。

| 裁判结果 | 2009年12月8日江苏省苏州市中级人民法院一审作出（2006）苏中民二初字第0277号民事判决，驳回林方清的诉讼请求。林方清不服，提起上诉，江苏省高级人民法院于2010年10月19日作出（2010）苏商终

字第0043号民事判决，撤销一审判决，依法改判解散凯莱公司。

|**裁判理由**| 二审法院判决解散公司是基于如下三个理由：

第一，凯莱公司的经营管理已发生严重困难。根据《公司法》第一百八十二条和《〈公司法〉司法解释（二）》第一条的规定，判断公司的经营管理是否出现严重困难，应当从公司的股东会、董事会或执行董事及监事会或监事的运行现状进行综合分析。"公司经营管理发生严重困难"的侧重点在于公司管理方面存有严重内部障碍，如股东会机制失灵、无法就公司的经营管理进行决策等，不应片面理解为公司资金缺乏、严重亏损等经营性困难。本案中，凯莱公司仅有戴小明与林方清两名股东，两人各占50%的股份，凯莱公司章程规定"股东会的决议须经代表二分之一以上表决权的股东通过"，且各方当事人一致认可该"二分之一以上"不包括本数。因此，只要两名股东的意见存有分歧、互不配合，就无法形成有效表决，显然影响公司的运营。凯莱公司已持续4年未召开股东会，无法形成有效股东会决议，也就无法通过股东会决议的方式管理公司，股东会机制已经失灵。执行董事戴小明作为互有矛盾的两名股东之一，其管理公司的行为，已无法贯彻股东会的决议。林方清作为公司监事不能正常行使监事职权，无法发挥监督作用。由于凯莱公司的内部机制已无法正常运行、无法对公司的经营做出决策，即使尚未处于亏损状况，也不能改变该公司的经营管理已发生严重困难的事实。

第二，由于凯莱公司的内部运营机制早已失灵，林方清的股东权、监事权长期处于无法行使的状态，其投资凯莱公司的目的无法实现，利益受到重大损失，且凯莱公司的僵局通过其他途径长期无法解决。《〈公司法〉司法解释（二）》第五条明确规定了"当事人不能协商一致使公司存续的，人民法院应当及时判决"。本案中，林方清在提起公司解散诉讼之前，已通过其他途径试图化解与戴小明之间的矛盾，服装城管委会也曾组织双方当事人调解，但双方仍不能达成一致意见。两审法院也基于慎用司法手段强制解散公司的考虑，积极进行调解，但均未成功。

第三，林方清持有凯莱公司50%的股份，也符合公司法关于提起公司解散诉讼的股东须持有公司10%以上股份的条件。

综上所述，凯莱公司已符合公司法及《〈公司法〉司法解释（二）》所规定的股东提起解散公司之诉的条件。二审法院从充分保护股东合法权益，合理规范公司治理结构，促进市场经济健康有序发展的角度出发，依法作出了上述判决。

(二) 裁判旨要

判断凯莱公司的经营管理是否已发生严重困难,要结合《公司法》第一百八十二条和《〈公司法〉司法解释(二)》第一条的规定,从公司的股东会、董事会或执行董事及监事会或监事的运行现状进行具体判断、综合分析。在一个公司只有两名股东、各占一半股权的情况下,只要两名股东的意见存有分歧、互不配合,就无法形成有效表决,就会影响公司的运营。凯莱公司已持续4年未召开股东会,无法形成有效股东会决议,也就无法通过股东会决议的方式管理公司,股东会机制已经失灵,即使尚未处于亏损状况,也不能改变该公司的经营管理已发生严重困难的事实。

当事人不能协商一致使公司存续的,人民法院应当及时判决。由于凯莱公司的内部运营机制早已失灵,林方清的股东权、监事权长期处于无法行使的状态,其投资凯莱公司的目的无法实现,利益受到重大损失,且凯莱公司的僵局通过其他途径长期无法解决。在提起公司解散诉讼之前,通过其他途径无法化解股东之间的矛盾,双方不能达成一致意见,故只能通过诉讼来解决。

林方清持有凯莱公司50%的股份,也符合公司法关于提起公司解散诉讼的股东须持有公司10%以上股份的条件,具备原告资格。

(三) 律师评析

我国新修订的《公司法》第一百八十二条将"公司经营管理发生严重困难"作为股东提起解散公司之诉的条件之一,这给公司符合法律规定的股东在与其他股东长期僵持不下且影响公司经营的情况下提供了解决之道。该指导性案例根据公司法及《〈公司法〉司法解释(二)》等规定的精神,对涉案公司的经营状态、是否符合公司僵局的特征等作出了正确认定,明确了依法判断公司经营管理是否发生严重困难及股东请求解散公司的条件。[6] 这对于依法妥善处理公司僵局的有关问题,充分保护股东合法权益,规范公司治理结构,促进市场经济健康发展具有积极的指导意义。

---

[6] 最高人民法院案例指导工作办公室:《指导案例8号〈林方清诉常熟市凯莱实业有限公司、戴小明公司解散纠纷案〉的理解与参照》,载《人民司法·应用》2012年第15期。

1. 如何判断"公司经营管理是否发生严重困难"

从法律审判实务的角度，应当从公司组织机构的运行状态进行综合分析，司法机关不宜消极对待该类案件。实践中很多公司只有两名股东，一旦发生分歧或矛盾，公司的经营转状态将明显发生变化，其中的一方不配合、消极应对，就难以召开股东会，或无法形成有效表决，将给公司造成严重影响。审判人员应当查明事实，把握公司实际运营状况，通过调取公司的工商信息资料等，准确认定事实。在上述案件中，凯莱公司已持续4年未召开股东会，无法形成有效股东会决议，也就无法通过股东会决议的方式管理公司，由此可以判断股东会机制已经失灵。同时，两名股东因产生矛盾已无法对公司的经营作出决策，即使尚未处于亏损状况，也不能改变该公司的经营管理已发生严重困难的事实。因此，在多次调解未果之后，股东之一提出公司解散之诉也是无奈之举，是符合法律规定的一种解决途径。

2. 法院在受理公司解散纠纷时应进行实质性审查

法院受理的实质条件也是审判时的依据，即必须符合《公司法》第一百八十二条和《〈公司法〉司法解释（二）》第一条规定的条件。《〈公司法〉司法解释（二）》第一条有规定"以下列事由之一提起解散公司诉讼，并符合《公司法》第一百八十二条规定的，人民法院应予受理。"由此可以推断，《〈公司法〉司法解释（二）》第一条中列举的只是公司僵局的表现形式，《公司法》第一百八十二条规定的"公司经营管理发生严重困难，继续存续会使股东利益受到重大损失，通过其他途径不能解决的"才是实质性要件。另外，股东不得以知情权、利润分配请求权等权益受到损害，或者公司亏损、财产不足以偿还全部债务，以及公司被吊销企业法人营业执照未进行清算等为由提起解散公司诉讼。因此，法院在受理公司解散纠纷时会进行实质性审查。适格股东必须有证据证明公司经营管理发生严重困难，继续存续会使股东利益受到重大损失，并且通过其他途径已经不能解决。否则，人民法院将不予受理。

3. 公司盈利不应成为法院驳回原告诉请的挡箭牌

如果一家公司虽处于盈利状态，但其股东会机制长期失灵，内部管理有严重障碍，已陷入僵局状态，可以认定为公司经营管理发生严重困难。公司若继续存续下去将对股东和经济发展产生消极影响。对于符合《公司法》及相关司法解释规定的其他条件的，人民法院可以依法判决公司解散。

（四）相关法条及司法解释

《中华人民共和国公司法》

第一百八十条 公司因下列原因解散：

（一）公司章程规定的营业期限届满或者公司章程规定的其他解散事由出现；

（二）股东会或者股东大会决议解散；

（三）因公司合并或者分立需要解散；

（四）依法被吊销营业执照、责令关闭或者被撤销；

（五）人民法院依照本法第一百八十二条的规定予以解散。

第一百八十一条 公司有本法第一百八十条第（一）项情形的，可以通过修改公司章程而存续。

依照前款规定修改公司章程，有限责任公司须经持有三分之二以上表决权的股东通过，股份有限公司须经出席股东大会会议的股东所持表决权的三分之二以上通过。

第一百八十二条 公司经营管理发生严重困难，继续存续会使股东利益受到重大损失，通过其他途径不能解决的，持有公司全部股东表决权百分之十以上的股东，可以请求人民法院解散公司。

《最高人民法院关于适用〈中华人民共和国公司法〉若干问题的规定（二）》

第一条 单独或者合计持有公司全部股东表决权百分之十以上的股东，以下列事由之一提起解散公司诉讼，并符合公司法第一百八十二条规定的，人民法院应予受理：

（一）公司持续两年以上无法召开股东会或者股东大会，公司经营管理发生严重困难的；

（二）股东表决时无法达到法定或者公司章程规定的比例，持续两年以上不能做出有效的股东会或者股东大会决议，公司经营管理发生严重困难的；

（三）公司董事长期冲突，且无法通过股东会或者股东大会解决，公司经营管理发生严重困难的；

（四）经营管理发生其他严重困难，公司继续存续会使股东利益受到重大损失的情形。

股东以知情权、利润分配请求权等权益受到损害，或者公司亏损、财产不足以偿还全部债务,以及公司被吊销企业法人营业执照未进行清算等为由,提起解散公司诉讼的,人民法院不予受理。

第四条 股东提起解散公司诉讼应当以公司为被告。

原告以其他股东为被告一并提起诉讼的,人民法院应当告知原告将其他股东变更为第三人;原告坚持不予变更的,人民法院应当驳回原告对其他股东的起诉。

原告提起解散公司诉讼应当告知其他股东,或者由人民法院通知其参加诉讼。其他股东或者有关利害关系人申请以共同原告或者第三人身份参加诉讼的,人民法院应予准许。

第五条 人民法院审理解散公司诉讼案件,应当注重调解。当事人协商同意由公司或者股东收购股份,或者以减资等方式使公司存续,且不违反法律、行政法规强制性规定的,人民法院应予支持。当事人不能协商一致使公司存续的,人民法院应当及时判决。

三、应结合章程中对股东会、董事会的相关约定来判断公司运行是否陷入僵局

许多案件的一审和二审作出了截然不同的判决,往往是由于不同层级法院对案件中公司章程中的有关程序性约定有不一致的理解,如果董事会可以正常召开和运转,那么公司决议就可以正常作出,不影响公司的实际运营。但如果股东的矛盾已经使得股东会或董事会无法正常召集和召开,那么就足以认定公司已陷入僵局。公司僵局问题是当前公司法司法实践中的难点问题之一,在近年来的司法实践中,与公司僵局有关的案件也不鲜见。[7] 陈锡联诉北京法博洋国际科技发展有限公司、张彤彤、刘宏颖公司解散纠纷一案中,一审和二审法院分别作出了不同的判决,这对解决公司解散纠纷类型的案件具有参考价值。

---

[7] 最高人民法院案例指导工作办公室:《指导案例8号〈林方清诉常熟市凯莱实业有限公司、戴小明公司解散纠纷案〉的理解与参照》,载《人民司法·应用》2012年第15期。

（一）典型案例

☞ 陈锡联诉北京法博洋国际科技发展有限公司、张彤彤、刘宏颖公司解散纠纷案[8]

【关键词】 公司诉讼　公司解散

|**基本案情**| 上诉人（原审原告）：陈锡联，法兰西共和国公民；被上诉人（原审被告）：北京法博洋国际科技发展有限公司，法定代表人：陈锡联；原审第三人：张彤彤，北京法博洋国际科技发展有限公司股东；原审第三人：刘宏颖，北京法博洋国际科技发展有限公司股东。

2006年4月6日，张彤彤、陈锡联、刘宏颖签订《中外合资经营企业合同》，约定设立法博洋公司，合营期限11年，并取得外商投资企业批准证书。

法博洋公司于2006年4月25日取得企业法人营业执照，经营期限自2006年4月25日至2017年4月24日。

法博洋公司工商登记注册资料载明：企业法定代表人为陈锡联，公司外方投资者为陈锡联，出资额为欧元折合人民币80万元，占公司注册资本的80%。中方投资者为张彤彤、刘宏颖，出资额各为人民币10万元，各占公司注册资本的10%，陈锡联任公司董事长，张彤彤任公司副董事长，刘宏颖任公司董事。

法博洋公司的中外合资经营企业章程规定：董事会由3名董事组成，三方各委派一名董事，董事任期4年，经选举可以连任，三方在委派和更换董事人选时，应书面通知董事会。董事会是合营公司的最高权力机构，决定合营公司的一切重大事宜。董事长是公司的法定代表人。董事长不能履行其职责时，应授权他人代为履行，董事长未明确授权的，由副董事长代理。董事会会议每年至少召开一次（年会），在公司住所或董事会指定的其他地点举行，由董事长召集并主持会议。经三分之一以上的董事提议，董事长应召开董事会临时会议。召开董事会会议的通知应包括会议时间、地点或方式、议事日程，且应当在会议召开10日以前以书面形式发给全体董事。董事会年会和临时会议应当有全体董事人数的三分之二以上董事出席方能举行，必须包括中外两方董事。每名董事享有一票表决权，但下列事项须经中外两方董事通过决定：（1）决定合营公

---

[8] 二审：（2014）高民终字第1129号。

司的经营方针和投资计划；（2）审议批准合营公司的年度财务预算方案、决算方案；（3）审议批准合营公司的利润分配方案和弥补亏损方案；（4）审议批准总裁的工作报告；（5）决定聘任或解聘公司总裁、总经理、副总经理、经理、财务负责人及其报酬和待遇的事项；（6）合营公司章程规定的其他职权。各方有义务确保其委派的董事出席董事会年会和临时会议；董事因故不能出席董事会会议，应出具委托书，委托他人代表其出席会议。如果一方或数方所委派的董事不出席董事会会议也不委托他人代表出席会议，致使董事会5天内不能就法律、法规和本章程所列之公司重大问题或事项作出决议，则其他方（通知人）可以向不出席董事会会议的董事及委派他们的一方或数方（被通知人），按照该方法定地址（住所）再次发出书面通知，敦促其在规定日期内出席董事会会议。前条所述之敦促通知应至少在确定召开会议日期的60日前，以双挂号函方式发出，并应当注明在本通知发出的至少45日内被通知人应书面答复是否出席董事会会议。如果被通知人在通知规定期限内仍未答复是否出席董事会会议，则应视为被通知人弃权，在通知人收到双挂号函回执后，通知人所委派的董事可召开董事会特别会议，即使出席该董事会特别会议的董事达不到举行董事会会议的法定人数，经出席董事会特别会议的全体董事一致通过，仍可就公司重大问题或事项作出有效决议。三方一致认为终止合营符合各方最大利益时，可提前终止合营。合营公司提前终止合营，需董事会召开全体会议作出决定，并报审批机构批准。在公司经营方针出现重大分歧并且无法解决时，三方任何一方有权依法终止合营。

2009年3月，陈锡联以股东知情权纠纷为由将法博洋公司诉至北京市第一中级人民法院。2009年9月，法博洋公司以公司控股股东、实际控制人、董事、监事、高级管理人员损害公司利益赔偿纠纷为由将陈锡联诉至北京市第一中级人民法院。

2009年12月22日，陈锡联向法博洋公司出具董事委派书，委派晏学宁代表陈锡联出任法博洋公司董事，并担任董事长。同时撤销对陈锡联担任法博洋公司董事、董事长职务的委派。

2010年3月9日，陈锡联向北京市工商行政管理局西城分局递交《关于北京法博洋国际科技发展有限公司及其总经理张彤彤违反公司登记管理规定、提供虚假年检材料的情况反映》。2011年，陈锡联曾起诉法博洋公司公司解散纠纷，后陈锡联以需要继续收集新的证据材料为由申请撤回起诉。

陈锡联分别于2011年11月18日、2011年12月10日、2012年1月19日发函给张彤彤、刘宏颖通知其于2011年12月5日上午10点30分、2012年1月16日上午10点30分、2012年2月9日上午10点30分参加法博洋公司董事会会议，商议公司年检等事宜。张彤彤、刘宏颖未出席。

2011年11月24日，张彤彤以国内特快专递邮寄方式寄出法博洋公司出具的致陈锡联、晏学宁的信件即《北京法博洋国际科技发展有限公司关于召开2011年度董事会会议的通知》，后陈锡联和晏学宁到场，表示拒绝参加该董事会，并离开。

2011年12月19日，法博洋公司以国内特快专递邮件方式向陈锡联、晏学宁寄出决定再次召开董事会会议的通知。2012年1月19日陈锡联向张彤彤发函通知2012年2月9日召开2012年度董事会的会议通知后附《关于公司副董事长张彤彤先生召开董事会通知的回复》，载明：依据法博洋公司章程第二十一条规定，董事会会议应由董事长召集并主持会议。张彤彤作为副董事长不具备召开并主持董事会会议的资格，因此，陈锡联有理由拒绝参加2012年2月20日由张彤彤主持召开的董事会会议。

2014年2月15日、3月7日法博洋公司向陈锡联、晏学宁分别发出了《北京法博洋国际科技发展有限公司关于召开2014年度第一次董事会会议的通知》及《北京法博洋国际科技发展有限公司关于召开2014年度第一次董事会会议的再次通知》，陈锡联及晏学宁两次会议均未出席。

2014年3月12日，晏学宁以挂号信函的方式向张彤彤、刘宏颖分别寄送了《北京法博洋国际科技发展有限公司董事会2014年第一次临时会议敦促通知》，张彤彤、刘宏颖未出席会议。

2014年4月16日，晏学宁以特快专递的方式，向张彤彤、刘宏颖分别寄送了晏学宁及陈锡联《关于〈2014年度第一次董事会会议的再次通知〉的回函》，张彤彤、刘宏颖均已签收。陈锡联的回函内容是：（1）本人并非公司总经理，阁下会议通知称本人为"总经理"，无合法依据。（2）公司章程规定，董事会会议应由董事长召集并主持。张彤彤先生不是公司董事长，无权召集主持董事会会议。（3）根据公司章程第十八条，董事长应由外方股东，即本人推荐。选任张彤彤董事为董事长，不符合公司章程。本人已委派晏学宁女士为外方董事并出任公司董事长。综上所述，鉴于张彤彤董事无权召集董事会会议，所召集的2014年5月15日董事会会议程序不合法，且本人已不再担任董事，所以本人将不会出席。晏学宁的回函内容是：（1）公司章程规定，董事会会议应由董事长召集并主持。张彤彤先生不是公司董事长，无权召集主持董事会会议。

(2)根据公司章程第十八条，董事长应由外方股东陈锡联先生推荐。选任张彤彤董事为董事长，不符合公司章程。(3)本人经陈锡联先生委派，现为公司董事长，并已于2014年2月14日和2014年3月12日向阁下发出董事会会议通知，将于2014年5月12日召开董事会会议。阁下作为公司董事，如有提议议题，请于开会前提出，以安排调整会议议程。综上所述，鉴于张彤彤董事无权召集董事会会议，所召集的2014年5月15日董事会会议程序不合法，所以本人将不会出席。

原告陈锡联一审时起诉，请求判令法博洋公司解散，诉讼费用由法博洋公司承担。张彤彤、刘宏颖作为有独立请求权第三人诉请称：法博洋公司不符合法定的公司解散条件，不应解散。请求判令法博洋公司不予解散，诉讼费用由陈锡联负担。

在二审庭审中，各方当事人均认可法博洋公司于2006年成立后一直处于亏损状态。陈锡联当庭表示不同意法院主持调解，因之前双方多次调解均未成功，尝试转让股权给张彤彤、刘宏颖，张彤彤、刘宏颖亦不同意。张彤彤、刘宏颖也不同意法院主持调解。

| 裁判结果 | 北京市第一中级人民法院一审于2013年12月19日作出(2012)一中民初字第10047号民事判决：驳回陈锡联的诉讼请求。

陈锡联不服，提起上诉。北京市高级人民法院二审于2014年12月19日作出(2014)高民终字第1129号民事判决：(1)撤销一审民事判决；(2)解散法博洋公司；(3)驳回张彤彤、刘宏颖的诉讼请求。

| 裁判理由 | 二审法院认为有两个焦点问题：

首先，法博洋公司经营管理是否发生严重困难。一审法院判决中所述的2012年2月20日法博洋公司召开的董事会是否符合公司章程的约定？公司章程第二十四条作出规定表明，召开董事会特别会议有两个前提条件：其一，被通知人在规定期限内未答复是否出席会议；其二，会议通知人收到寄发敦促通知的双挂号函回执。必须同时符合两项前提要件，通知人才可召开特别会议，并在出席特别会议的董事未达到法定人数时作出有效决议。从文义上看，公司章程明确规定，只要被通知人在规定期限内答复（不论答复出席或答复不出席），就不能召开特别会议。只有被通知人在规定期限内不答复，才能视为弃权而召开特别会议。

对于2012年2月20日上午召开的董事会特别会议，张彤彤于2011年12月19日分别向陈锡联、晏学宁寄出了两封召开董事会会议的信件。2012年1月19

日,陈锡联向张彤彤发函通知 2012 年 2 月 9 日召开 2012 年度董事会的会议,并在通知后附《关于公司副董事长张彤彤先生召开董事会通知的回复》。该回复载明:依据法博洋公司章程第二十一条规定,董事会会议应由董事长召集并主持会议。张彤彤作为副董事长不具备召开并主持董事会会议的资格,因此,陈锡联有理由拒绝参加 2012 年 2 月 20 日由张彤彤主持召开的董事会会议。按照法博洋公司章程的相关规定,只要陈锡联书面回复是否出席会议,董事会特别会议就不能召开。因此,2012 年 2 月 20 日由张彤彤主持召开的董事会特别会议及作出的决议并不符合公司章程规定。一审法院据此认定法博洋公司董事会未形成僵局错误,二审予以纠正。

法博洋公司是陈锡联与张彤彤、刘宏颖共同设立的中外合资经营企业,公司章程第十九条规定,董事会是公司的最高权力机构,决定合营公司的一切重大事宜。公司章程并未规定设立股东会,召开董事会会议即是合营企业作出经营决策的方式。修改公司章程、增加或减少注册资本、股权质押、公司合并、分立、解散、清算或变更公司形式、抵押公司资产须经董事会全体董事一致通过。公司章程第二十二条规定,董事会年会和临时会议应当有全体董事人数的三分之二以上董事出席方能举行,必须包括中外两方董事。每名董事享有一票表决权,但决定公司经营方针和投资计划、审议批准公司财务预决算方案、审议批准公司利润分配方案和弥补亏损方案、审议批准总裁的工作报告、聘任或解聘公司总裁、总经理、副总经理、经理、财务负责人及其报酬和待遇等事项须经中外两方董事通过决定。

从法博洋公司章程规定的议事规程可以看出,对于公司重大经营事项的决定,必须由公司三位董事一致通过或是经中外两方董事通过,中外任何一方单方召开的董事会会议都不可能满足公司章程规定的要求。唯一可以例外的,未达到董事会会议法定人数,亦能作出有效决议的就是公司章程第二十四条、第二十五条规定的董事会特别会议。

就法博洋公司目前的状况看,从 2009 年至今,在长达 5 年的时间里,公司中外股东多次尝试召开董事会来打破公司面临的管理僵局,但均因对方不出席相关会议而未能形成符合章程规定的有效决议。因此可以认定,法博洋公司目前已处于《〈公司法〉司法解释(二)》第一条第一款第(三)项规定的经营管理严重困难的公司僵局情形,并且不存在相应解决机制。

其次,法博洋公司继续存续是否会使股东利益受到重大损失。从法博洋公司目前的经营情况看,在公司僵局形成后,公司经营即陷入非常态模式。在中方单方经营管理期间，法博洋公司主营业务停滞，持续亏损，公司经营能力和偿债责任能力显著减弱。同时，法博洋公司中外股东矛盾冲突严重，股东间已经丧失了信任，合作基础早已破裂。由于双方间的冲突，公司资产也因业务无法正常开展，公司及股东间的长期诉讼而受到严重损耗。陈锡联作为持股80%的大股东，不能基于其投资享有适当的公司经营管理权及投资收益权，其股东权益受到重大损失。现法博洋公司的持续性僵局已经穷尽其他途径仍未能化解，如继续维系法博洋公司，股东权益只会逐渐耗竭。相较而言，解散法博洋公司能为双方股东提供退出机制，避免股东利益受到不可挽回的重大损失。

综上所述，陈锡联持有法博洋公司80%股权，具有提出解散公司之诉的法定资格。在法博洋公司经营管理发生严重困难，公司的存续将造成陈锡联利益继续遭受重大损失，并无法通过其他途径解决公司僵局的情况下，陈锡联要求解散法博洋公司，符合《公司法》第一百八十二条之规定，应予准许。

（二）裁判旨要

判断法博洋公司经营管理是否发生严重困难，需要结合案件准确认定法博洋公司是否存在董事会僵局的情况。二审法院结合法博洋公司章程第二十四条、二十五条有相关规定，章程从文义上理解，只要被通知人在规定期限内答复（不论答复出席或答复不出席），就不能召开特别会议。只有被通知人在规定期限内不答复，才能视为弃权而召开特别会议。结合事实，法院认定2012年2月20日由张彤彤主持召开的董事会特别会议及作出的决议并不符合公司章程规定。一审法院据此认定法博洋公司董事会未形成僵局错误，二审予以纠正。

根据公司章程规定的议事规程，对于公司重大经营事项的决定，必须由公司3位董事一致通过或是经中外两方董事通过，中外任何一方单方召开的董事会会议都不可能满足公司章程规定的要求。唯一可以例外的，未达到董事会会议法定人数，亦能作出有效决议的就是公司章程第二十四条、第二十五条规定的董事会特别会议。法博洋公司从2009年至2014年，在长达5年的时间里，公司中外股东多次尝试召开董事会来打破公司面临的管理僵局，但均因对方不出席相关会议而未能形成符合章程规定的有效决议。因此认定法博洋公司目前已处于《〈公司法〉司法解释（二）》第一条第一款第（三）项规定的经营管理严重困难的公司僵局情形，并且不存在相应解决机制。

判断法博洋公司继续存续是否会使股东利益受到重大损失。在公司僵局形成后,公司经营即陷入非常态模式。在中方单方经营管理期间,公司主营业务停滞、持续亏损,经营能力和偿债责任能力显著减弱。中外股东矛盾冲突严重,股东间已经丧失了信任,合作基础早已破裂,公司资产也因业务无法正常开展,公司及股东间的长期诉讼而受到严重损耗。陈锡联作为持股80%的大股东,不能基于其投资享有适当的公司经营管理权及投资收益权,其股东权益受到重大损失。现公司的持续性僵局已经穷尽其他途径仍未能化解,如继续维系,股东权益只会在僵持中逐渐耗竭。相较而言,解散公司能为双方股东提供退出机制,避免股东利益受到不可挽回的重大损失。

(三)律师评析

本案一审和二审作出了不同的裁判,反映了不同层级法院对案件事实和细节认定上的不同观点,二审法院富有逻辑的说理更清晰地展示了公司解散纠纷审理中需要把握的重点问题。

1. 全面细致分析公司章程,准确判断公司召开董事会等程序上的问题

本案经过二审,法院最终改判,其精妙之处在于二审法院严格审核并依据了涉案公司的公司章程的有关约定,尤其是在召开董事会、董事会特别会议的程序方面,公司章程均有专门的明确约定,要依靠文义解释方法准确理解含义。

2. 在认定公司经营管理是否发生严重困难的问题上,不同法院还存在分歧

这一问题始终是决定案件走向的关键问题,也是判断公司僵局是否存在的关键事实依据。司法机关需要结合涉案公司实际的经营状况进行严格分析与论证,不能简单地凭借若干孤立的事实做出判断。本案中,基本事实已经查清,双方均予认可。一审二审的分歧在于2012年2月20日上午公司召开董事会特别会议是否符合公司章程规定。按照公司章程的约定,只要陈锡联在约定的期限内书面回复是否出席会议,董事会特别会议就因不能召开意味着公司实际陷入了僵局,一审原告陈锡联具有起诉的合理依据,最终赢得了二审法院的支持。

(四)相关法条及司法解释

《中华人民共和国公司法》

第一百八十条 公司因下列原因解散:

（一）公司章程规定的营业期限届满或者公司章程规定的其他解散事由出现；

（二）股东会或者股东大会决议解散；

（三）因公司合并或者分立需要解散；

（四）依法被吊销营业执照、责令关闭或者被撤销；

（五）人民法院依照本法第一百八十二条的规定予以解散。

第一百八十一条 公司有本法第一百八十条第（一）项情形的，可以通过修改公司章程而存续。

依照前款规定修改公司章程，有限责任公司须经持有三分之二以上表决权的股东通过，股份有限公司须经出席股东大会会议的股东所持表决权的三分之二以上通过。

第一百八十二条 公司经营管理发生严重困难，继续存续会使股东利益受到重大损失，通过其他途径不能解决的，持有公司全部股东表决权百分之十以上的股东，可以请求人民法院解散公司。

《最高人民法院关于适用〈中华人民共和国公司法〉若干问题的规定（二）》

第一条 单独或者合计持有公司全部股东表决权百分之十以上的股东，以下列事由之一提起解散公司诉讼，并符合公司法第一百八十二条规定的，人民法院应予受理：

（一）公司持续两年以上无法召开股东会或者股东大会，公司经营管理发生严重困难的；

（二）股东表决时无法达到法定或者公司章程规定的比例，持续两年以上不能做出有效的股东会或者股东大会决议，公司经营管理发生严重困难的；

（三）公司董事长期冲突，且无法通过股东会或者股东大会解决，公司经营管理发生严重困难的；

（四）经营管理发生其他严重困难，公司继续存续会使股东利益受到重大损失的情形。

股东以知情权、利润分配请求权等权益受到损害，或者公司亏损、财产不足以偿还全部债务，以及公司被吊销企业法人营业执照未进行清算等为由，提起解散公司诉讼的，人民法院不予受理。

第四条 股东提起解散公司诉讼应当以公司为被告。

原告以其他股东为被告一并提起诉讼的，人民法院应当告知原告将其他股东变更为第三人；原告坚持不予变更的，人民法院应当驳回原告对其他股东的起诉。

原告提起解散公司诉讼应当告知其他股东，或者由人民法院通知其参加诉讼。其他股东或者有关利害关系人申请以共同原告或者第三人身份参加诉讼的，人民法院应予准许。

第五条 人民法院审理解散公司诉讼案件，应当注重调解。当事人协商同意由公司或者股东收购股份，或者以减资等方式使公司存续，且不违反法律、行政法规强制性规定的，人民法院应予支持。当事人不能协商一致使公司存续的，人民法院应当及时判决。

第二十一章 申请公司清算纠纷

一、申请公司清算纠纷概述

公司清算分为公司自行清算和法院强制清算。当出现《公司法》第一百八十条第一、第二、第三款规定的情形时，公司可以自行清算，在出现上述条文第四、第五款规定的情形时，公司无法自行清算，由债权人或股东向法院提请强制清算。申请公司清算是指公司特别清算过程中，公司董事、控股股东和实际控制人在公司解散后，怠于履行职责，未在公司法规定的期限内组成清算组进行清算，或者虽然成立清算组但故意拖延清算，或者存在其他违法清算可能严重损害公司股东或者债权人利益的行为，公司股东或债权人依法向人民法院申请对公司进行清算。[1]

公司清算纠纷诉讼主体及事由。强制清算的原告是公司债权人或股东，被告应当是具有清算义务的主体，也就是公司董事、控股股东、实际控制人。需要注意的是，《公司法》赋予债权人申请公司强制清算的权利，是为了防止公司股东故意拖延清算导致公司资产损失。债权人在债权得不到公司清偿的情况下，只要符合法定条件，就可以向法院申请指定有关人员组成清算组进行清算。而股东不能直接申请公司自行清算，如公司经营困难，可以先向法院申请解散；如公司有其他解散情形却不进行清算，只有在债权人未申请清算时，股东才能申请。[2]

依据《〈公司法〉司法解释（二）》，申请人民法院指定清算组进行清算的，应当具备法定事由：（1）公司解散逾期不成立清算组进行清算的；（2）虽然成立清算组但故意拖延清算的；（3）违法清算可能严重损害债权人或者股东利益的。

---

[1] 罗登亮、黄丽娟：《论我国有限公司清算制度的完善》，载《人民司法》2008年第5期。
[2] 古锡麟、李洪堂：《公司强制清算的若干问题》，载《人民司法》2008年第5期。

二、只有满足法定情形下，债权人或股东才能申请法院进行清算

（一）典型案例

☞ 王解秋、李延光、王玉芳与被申请人徐州市鲲鹏塑料总厂强制清算纠纷案[3]

【关键词】故意拖延清算　损害股东利益　债权人　股东

|基本案情| 再审申请人（一审原告、二审上诉人）：王解秋；再审申请人（一审原告、二审上诉人）：李延光；再审申请人（一审原告、二审上诉人）：王玉芳；被申请人（一审被告、二审被上诉人）：徐州市鲲鹏塑料总厂，清算组负责人：朱琳。

王解秋、李延光、王玉芳与徐州市鲲鹏塑料总厂（以下简称鲲鹏塑料厂）强制清算纠纷一案，被告徐州市鲲鹏塑料总厂不服一审法院作出的（2016）苏03民初459号一审民事裁定书，向江苏省高级人民法院提起上诉。江苏省高级人民法院于2017年1月18日作出（2016）苏民终1315号二审民事判决书。再审申请人王解秋、李延光、王玉芳不服江苏省高级人民法院（2016）苏民终1315号民事裁定，向本院申请再审。本院依法组成合议庭进行了审查，现已审查终结。

申请人王解秋、李延光、王玉芳称：徐州市鲲鹏塑料总厂成立于1998年8月，是由原徐州塑料一厂职工共同出资设立的股份合作制企业。2010年4月，朱琳在董事长王解秋不在的情况下，未经董事会、经理商议，隐瞒真实情况以经营期限届满为由召开股东大会，形成解散公司的决议，并自行任命为清算组组长，与赵海、王石、时晓梅、刘玉芬组成清算组。但清算组成立至今6年，不履行职责，既不向股东提供清算方案，也不公布财产状况。其间股东多次向清算组及朱琳发函要求披露清算工作进程和内容，但均未得到回应。全体股东于2013年12月28日及2014年3月3日分别召开会议，形成会议纪要及"徐州市鲲鹏塑料总厂清算工作有关规定"的决定，"辞退不能胜任的清算组成员，重

---

[3] 一审（2016）苏03民初459号；二审（2016）苏民终1315号；（2017）最高法民申3537号。

新选举清算组人员、移交公章、财务章及所有账簿，加快对清算工作的进行"。但会后朱琳便不见踪影，清算工作仍然无法进行。请求法院指定清算组对徐州市鲲鹏塑料总厂进行清算。

经审查查明：徐州市鲲鹏塑料总厂成立于1998年8月，企业性质为股份合作制，出资人为原徐州塑料一厂189名职工。2008年8月28日，徐州市鲲鹏塑料总厂召开股东大会，并决议解散徐州市鲲鹏塑料总厂，成立清算组对企业进行清算。在清算过程中，清算组对企业账务进行了整理、对企业资产进行了处置，并于2010年6月按照股东出资比例对全体股东进行了第一次分配。另查明，2016年9月13日，江苏省徐州市中级人民法院针对鲲鹏塑料厂诉王玉芳返还94万余元款项一案作出终审判决，判决驳回上诉、维持原判，该案查明以下事实：2013年12月28日，鲲鹏塑料厂清算组组长朱琳将存在其名下的12万元及82.599892万元银行存单两张交给王玉芳，同年12月31日，王玉芳将该款中的94.600812万元取出存入其名下；2014年1月6日，王玉芳向朱琳出具书面材料一份，载明朱琳厂长交给王玉芳的资金购买了理财产品、2014年6月8日到期后交还清算组。

│裁判结果│ 江苏省徐州市中级人民法院一审裁定：不受理王解秋、李延光、王玉芳对徐州市鲲鹏塑料总厂的强制清算申请。

江苏省高级人民法院裁定：驳回上诉，维持原裁定。

最高人民法院裁定：驳回王解秋、李延光、王玉芳的再审申请。

│裁判理由│ 最高人民法院经审查认为，本案的焦点问题是（1）王解秋、李延光、王玉芳在再审申请中提交的新证据是否足以推翻原审裁定；（2）鲲鹏塑料厂是否应当强制清算。

关于王解秋、李延光、王玉芳在再审申请中提交的新证据是否足以推翻原审裁定的问题。王解秋、李延光、王玉芳在再审中提交了一系列新证据，最高人民法院在组织询问时对于新证据进行了审查。王解秋、李延光、王玉芳提交的17份证据材料均为复印件，其中4份证据有原件相印证：（1）召开全体股东大会提议；（2）江苏省徐州市劳动争议仲裁委员会徐劳仲案字（2003）第78号仲裁裁决书；（3）井某、李延光、孙某签字证明；（4）2014年4月股东与朱琳对话的录音。王解秋、李延光、王玉芳无法证明以上证据与鲲鹏塑料厂是否应当强制清算存在关联关系。对于王解秋、李延光、王玉芳提交的其余13份证据，《民事诉讼法司法解释》第七十八条规定："证据材料为复制件，提供人拒不提供原件或原件线索，没有其他材料可以印证，对方当事人又不予承认的，在诉讼中不得作为认定事实的根据。"因其均为复印件,缺乏原件相印证,且鲲鹏塑料厂不予认可其真实性,故不应作为认定事实的根据。此外,《民事诉讼法司法解释》第三百八十八条规定:"再审申请人证明其提交的新的证据符合下列情形之一的,可以认定逾期提供证据的理由成立;(一)在原审庭审结束前已经存在,因客观原因于庭审结束后才发现的;(二)在原审庭审结束前已经发现,但因客观原因无法取得或者在规定的期限内不能提供的;(三)在原审庭审结束后形成,无法据此另行提起诉讼的。再审申请人提交的证据在原审中已经提供,原审人民法院未组织质证且未作为裁判根据的,视为逾期提供证据的理由成立,但原审人民法院依照《民事诉讼法》第六十五条规定不予采纳的除外。"再审申请人提交的新证据必须符合以上事由才能认定为再审申请中的新证据,而王解秋、李延光、王玉芳提交的证据材料均形成于原审庭审结束前,且无证据证明其因客观原因无法提交。因此,法院认为,王解秋、李延光、王玉芳在再审申请中提交的证据材料不应当认定为新证据,不足以推翻原审裁定。

关于鲲鹏塑料厂是否应当强制清算的问题。本案争议涉及的鲲鹏塑料厂系股份合作制企业,目前我国尚未颁行实施股份合作制企业法律,但考虑到股份合作制企业兼具公司制企业和合伙制企业的部分特征,因此有关股份合作制企业纠纷的处理,应当优先尊重企业内部的章程约定,在没有企业内部约定的情况下,可以参照《公司法》或者《合伙企业法》的相关规定处理。本案涉及的强制清算问题系法律的强制性规定,应当参照适用《公司法》的相关规定处理。《〈公司法〉司法解释(二)》第七条第二款规定:"有下列情形之一,债权人申请人民法院指定清算组进行清算的,人民法院应予受理:(一)公司解散逾期不成立清算组进行清算的;(二)虽然成立清算组但故意拖延清算的;(三)违法清算可能严重损害债权人或者股东利益的。具有本条第二款所列情形,而债权人未提起清算申请,公司股东申请人民法院指定清算组对公司进行清算的,人民法院应予受理。"法院认为,作为鲲鹏塑料厂的股东的王解秋、李延光、王玉芳,只有在清算组故意拖延清算或违法清算可能严重损害股东利益的情形下才能申请人民法院指定清算组进行清算。

王解秋、李延光、王玉芳主张,朱琳为了拖延清算谎称鲲鹏塑料厂剩余财产94余万元在王玉芳手中。2016年9月13日,江苏省徐州市中级人民法院针对鲲鹏塑料厂诉王玉芳返还94余万元款项一案作出(2016)苏03民终3865号终审判决,法院认为,该终审判决表明鲲鹏塑料厂剩余财产94万余元确系在王玉芳手中。王玉芳自2014年6月8日占有剩余款项不予返还直接导致鲲鹏塑料厂清算组无法完成剩余清算工作，由此形成的相关诉讼也在客观上造成了清算迟延。因此，鲲鹏塑料厂清算组并不存在故意拖延清算的情形。关于王解秋、李延光、王玉芳主张的朱琳隐瞒企业流动资产和债权债务，阻挠全体股东对清算工作的知情权，并且在转让企业资产之前对企业资产进行转移和隐藏损害股东利益的事实，法院认为，清算组对外转让资产的范围及价格均经过股东会会议决议，资产实际价值亦有过往的评估报告作印证，清算组违法清算可能严重损害损害股东利益的情形并不成立。王解秋、李延光、王玉芳还主张朱琳通过南洋洗浴中心私自占用100多万的电费款损害股东利益，因该主张缺乏相关证据证实，不能成立。综上分析，鲲鹏塑料厂不应强制清算。

（二）裁判旨要

债权人或股东只有满足法定情形下才能申请人民法院指定清算组进行清算，在无充分证据证明符合法定情形下，无法申请法院启动强制清算程序。

（三）律师评析

债权人申请公司清算首先需要满足对公司享有确认的债权。如果在申请公司清算案件的审理过程中，被申请人对债权人的债权提出异议，则除非该债权有生效裁判文书的确认，否则很可能被裁定不予审理。同时，另一个重要的前提条件是公司出现解散事由。债权人申请人民法院指定清算组进行清算亦须符合《〈公司法〉司法解释（二）》第七条规定三种情形之一。

就本案而言，鲲鹏塑料厂清算组既不存在故意拖延清算的情形，也不存在可能严重损害损害股东利益的情形，不符合人民法院受理强制清算的规定条件。

对于公司股东而言，根据《公司法》第一百八十条和第一百八十三条等相关规定，公司出现法定情形时，有限责任公司的股东、股份有限公司的董事或者股东大会确定的人员有义务在法定期间内成立清算组，对公司进行清算。[4]

根据《公司法》第一百八十二条"公司经营管理发生严重困难，继续存续会使股东利益受到重大损失，通过其他途径不能解决的，持有公司全部股东表

---

[4] 李清池：《公司清算义务人民事责任辨析——兼评最高人民法院指导案例9号》，载《北大法律评论》2014年第1期。

决权百分之十以上的股东,可以请求人民法院解散公司",在公司僵局等情形时,持有百分之十以上全部股东表决权的股东可以申请解散公司,通过此种途径对自己的权利进行救济。但是根据《〈公司法〉司法解释(二)》第三款等相关规定,当出现"公司解散逾期不成立清算组进行清算的、虽然成立清算组但故意拖延清算的、违法清算可能严重损害债权人或者股东利益的"等情形,而债权人未提起清算申请时,公司股东提起清算申请的,人民法院应予以受理。起诉时股东仍需具有股东资格。如果起诉时已将股权转让他人、退出公司而不具备股东资格,或者为隐名股东、具有其他非明确股东身份的情形,或者被申请人对其股东资格提出异议且有相应依据,那么人民法院就会裁定不予受理。此种情况下,股东只能首先另行诉讼或仲裁并确认股东身份,此后才能申请公司清算。[5]

无论是债权人还是公司股东,申请公司清算的首要前提是公司出现法定的解散情形并满足其他条件,如果公司并不具备解散的法定情形,或者债权人或股东申请公司清算时提供不出公司具备解散的事由,那么很可能无法顺利立案,或者即使被立案进入程序,但经审查也会被裁定不予受理。此外,股东既提起解散公司诉讼,同时又申请人民法院对公司进行清算的,人民法院对其提出的清算申请不予受理。

(四)相关法条及司法解释

《最高人民法院关于适用〈中华人民共和国公司法〉若干问题的规定(二)》

第七条 公司应当依照公司法第一百八十三条的规定,在解散事由出现之日起十五日内成立清算组,开始自行清算。

有下列情形之一,债权人申请人民法院指定清算组进行清算的,人民法院应予受理:

(一)公司解散逾期不成立清算组进行清算的;

(二)虽然成立清算组但故意拖延清算的;

(三)违法清算可能严重损害债权人或者股东利益的。

具有本条第二款所列情形,而债权人未提起清算申请,公司股东申请人民法院指定清算组对公司进行清算的,人民法院应予受理。

---

[5] 张欣:《清算组故意拖延清算情形的理解和法律适用》,载《企业家天地》2014年第5期。

第二十二章 清算责任纠纷

一、清算责任纠纷概述

清算责任纠纷是指清算组成员在清算期间,因故意或者重大过失给公司、债权人造成损失,应当承担赔偿责任的纠纷。随着国家对《民法总则》《公司法》《〈公司法〉司法解释(二)》等法律规定及司法解释的修订和完善,对公司清算过程中清算责任的责任主体、责任类型及范围也愈加规范。

纵观有限责任公司清算事项的法律规定,清算责任纠纷涉及两类责任主体:(1)清算义务人(公司股东、实际控制人);(2)清算人(清算组成员)。清算义务人指的是在公司解散时对公司负有组织清算义务的主体。有限责任公司的清算义务人为全体股东;股份有限公司的清算义务人为公司董事和股东大会确定的人员,一般指的是董事和控股股东。清算义务人的责任是依法组织清算,是公司清算的组织主体,常常包括公司股东和实际控制人。根据《〈公司法〉司法解释(二)》第十八条的相关规定,有限责任公司的清算义务人是公司的股东。而"实际控制人"虽然没有组织清算的义务,但因其原因导致公司无法进行清算的,应对公司债务承担连带清偿责任。[1] 清算人是清算中实施具体清算事务的主体,即我们通常所说的清算组成员。根据《公司法》第一百八十三条第一款,有限责任公司的清算组由股东组成。实践中,在工商部门登记备案的清算组成员除了公司股东外,还存在原公司董事、高管等掌握公司信息的人员。[2]

清算义务人的义务指的是在法定期限内成立清算组并进行清算。当清算义

---

[1] 蒙瑞:《公司清算义务人责任制度逻辑分析与实务争议探讨》,载《江汉论坛》2017年第4期。
[2] 《公司清算体系的构建与实务争议》,载微信公众号《法务部》。

务人怠于履行清算义务时，具体的责任类型也包括清算赔偿责任和连带清偿责任两类。清算赔偿责任是指清算义务人或清算事务实施人未尽清算义务或未依法实施清算事务导致公司、股东或债权人损失而应予赔偿的责任。连带清偿责任则是突破公司有限责任制度的限制，规定清算义务人对公司债务承担连带责任[3]，其法理基础源于《公司法》第二十条第三款，即公司滥用公司法人独立地位和股东有限责任，逃避债务，严重损害公司债权人利益的对公司债务承担连带责任。[4]

二、股东怠于履行清算义务与公司文件灭失，无法进行清算之间应存在因果关系

对于怠于履行清算义务的认定，有限责任公司的股东能够证明"怠于履行义务"与"公司主要财产、账册、重要文件等灭失，无法进行清算"之间不存在因果关系，可以免于对公司债务承担连带清偿责任。

（一）典型案例

☞ 厦门汇洋投资有限公司与潘邦炎清算责任纠纷案[5]

【关键词】怠于履行义务　因果关系

|**基本案情**|再审申请人（一审原告、二审上诉人）：厦门汇洋投资有限公司，法定代表人：许小坪；被申请人（一审被告、二审被上诉人）：潘邦炎（又名潘邦辉）。

厦门汇洋投资有限公司（以下简称汇洋公司）因与潘邦炎清算责任纠纷一案，原告汇洋公司不服福建省福州市中级人民法院作出的（2016）闽01民初1104号民事判决，向福建省高级人民法院上诉，福建省高级人民法院于2018年3月30日作出（2017）闽民终1226号民事判决，原告汇洋公司不服福建省高级人民法院（2017）闽民终1226号民事判决，向最高人民法院申请再审。最高人民法院依法组成合议庭进行了审查，现已审查终结。

---

[3] 郑银：《公司清算义务人主体范围再界定》，载《西南政法大学学报》2017年第6期。
[4] 徐力英：《限责任公司清算义务人责任纠纷之探讨》，载《人民司法》2011年第1期。
[5] 一审（2016）闽01民初1104号；（2017）闽民终1226号；最高人民法院（2018）民申5598号。

汇洋公司申请再审称，原审判决存在《民事诉讼法》第二百条第六项规定的情形，应予再审。理由如下：（1）潘邦炎间接控股福州邦辉大酒店有限公司（以下简称邦辉大酒店）。福建邦辉集团有限公司（以下简称邦辉集团）持有邦辉大酒店50%的股权，而潘邦炎持有邦辉集团96.4%的股权；香港邦辉联合（集团）有限公司（以下简称香港邦辉）持有邦辉大酒店25%的股权，而潘邦炎系香港邦辉负责人之一。（2）潘邦炎能够控制董事会的决策并负责邦辉大酒店日常经营管理。邦辉大酒店董事会由7名人员组成，其中3名董事由潘邦炎控股的邦辉集团委派，2名董事由香港邦辉委派，即董事会中的5名董事均由潘邦炎的控制或关联企业委派担任；潘邦炎系邦辉大酒店的法定代表人，同时又担任邦辉大酒店的董事长及总经理职务，负责公司的日常经营管理。（3）邦辉大酒店已无法进行清算。邦辉大酒店出现清算事由时在法定期限内未及时启动清算程序，而邦辉大酒店主要财产、账册、重要文件等掌握在潘邦炎手中，汇洋公司于一审庭前已申请法庭责令潘邦炎提供，但潘邦炎没有提供，也无法提供。综上，应认定潘邦炎系邦辉大酒店的实际控制人，怠于履行清算义务，导致邦辉大酒店财产、账册及重要文件等灭失，使邦辉大酒店无法清算，而申请强制清算并非是追究潘邦炎清算责任的前置程序，故潘邦炎应对邦辉大酒店的债务承担连带清偿责任。

| 裁判结果 | 福建省福州市中级人民法院一审判决：驳回原告厦门汇洋投资有限公司的诉讼请求。本案案件受理费由原告负担。

福建省高级人民法院二审判决：驳回上诉，维持原判。最高人民法院裁定：驳回厦门汇洋投资有限公司的再审申请。

| 裁判理由 | 最高人民法院经审查认为：《〈公司法〉司法解释（二）》第十八条第二款规定，有限责任公司的股东、股份有限公司的董事和控股股东因怠于履行义务，导致公司主要财产、账册、重要文件等灭失，无法进行清算，债权人主张其对公司债务承担连带清偿责任的，人民法院应依法予以支持。该条第三款规定，上述情形系实际控制人原因造成，债权人主张实际控制人对公司债务承担相应民事责任的，人民法院应依法予以支持。《民事诉讼法司法解释》第九十条第二款规定，在作出判决前，当事人未能提供证据或者证据不足以证明其事实主张的，由负有举证证明责任的当事人承担不利的后果。根据上述法律规定，综合全案证据，潘邦炎并非邦辉大酒店的股东、并非邦辉大酒店的清算义务人，汇洋公司关于潘邦炎怠于履行义务，导致公司主要财产、账册、重要文件等灭失，无法进行清算，理应就公司债务承担连带清偿的责任的主张，

缺乏事实和法律依据。

至于潘邦炎是否因其系邦辉大酒店的实际控制人而应就公司债务承担相应责任的问题。最高人民法院认为，首先，根据《公司法》第二百一十六条第三款规定，实际控制人，是指虽不是公司的股东，但通过投资关系、协议或者其他安排，能够实际支配公司行为的人。对于实际控制人的认定主要应当以表决权的行使为基本线索，辅之以基于当事人之间因其他安排而形成的支配性影响力的审查判断。潘邦炎持有邦辉集团公司（系邦辉大酒店持股50%股东）96.4%的股权，根据邦辉大酒店股东签订的《中外合资邦辉大酒店合同》，董事会是该公司的最高权力机构，决定邦辉大酒店的一切重大事宜，对一般性事宜由董事会表决多数通过或简单通过决定，邦辉大酒店董事会成员共7人，其中邦辉集团委任3人。至于汇洋公司提交的《福建邦辉集团有限公司法定代表人履历表》，并不足以证明邦辉大酒店营业执照被吊销之时以及此后，潘邦炎系香港邦辉的股东。基于此，潘邦炎并不具有控制邦辉大酒店的能力。其次，邦辉大酒店作为独立的公司法人，负有履行清算义务以及保管公司主要财产、账册、重要文件等的责任在于公司的股东，汇洋公司并无证据证明邦辉大酒店的主要财产、账册、重要文件等已由潘邦炎接管并因潘邦炎的行为而导致上述财物的灭失。因此，原审判决认为并无充分证据证明潘邦炎能够实际控制邦辉大酒店，且系因潘邦炎造成邦辉大酒店无法进行清算，并无不当。

（二）裁判旨要

有限责任公司的股东能够证明"怠于履行义务"与"公司主要财产、账册、重要文件等灭失，无法进行清算"之间不存在因果关系，可以免于对公司债务承担连带清偿责任。对于实际控制人的认定亦主要应当以表决权的行使为基本线索，辅之以基于当事人之间因其他安排而形成的支配性影响力的审查判断。

（三）律师评析

从《〈公司法〉司法解释（二）》第十八条第二款解构出两个重要问题，一方面是关于清算义务人怠于履行义务承担连带责任，另一方面是因为清算义务人怠于履行义务，导致公司主要财产、账册、重要文件等灭失，无法进行清算的结果。在司法实践中，出现的"职业债权人"，从其他债权人处大批量超低价收购僵尸企业的"陈年旧账"后，对僵尸企业提起强制清算申请，并在获得人民法院"无法进行清算"的认定后，利用《〈公司法〉司法解释（二）》第十八条第二款的规定请求公司股东连带清偿公司债务。[6] 因此，为避免不适当地扩大股东的清算责任，我们看到最高人民法院决定通过《九民纪要》对司法裁判进行指导。

《九民纪要》第十四条是对于怠于履行清算义务认定的细化。所谓"怠于"履行清算义务，指的是能够履行清算义务而不履行。值得注意的是，连带清偿责任并非只需要具备公司股东、实际控制人等"清算义务人"身份就成立，还需要其存在"怠于履行义务"这一客观条件。不属于"怠于履行清算义务的情形"有：（1）清算义务人举证证明其已经为履行清算义务作出了积极努力；（2）清算义务人举证证明未能履行清算义务是由于实际控制公司主要财产、账册、文件的股东的故意拖延、拒绝清算行为等客观原因所导致（如提供向控制股东的催告及督促函件）；（3）清算义务人能够证明自己没有参与经营也没有管理账册文件的。[7]

《〈公司法〉司法解释（二）》第十八条第二款规定的"怠于履行义务"，是指有限责任公司的股东在法定清算事由出现后，在能够履行清算义务的情况下，故意拖延、拒绝履行清算义务，或者因过失导致无法进行清算的消极行为。股东举证证明其已经为履行清算义务采取了积极措施，或者小股东举证证明其既不是公司董事会或者监事会成员，也没有选派人员担任该机关成员，且从未参与公司经营管理，以不构成"怠于履行义务"为由，主张其不应当对公司债务承担连带清偿责任的，人民法院依法予以支持。若有限责任公司的"小股东"如果能够证明其：（1）不是公司董事会或者监事会成员；（2）没有选派人员担任该机关；（3）没有参与公司经营管理的，亦可以免于对公司债务承担连带清偿责任。该规则显然对最高人民法院原有观点以及第9号指导案例的裁判要点进行了突破，在不改变"全体股东"均为清算义务人的规则的情况下，在认定"怠于履行义务"的过程中，引入了对小股东地位进行实质认定与评价的规则。[8]

---

[6] 段建桦：《"僵尸公司"强制清算问题探析——以贵州省法院审判实践为视角》，载《法律适用》2017年第8期。

[7] 李健伟：《公司清算义务人基本问题研究》，载《北方法学》2010年第2期。

[8] 刘怿：《论有限责任公司股东的清算责任》，载《中国商论》2019年第10期。

《九民纪要》第十五条是对有关因果关系的抗辩。有限责任公司的股东举证证明其"怠于履行义务"的消极不作为与"公司主要财产、账册、重要文件等灭失，无法进行清算"的结果之间没有因果关系，主张其不应对公司债务承担连带清偿责任的，人民法院依法予以支持。若有限责任公司的股东能够证明"怠于履行义务"与"公司主要财产、账册、重要文件等灭失，无法进行清算"之间不存在因果关系，亦可以免于对公司债务承担连带清偿责任。整体上而言，由于前述抗辩规则的举证责任均在清算义务人身上，故人民法院保护债权人利益的基本立场并未改变。在该立场基础上，从因果关系角度出发，赋予或者重申清算义务人的合理抗辩点，以纠正此前司法实践中存在的简单粗暴认定清算义务人责任的情况，也有利于该制度得到公平、有效的执行。[9]

（四）相关法条及司法解释

《最高人民法院关于适用〈中华人民共和国公司法〉若干问题的规定（二）》

第十八条　有限责任公司的股东、股份有限公司的董事和控股股东未在法定期限内成立清算组开始清算，导致公司财产贬值、流失、毁损或者灭失，债权人主张其在造成损失范围内对公司债务承担赔偿责任的，人民法院应依法予以支持。

有限责任公司的股东、股份有限公司的董事和控股股东因怠于履行义务，导致公司主要财产、账册、重要文件等灭失，无法进行清算，债权人主张其对公司债务承担连带清偿责任的，人民法院应依法予以支持。

上述情形系实际控制人原因造成，债权人主张实际控制人对公司债务承担相应民事责任的，人民法院应依法予以支持。

《中华人民共和国公司法》

第二百一十六条　……（三）实际控制人，是指虽不是公司的股东，但通过投资关系、协议或者其他安排，能够实际支配公司行为的人。

《最高人民法院关于适用〈中华人民共和国民事诉讼法〉的解释》

第九十条　当事人对自己提出的诉讼请求所依据的事实或者反驳对方诉讼请求所依据的事实，应当提供证据加以证明，但法律另有规定的除外。

---

[9] 杜放：《浅谈"九民纪要"清算义务人责任》，载《法制与社会》2020年第7期。

三、清算组未履行通知和公告义务给债权人造成损失的，应当承担赔偿责任

公司清算时，清算组应当按照规定，将公司解散清算事宜书面通知全体已知债权人，并根据公司规模和营业地域范围在全国或者公司注册登记地省级有影响的报纸上进行公告。清算组未按照前款规定履行通知和公告义务，导致债权人未及时申报债权而未获清偿，债权人可以向清算组成员主张造成的损失承担赔偿责任公司。

（一）典型案例

☞ 李桂芬与被申请人邢台轧辊异型辊有限公司、李荣丰
清算责任纠纷案[10]

【关键词】清算组　股东　清算义务人　清算人

|基本案情| 再审申请人（一审被告、二审上诉人）：李桂芬；被申请人（一审被告、二审被上诉人）：李荣丰；被申请人（一审原告、二审上诉人）：邢台轧辊异型辊有限公司，法定代表人：王海彬。

李桂芬因与邢台轧辊异型辊有限公司（以下简称轧辊公司）、李荣丰清算责任纠纷一案，李桂芬、轧辊公司不服河北省唐山市（2014）唐民初字第30号民事判决，向河北省高级人民法院上诉，河北省高级人民法院于2014年11月21日作出（2014）冀民二终字第159号民事判决，李桂芬不服河北省高级人民法院作出（2014）冀民二终字第159号民事判决，向本院申请再审。最高人民法院依法组成合议庭进行了审查，现已审查终结。

一审原告轧辊公司以李荣丰、李桂芬作为迁西县华丰工贸有限公司（以下简称华丰公司）清算组成员，未经依法清算就将华丰公司注销，导致轧辊公司无法通过清算程序申报债权，给轧辊公司造成经济损失为由，向法院提起诉讼。请求法院判决：（1）李荣丰、李桂芬向轧辊公司支付拖欠货款共计

---

[10] 一审（2014）唐民初字第30号；二审（2014）冀民二终字第159号；最高人民法院（2015）民申字2426号。

1520735.3元，违约金1489750.81元，两项合计3010486.11元。（2）李荣丰、李桂芬承担轧辊公司律师代理费4万元。

河北省唐山市中级人民法院一审审理查明：华丰公司于2006年4月18日成立，股东为李荣丰、李桂芬，各占50%的股份。2007年7月13日，轧辊公司与华丰公司签署了加工合同，总价款为14018576元。合同签订后，轧辊公司按约交付了货物，但华丰公司未及时付款。经轧辊公司多次催要，截至2010年9月，华丰公司拖欠1520735.3元。

另查明，李荣丰与李桂芬于2009年12月5日签订了股权转让协议，约定李桂芬将在华丰公司的股权转让给李荣丰，公司经营期间的债权债务由李荣丰个人享有和承担。李荣丰向李桂芬支付了股权转让款，但未办理股权转让登记。华丰公司在李桂芬未参加的情况下，于2010年10月10日作出了注销公司、成立清算组的股东会决议，但未在法定期限内通知轧辊公司。李荣丰在清算报告上的清算组成员、股东签字处签上李荣丰和李桂芬的名字后，于2010年12月26日向河北省迁西县工商局出具了清算报告，将华丰公司注销。

李桂芬在举证期限内申请司法鉴定，经唐山物证司法鉴定中心鉴定，2010年10月10日《迁西县华丰工贸有限公司股东会决议》和2010年12月26日《迁西县华丰工贸有限公司清算报告》中共计4处"李桂芬"签名字迹不是李桂芬本人书写。

| 裁判结果 | 河北省唐山市人民法院一审判决：（1）李荣丰在本判决生效后十日内给付轧辊公司赔偿款1520735.3元，并从2012年8月1日起按中国人民银行同期贷款利率给付逾期付款的利息至付清之日止；（2）李桂芬在250000元范围内对上述款项承担连带清偿责任；（3）驳回轧辊公司的其他诉讼请求。

河北省高级人民法院裁定：判决：（1）维持河北省唐山市（2014）唐民初字第30号民事判决第（1）项、第（3）项；（2）变更河北省唐山市（2014）唐民初字第30号民事判决第（2）项为：李桂芬对上述款项承担连带清偿责任。

最高人民法院裁定：驳回李桂芬的再审申请。

| 裁判理由 | 最高人民法院认为：本案再审中争议焦点为李桂芬是否应当承担清算赔偿责任。《公司法》第三十二条第三款规定："公司应当将股东的姓名或者名称向公司登记机关登记；登记事项发生变更的，应当办理变更登记。未经登记或者变更登记的，不得对抗第三人。"本案中李荣丰与李桂芬是华丰公司股东，虽然两人签订股权转让协议，李桂芬将所持有的华丰公司50%股权转

让给李荣丰，但并未在工商登记机关办理股权转让和股东变更登记，因此华丰公司的股权变更不能对抗债权人轧辊公司。对于轧辊公司而言，李桂芬仍然具有华丰公司股东的身份，承担华丰公司股东的责任。《公司法》第一百八十三条规定"有限责任公司的清算组由股东组成"，李桂芬作为华丰公司股东之一，承担组成清算组，依法清算的义务。《〈公司法〉司法解释（二）》第十一条规定："公司清算时，清算组应当按照规定，将公司解散清算事宜书面通知全体已知债权人，并根据公司规模和营业地域范围在全国或者公司注册登记地省级有影响的报纸上进行公告。清算组未按照前款规定履行通知和公告义务，导致债权人未及时申报债权而未获清偿，债权人主张清算组成员对因此造成的损失承担赔偿责任，人民法院应依法予以支持。"本案中华丰公司清算组疏于履行公司清算时的通知和公告义务，导致债权人轧辊公司未及时申报债权，现华丰公司已注销，轧辊公司向清算组成员要求损害赔偿，原审法院支持轧辊公司的诉讼请求并无不当。

（二）裁判旨要

《公司法》第三十二条第三款规定："公司应当将股东的姓名或者名称向公司登记机关登记；登记事项发生变更的，应当办理变更登记。未经登记或者变更登记的，不得对抗第三人。"虽然原股东与其他股东签订股权转让协议，将所持有的公司股权转让给其他股东，但并未在工商登记机关办理股权转让和股东变更登记，因此公司的股权变更不能对抗债权人。对于债权人而言，出让股东仍然具有公司股东的身份，承担公司股东的责任，承担组成清算组、依法清算的义务。对于公司清算组疏于履行清算时的通知和公告义务，导致债权人未及时申报债权，出让股东对因此造成的损失亦应承担赔偿责任

（三）律师评析

就本案而言，该纠纷涉及清算义务人范围的界定以及具体清算责任的认定。首先，针对清算义务人范围的界定问题，有限责任公司的清算义务人为全体股东；股份有限公司的清算义务人为公司董事和股东大会确定的人员，一般指的

是董事和控股股东。[11] 本案当事人李桂芬虽然已将所持股权转让给其他股东，但未经工商登记机关办理股权转让和股东变更登记，公司内部的股权变更不能对外对抗债权人。对于债权人而言，李桂芬仍然具有公司股东的身份，承担华丰公司股东的责任。

其次，对于清算义务人的连带清偿责任的认定与举证责任。依据《公司法》第一百八十三条规定"有限责任公司的清算组由股东组成"，法律对清算组的组成人员的身份作出了要求，即公司股东有进行清算的义务。公司清算组人因怠于履行义务，导致公司主要财产、账册、重要文件等灭失，无法进行清算，债权人可主张其对公司债务承担连带清偿责任的，法院在处理此案时一般会注意以下几点：（1）关于"怠于履行义务"，包括怠于履行即时启动清算程序进行清算的义务，也包括怠于履行妥善保管公司财产、账册等重要文件的义务。（2）因怠于履行上述义务导致公司无法清算。（3）该责任的追究不以启动清算程序为前提。即只要债权人举证证明清算义务人怠于履行义务，导致公司的主要财产、账册等重要文件灭失，公司无法清算即可。[12] 本案中，公司清算组疏于履行公司清算时的通知和公告义务，导致债权人未及时申报债权，公司现已注销，李桂芬应当承担连带责任。

（四）相关法条及司法解释

《中华人民共和国公司法》

第三十二条 有限责任公司应当置备股东名册，记载下列事项：（一）股东的姓名或者名称及住所；（二）股东的出资额；（三）出资证明书编号。记载于股东名册的股东，可以依股东名册主张行使股东权利。公司应当将股东的姓名或者名称向公司登记机关登记；登记事项发生变更的，应当办理变更登记。未经登记或者变更登记的，不得对抗第三人。

第一百八十五条 清算组应当自成立之日起十日内通知债权人，并于六十日内在报纸上公告。债权人应当自接到通知书之日起三十日内，未接到通知书的自公告之日起四十五日内，向清算组申报其债权。债权人申报债权，应当说明债权的有关事项，并提供证明材料。清算组应当对债权进行登记。在申报债权期间，清算组不得对债权人进行清偿。

---

[11] 郑银：《公司清算义务人主体范围再界定》，载《西南政法大学学报》2017年第6期。
[12] 贾天保、宋殊：《公司股东怠于清算的法律责任研究》，载《企业研究》2010年第18期。

《最高人民法院关于适用〈中华人民共和国公司法〉若干问题的规定（二）》

第十一条 公司清算时，清算组应当按照公司法第一百八十五条的规定，将公司解散清算事宜书面通知全体已知债权人，并根据公司规模和营业地域范围在全国或者公司注册登记地省级有影响的报纸上进行公告。

第二十三章 上市公司收购纠纷

一、上市公司收购纠纷概述

上市公司收购是一个伴随收购价值观念转换以及资本市场中的收购类型化演变,而处于不断发展中的一个极富弹性的话题。[1] 不论是英美法系国家的证券法律,还是大陆法系国家的证券法律,尽管都对上市公司收购作出了规定,但鲜有对"上市公司收购"这一概念进行界定。只有少数国家的证券法律中明确了"公开收购"(即"要约收购")这一概念。[2]

我国关于上市公司收购的法律规范监管体系由法律、行政法规、部门规章、规范性文件以及证监会、交易所的相关指引、监管问答等组成。上市公司收购应当遵守《公司法》的规定,更应遵守《证券法》的相关规定。收购程序及要求主要由《证券法》予以规定。中国证监会上市部在2009年12月14日发给上交所的《关于上市公司收购有关界定情况的函》(上市部函【2009】171号)中明确指出:"从上市公司收购制度的立法框架和条文内容来看,上市公司收购是指为了获得或者巩固对上市公司的控制权的行为。"从法律意义上,上市公司收购是指以上市公司为客体,以取得上市公司控制权为目的,通过法律允许的途径实现对上市公司控制权的转移。但《证券法》及《上市公司收购管理办法》均未对上市公司收购做明确的定义,根据对《证券法》规范的理解,我国法律规定实质上对上市公司收购采取了广义的含义,即以取得上市公司控制权为目的,形式上包括要约收购、协议收购及其他合法方式。

要约收购是上市公司收购的一种传统方式,为欧美各国极为重视和推崇,

---

[1] 傅穹、陈林:《上市公司收购与反收购的规则变迁》,载《当代法学》2009年第3期。
[2] 西北政法大学课题组:《上市公司收购法律制度完善研究》,载《证券法苑》(2014)第十卷。

是公司收购中最常用的方式,包括全面要约和部分要约。要约收购,即为公开收购,是指上市公司收购人以公开方式向被收购公司的所有股东发出购买其所持股票的要约,在受要约股东承诺后进行股份转让,以实现收购目的的上市公司收购方式。[3] 要约收购的内容包括收购期限、收购价格、收购数量等。根据传统合同法理论,要约一经到达受要约人,就发生了法律效力,要约人应受要约约束。收购要约公布后即发生法律效力,不得撤销或随意变更,否则不利于证券市场的稳定和对投资者权益的保护。这种收购主要发生在目标公司股权较为分散、公司的控制权与股东分离的情况下,是收购人越过目标公司管理层,直接向所有股东公开发出收购其股份的要约,收购股份。因要约收购人不与目标公司管理层协商,被视为对管理层怀有敌意,大都不受管理层欢迎,称为敌意收购。敌意,是相对收购人与管理层的关系而言。对公司所有股东则公平对待。相对友好。[4]

在上海证券交易所进行的要约收购主要根据《上市公司收购管理办法》《公开发行证券的公司信息披露内容与格式准则第 17 号——要约收购报告书(2014 年修订)》《上海交易所股票上市规则》等规定进行操作;而在深圳证券交易所(以下称深交所),除根据前述办法和准则外,还需遵循深交所出台的《上市公司要约收购业务指引》(2016 年修订)的规定进行上市公司要约收购。

我国资本市场中的上市公司收购绝大多数采取协议收购方式。协议收购,又称不公开收购,是指上市公司收购人仅与被收购公司的个别股东(通常是大股东订立股份转让协议,以约定价格购买被收购公司个别股东所持有的股份,从而实现其收购目的的上市公司收购方式。[5] 协议收购对我国企业融资、资本市场发展发挥了巨大的推动作用,但协议收购缺乏公开透明,一直为人所诟病。由于信息披露不充分,我国资本市场发生了数起"收购乌龙"事件,严重损害了众多中小投资者的合法权益。

近年来,我国上市公司收购案例日益增加。一些案例,如宝万之争、宝能收购南玻 A 和举牌格力电器以及上海新梅等多起控制权争夺,引起了理论界和实务界的广泛讨论。另外,需特别注意的是,本案由主要针对收购者与被收购

---

[3] 陈甦主编:《证券法专题研究》,高等教育出版社 2006 年版。
[4] 唐林垚:《我国要约收购及触发点的保留与改进——兼析与欧美上市公司收购规则的比较》,载《政法论丛》2018 年第 3 期。
[5] 陈甦主编:《证券法专题研究》,高等教育出版社 2006 年版。

者之间发生的纠纷，收购者的目的是实现对目标公司的控制或者取得控制权。对于收购者之间的纠纷不适用本案由。

二、要约收购的收购方应按照信息披露规范标准要求适当履行先合同的告知义务

缔约过失责任，是指在合同订立过程中，一方因违反先合同义务，致使另一方利益受损，而应承担的民事责任。要约收购法律关系中，收购方如已经按照相关披露规范标准以信息披露的形式来传达了告知义务，视为其已经履行的先合同义务。

（一）典型案例

☞ **兴业全球基金管理有限公司与江苏熔盛重工有限公司缔约过失责任纠纷案**[6]

【关键词】先合同义务　全面要约收购　诚实信用　缔约过失

| 基本案情 | 再审申请人（一审原告、二审上诉人）：兴业全球基金管理有限公司；被申请人（一审被告、二审被上诉人）：江苏熔盛重工有限公司。

2011年4月26日，江苏熔盛重工有限公司（以下简称熔盛重工）与安徽省全椒县人民政府于签订一份《产权交易合同》，约定安徽省全椒县人民政府所持安徽全柴集团有限公司（以下简称全柴集团）100%股权转让给熔盛重工。而全柴集团持有安徽全柴动力股份有限公司（以下简称全柴动力）44.39%股权。从而熔盛重工实现对上市公司全柴动力的间接控股。

2011年4月28日，全柴动力发布《要约收购报告书》公告："本次要约收购系因熔盛重工通过产权交易方式受让全椒县政府所持全柴集团100%的股权，从而成为全柴集团控股股东，并通过全柴集团间接控制全柴动力44.39%的股权而触发……"本次要约收购的主要内容：收购股份包括全柴动力除全柴集团所持有的股份以外的全部已上市流通股，要约价格。据此兴业全球基金管理有限

---

[6] 一审（2012）通中商初字第0087号；二审（2013）苏商终字第0036号；再审（2013）民申字第1881号。

公司（以下简称兴业基金）以16.62元/股的要约价格买入了全柴动力公司股票。

2012年，因熔盛重工放弃要约收购，兴业基金以每股不足8元左右价格抛售全柴动力公司股票，因此形成了1600万余元损失，兴业基金以熔盛重工缔约过失为由诉请赔偿。

兴业基金申请再审称：（1）二审判决将熔盛重工的先合同义务仅归纳为告知义务，并认定其适当履行了先合同义务，不违背诚实信用原则，证据不足，适用法律错误。（2）二审判决认定熔盛重工于2012年8月17日向中国证监会撤回要约收购申请，自行取消全面要约收购全柴动力股份计划，不违背诚实信用原则，但适用法律错误，其应承担缔约过失责任。

| 裁判结果 | 再审驳回兴业全球基金管理有限公司的再审申请。

| 裁判理由 | 再审法院认为，当事人在订立合同过程中，不得故意隐瞒与订立合同有关的重要事实或者提供虚假情况。否则，给对方造成损失的，应当承担缔约过失责任。这就要求当事人在订立合同过程中，应履行通知、说明、保密等义务，亦即通常所说的先合同义务。本案中：首先，熔盛重工主要履行的先合同义务，应结合案中拟订合同的性质、目的和交易习惯进行认定。从二审查明的案件事实来看，熔盛重工于2011年4月28日发布公告，提示其计划全面要约收购全柴动力股份，实际系向全柴动力的股东表达缔约意向。此后，兴业基金从证券交易市场买进全柴动力股票，从而持有全柴动力股份，成为全柴动力的股东，一定程度上系向熔盛重工传递缔约意向。自此，双方实际已进入接触、磋商阶段，构成缔约关系，具有信赖利益。因此，遵循诚实信用原则，双方均应履行通知、说明、保密等先合同义务，不得故意隐瞒与订立合同有关的重要事实或者提供虚假情况。由于兴业基金在订立合同过程中是否继续持有全柴动力股票，以维系自己的缔约意向，很大程度上要依赖与熔盛重工收购全柴动力股份有关的重大信息。因此，对熔盛重工而言，二审判决认定其应履行的先合同义务主要为通知义务，即告知与收购全柴动力股份有关的重要信息，并无不当。至于熔盛重工于2011年6月29日发布一份《关于延期上报有关补正材料的公告》，称待取得国资委、商务部相关批复文件后立即将补正材料上报等，系其在订立合同过程中，与兴业基金进行磋商的行为，并非熔盛重工应予履行的先合同义务。

本案中，并无直接有效的证据证明熔盛重工披露的信息有虚假记载、误导性陈述、重大遗漏，或违反公开、公平、公正原则，二审判决认定熔盛重工适

当履行了告知与收购全柴动力股份有关重要信息的先合同义务,不违背诚实信用原则,并无不当。

从二审查明的案件事实来看,安徽省全椒县人民政府持有全柴集团100%股权,全柴集团持有全柴动力44.39%股权。2011年4月26日,熔盛重工与安徽省全椒县人民政府签订一份《产权交易合同》,约定安徽省全椒县人民政府所持全柴集团100%股权转让给熔盛重工。如果该份《产权交易合同》最终得以履行,则熔盛重工间接持有全柴动力44.39%权益,超过该公司已发行股份的30%,依照《上市公司收购管理办法》第五十六条有关收购人虽不是上市公司的股东,但通过投资关系、协议、其他安排导致其拥有权益的股份超过该公司已发行股份的30%的,应当向该公司所有股东发出全面要约之规定,熔盛重工在中国证监会行政许可后,应当向全柴动力所有股东发出全面收购股份要约。对此,即系所谓的强制要约收购。但是,从全柴动力公开发布的公告来看,上述《产权交易合同》在国资委、商务部相关批准文件有效期内并未实施,至今亦无直接有效的证据显示熔盛重工通过其他投资关系、协议、安排,间接拥有全柴动力权益的股份超过该公司已发行股份的30%。这种情况下,强制熔盛重工发出全面收购要约的条件尚不具备,依法其仍享有自愿订立合同的权利。因此,二审判决认定熔盛重工向中国证监会撤回行政许可申请材料,取消全面要约收购全柴动力股份计划,不违背诚实信用原则正确。

(二) 裁判旨要

本案中,熔盛重工虽间接持有上市公司全柴动力超过30%的股份,但此时熔盛重工并没有必须收购其他股东持有股权的义务,只有在熔盛重工向全柴动力股东发出关于收购的要约公告,明确地表示其将继续收购时,才应履行要约收购义务。熔盛重工虽有意收购全柴动力,但根据《上市公司收购管理办法》(2008修订)第二十八条规定,以要约方式收购上市公司股份的,收购人应当编制要约收购报告书,并应当聘请财务顾问向中国证监会、证券交易所提交书面报告,抄报派出机构,通知被收购公司,同时对要约收购报告书摘要作出提示性公告。

在15日内,中国证监会对要约收购报告书披露的内容表示无异议的,收购人方可公告其收购书,即向上市公司股东发出收购要约。如中国证监会发现要约收购报告书不符合法律、行政法规及相关规定的，及时告知收购人，收购人不得公告其收购要约。本案中，熔盛重工虽呈报《上市公司收购报告书》、发布《关于延期上报有关补正材料的公告》并取得国资委、商务部相关批复文件，但并没有取得证监会的批准，故熔盛重工并没有发出收购要约，没有继续收购上市公司股权的义务。

（三）律师评析

以"上市公司收购纠纷"为关键词，通过中国裁判文书网及北大法宝司法案例进行检索，由最高人民法院审理的案件只有1件，且案由最终被认定为合同纠纷，而非上市公司收购纠纷。即在最高人民法院（2019）最高法民终345号一案中，一审法院认为，"上市公司收购纠纷是指购买者在购买上市公司股份以获得其控制权的过程中与被收购者之间发生的纠纷，本案争议发生时，顾国平已经在获得慧球科技的控制权后又丧失了控制权，因此该争议归属于合同纠纷更为妥当"。可见，在适用上市公司收购纠纷案由时，该纠纷应主要针对收购者与被收购者之间发生的纠纷，收购者的目的是实现对目标公司的控制或者取得控制权。对于收购者之间的纠纷不适用本案由。

本案案由为缔约过失责任纠纷，不是收购者与被收购者之间发生的纠纷，而是收购者与第三人之间因上市公司收购而引发的合同相关的纠纷，本案被称为A股首例收购上市公司违约案，也是强制全面要约收购的典型案例，由最高人民法院进行的再审审查，具有一定的代表性和参考性。

该案涉及一个重要问题为：收购人在触发要约收购条款时，是否有义务继续收购上市公司股份，如做出继续收购的意思表示，在发布公告之前，能否停止。本案中，江苏熔盛虽间接持有上市公司全柴动力超过30%的股份，但此时江苏熔盛并没有必须收购其他股东持有股权的义务，只有在江苏熔盛发出关于收购的要约公告，明确地表示其将继续收购上市公司，才应履行要约收购义务。江苏熔盛虽有意收购全柴动力，但根据当时生效的《证券法》规定，收购人必须事先向国务院证券监督管理机构报送上市公司收购报告书，在15日内，国务院证券监督管理机构未发现收购报告书不符合法律、行政法规规定的，收购人方可公告其收购书，即向其他股东发出收购要约。江苏熔盛虽呈报《上市公司收购报告书》、发布《关于延期上报有关补正材料的公告》并取得国资委、商务部相关批复文件，但毕竟没有取得证监会的批准，故江苏熔盛并没有发出收购要约，没有继续收购上市公司股权的义务。

对于本案，还有以下几点需要注意：

（1）触发强制全面要约收购的条件。上市公司收购按照是否系履行法定强制收购义务为标准，分为主动要约收购和强制要约收购。主动要约是收购人所持上市公司股份在未达到触发强制要约的比例（超过30%）前，自主决定对上市公司发出收购要约的行为；强制要约是在股东持有上市公司股份比例达到30%后，要继续增持的，必须以要约收购方式进行。强制要约可以是部分要约，也可以是全面要约。在通过协议等方式一次性取得上市公司股份超过30%的情形下，必须进行全面要约收购。在法定情形下，收购人可向证监会申请要约豁免。实务中，触发强制要约收购的案例较少，一般收购人会尽量避免触发强制要约收购，特别是强制全面要约收购，以便为收购行为预留更灵活空间。本案便是其中一例，熔盛重工因一次性间接收购了全柴动力44.39%股份，从而触发全面要约收购上市公司全柴动力的义务。

（2）强制要约收购制度设计。设立强制要约收购制度，是考虑在并购过程中，既要注重契约自由，又要对收购人义务的强制性进行保证。这样一来，对于收购方与原持股方，不论所收购比例为多少，其利益冲突都应当得到均衡。更好地保护中小股东利益，使其获得股权转让溢价带来的均等利益，使其不会受到太严重的损害。[7] 本案审理时依据的是2008年修订的《上市公司收购管理办法》，即如以要约方式收购上市公司股份的，收购人应当编制要约收购报告书，向中国证监会、证券交易所提交书面报告，在证监会对要约收购报告书披露的内容表示无异议时，收购人方可公告其收购书，即向上市公司股东发出收购要约。2014年修订的《上市公司收购管理办法》，主要是考虑进一步遏制虚假要约和欺诈性要约，取消了对于要约收购的行政许可，改为信息披露的事中监管机制。在收购人按规定报送上市公司收购报告书之日起15日后，有关要约收购的相关情况才可被公示。一旦发现要约收购报告书违反相关法律法规，证监会会在第一时间通知收购方，这样的收购要约不得进行公示。如果一些收购内容是必须获得有关部门的许可才可以执行的，应当在要约收购报告书摘要中，或在提示性公告中做出一些标志性的提示，经过批准后，才能公告报告书。

---

[7] 参照林海：《强制要约收购制度的正当性及其边界》，载《证券法苑》2017年第20卷（2期）。

（四）相关法条及司法解释

《中华人民共和国证券法》

第六十五条　通过证券交易所的证券交易，投资者持有或者通过协议、其他安排与他人共同持有一个上市公司已发行的有表决权股份达到百分之三十时，继续进行收购的，应当依法向该上市公司所有股东发出收购上市公司全部或者部分股份的要约。

收购上市公司部分股份的要约应当约定，被收购公司股东承诺出售的股份数额超过预定收购的股份数额的，收购人按比例进行收购。

《上市公司收购管理办法》

第三条　上市公司的收购及相关股份权益变动活动，必须遵循公开、公平、公正的原则。

上市公司的收购及相关股份权益变动活动中的信息披露义务人，应当充分披露其在上市公司中的权益及变动情况，依法严格履行报告、公告和其他法定义务。在相关信息披露前，负有保密义务。

信息披露义务人报告、公告的信息必须真实、准确、完整，不得有虚假记载、误导性陈述或者重大遗漏。

第三十一条　收购人自作出要约收购提示性公告起60日内，未公告要约收购报告书的，收购人应当在期满后次一个工作日通知被收购公司，并予公告；此后每30日应当公告一次，直至公告要约收购报告书。

收购人作出要约收购提示性公告后，在公告要约收购报告书之前，拟自行取消收购计划的，应当公告原因；自公告之日起12个月内，该收购人不得再次对同一上市公司进行收购。

第五十六条　收购人虽不是上市公司的股东，但通过投资关系、协议、其他安排导致其拥有权益的股份达到或者超过一个上市公司已发行股份的5%未超过30%的，应当按照本办法第二章的规定办理。

收购人拥有权益的股份超过该公司已发行股份的30%的，应当向该公司所有股东发出全面要约；收购人预计无法在事实发生之日起30日内发出全面要约的，应当在前述30日内促使其控制的股东将所持有的上市公司股份减持至30%或者30%以下，并自减持之日起2个工作日内予以公告；其后收购人或者其控制的股东拟继续增持的，应当采取要约方式；拟依据本办法第六章的规定申请豁免的，应当按照本办法第四十八条的规定办理。

三、意思表示明确的预约条款已经成就的，应认定已成立本约

预约是合同磋商阶段的一种特殊的缔约形态，主要目的在于固定交易机会，约束当事人达成最终交易，故具有暂时性、阶段性的特征，并以缔结本约为自身使命。未签订本约，但当事人已按预定条款履行了本约主要义务的，应认定为当事人之间已成立本约。

（一）典型案例

☞ 银江股份有限公司诉李欣上市公司收购纠纷[8]

【关键词】资产重组　预约合同　本约合同　业绩补偿

| 基本案情 | 原告：银江股份有限公司；被告：李欣。

银江股份有限公司（以下简称银江公司）系中国境内创业板上市公司，银江公司和李欣系银江公司重大资产重组交易的交易对手，其中银江公司为资产收购方，李欣为被收购方。2013年8月，银江公司及全资孙公司北京银江智慧城市规划设计院有限公司（以下简称北京银江公司）拟通过非公开发行股票和支付现金相结合的方式向李欣及其他12名交易相对方收购其持有的北京亚太安讯科技股份有限公司（现公司名为"北京亚太安讯科技有限责任公司"，以下简称亚太公司）100%股份。2013年9月，银江公司、北京银江公司、李欣及其他12名交易相对方、亚太公司签署《银江公司与亚太公司全体股东关于现金及发行股份购买资产协议》（以下简称《购买资产协议》）一份，对本次资产交易价格、交易方案、业绩承诺及补偿等内容作了约定。为了对亚太公司的盈利业绩承诺进行考核，银江公司、北京银江公司、李欣、亚太公司另行签署《银江公司与亚太公司大股东现金及发行股份购买资产之盈利预测补偿协议》（以下简称《盈利预测补偿协议》）。本次重大资产重组交易完成后，银江公司按约对向李欣及其他12名交易相对方发行了限售股，并对亚太公司的业绩承诺进行考核，

---

[8] 浙江省高级人民法院（2016）浙民初6号。

如亚太公司的业绩达不到李欣承诺的利润数，则银江公司对其相应股份予以注销。

2013年度，亚太公司达到了李欣承诺的利润数；2014年度，亚太公司未达到李欣承诺的利润数，李欣按约向银江公司交付了公司股份5074307股作为补偿，后银江公司于2015年9月17日予以注销；2015年度，亚太公司未达到李欣承诺的利润数，根据《盈利预测补偿协议》的约定，李欣需向银江公司交付公司股份25240153股作为补偿，并由银江公司予以注销。然而经银江公司核查，李欣合计持有银江公司限售股被质押给案外人浙商资管公司并于2015年4月、5月在中国证券登记结算有限公司办理了质押登记手续。银江公司认为李欣的行为已违反双方约定，给银江公司造成了极严重的经济损失，侵害了银江公司股东特别是中小股东的合法利益。故银江公司提出诉讼请求：（1）李欣向银江公司交付银江公司股份25240153股，由银江公司将该25240153股公司股份予以注销；（2）如李欣无法足额向银江公司交付上述25240153股，则应将交付不足部分的股份数折算现金补偿金支付给银江公司。

│裁判结果│ 浙江省高级人民法院经审判，判决：（1）李欣于本判决生效之日起10日内向银江股份有限公司交付银江股份有限公司股份25240153股，由银江股份有限公司以1元价格回购并注销；（2）如李欣不能足额交付上述25240153股，则于本判决生效之日起10日内将交付不足部分的股份数折算为补偿金支付给银江股份有限公司。

│裁判理由│ 浙江高级人民法院审理认为有三个焦点问题：一是《盈利预测补偿协议》的效力问题以及该协议第三条应认定为预约合同条款还是本约合同条款？

《盈利预测补偿协议》由甲方银江公司及北京银江公司、乙方李欣、丙方亚太公司三方签订，并经三方签字盖章确认。李欣辩称签订该协议并非出于其真实意思表示，但并未提供相应证据证明，该抗辩难以成立，根据《盈利预测补偿协议》第7.1条的约定，该协议已自各方签署之日起成立。

关于《盈利预测补偿协议》的效力问题，李欣主张重组交易完成后李欣已失去对亚太公司的控制权，《盈利预测补偿协议》不具有履行可能性，故应认定无效。对此，分析如下：首先，从订约内容看，《资产购买协议》约定的资产交易方案与《盈利预测补偿协议》约定的业绩承诺及补偿方案属交易各方在自愿平等协商基础上达成的商业安排，且不违反法律、行政法规的强制性规定，应依法确认有效。本次重大资产重组交易经中国证监会核准后正式实施，完成了包括亚太公司股权过户、银江公司向李欣等人发行新股、银江公司支付对价等交易事项。至此，《盈利预测补偿协议》第7.1条约定的合同生效条件已经成就，协议正式生效。其次，李欣关于其失去公司控制权的主张不能成立。银江公司、北京银江公司受让亚太公司的100%股份后，依照《资产购买协议》第七条的约定向亚太公司派驻了董事及财务人员，同时李欣亦依约留任亚太公司的董事长及经理职务，并仍任亚太公司的法定代表人。银江公司及其全资控制公司虽持有亚太公司100%股份，但按照现代公司治理结构，股东的所有权与对公司的控制权相分离，结合亚太公司章程对董事长、经理职权范围的约定，亚太公司的日常经营决策仍由李欣负责，李欣并未失去对亚太公司的实际控制权。最后，从实际履约情况看，因亚太公司2014年的盈利数未达到李欣承诺的5750万元，李欣已按《盈利预测补偿协议》的约定向银江公司交付了5074307股作为补偿，并由银江公司于2015年9月17日予以注销。在此过程中李欣并未提出任何异议，也印证了《盈利预测补偿协议》系双方真实意思表示且一直被正常履行，并不存在李欣主张的履约基础丧失的事实。综上三点，李欣关于《盈利预测补偿协议》应认定无效的主张，无相应事实及法律依据，不予采纳。

至于《盈利预测补偿协议》第三条"补偿方式的确认"应认定为预约合同条款还是本约合同条款，该问题将直接影响银江公司在约定的业绩补偿条件成就时行使请求权的方式及范围。预约是指约定将来订立一定契约的契约。学理上一般认为，要判断合同属预约还是本约，应通观合同的全部内容进行判断：如合同要素已明确合致，已无另行订立合同之必要，应认定为本约，否则认定为预约。审判实践中，界定当事人之间订立的合同是预约还是本约，根本标准应当是当事人的意思表示，即应当综合审查相关协议的内容以及当事人嗣后为达成交易进行的磋商甚至具体的履行行为等事实，从中探寻当事人的真实意思，并据此对当事人之间法律关系的性质作出准确的界定。本案从以下三个方面足以判定《盈利预测补偿协议》第三条应属本约合同条款：（1）从合同整体看，《盈利预测补偿协议》对补偿条件（明确了2013年、2014年、2015年的承诺盈利数）、补偿标的（即交付股份）、补偿数量（明确了计算公式）、回购及注销股份的时间安排等内容约定翔实，双方当事人的意思表示具体明确。在合同要素齐备的情况下，一旦约定的补偿条件成就，双方当事人可依《盈利预测补偿协议》直接履行，实无另行订立新约之必要。（2）《盈利预测补偿协议》中并未约定将来需另行签订一个新的合同，也没有体现出当事人有意在将来就合同条款作进一步磋商的任何意思表示。与本约相比,预约应属交易之例外,在当事人并未就将来需订立本约作特别约定的情况下,一般宜认定合同为本约。(3)《上市公司重大资产重组管理办法》第三十五条的规定亦印证了此类盈利预测补偿协议的本约性质。该第三十五条规定,"……交易对方应当与上市公司就相关资产实际盈利数不足利润预测数的情况签订明确可行的补偿协议"。所谓"明确可行",即要求交易双方签订的《盈利预测补偿协议》须具备可直接履行性。现李欣主张业绩补偿条件成就后,银江公司仅有"缔约请求权"而无"交付请求权",显然与《上市公司重大资产重组管理办法》的上述规定相悖。因此,在综合合同整体内容、当事人磋商真意、相关规章规定等因素的基础上,结合李欣上一年度依约交付股份的合同履行行为,应当认定《盈利预测补偿协议》第三条属本约性质。

因此,李欣关于《盈利预测补偿协议》无效及第三条属预约合同条款的抗辩意见不能成立。《盈利预测补偿协议》对双方当事人具有约束力,若亚太公司未能实现协议约定的承诺业绩,银江公司有权依据协议第三条,请求李欣交付补偿股份或以现金方式补足差额。

二是《购买资产协议》《盈利预测补偿协议》中约定的业绩补偿条件是否已成就?

在认定作为案涉重大资产重组交易的两份基础合同《购买资产协议》《盈利预测补偿协议》有效的前提下,本案的第二个争议焦点为该两份协议中约定的2015年业绩补偿条件是否已经成就,即亚太公司2015年的实际盈利数是否已达到李欣承诺的6550.07万元?

瑞华会计师事务所出具的瑞华核字〔2016〕33080014号《关于银江公司收购亚太公司业绩承诺实现情况的专项审核报告》显示,经审计,亚太公司2015年度扣除非经常性损益后归属于母公司的净利润为-412.37万元,未完成业绩承诺数6613万元。对此李欣认为,瑞华会计师事务所系由银江公司单方委托,该专项审核报告不客观、不真实,不能作为银江公司要求李欣进行业绩补偿的依据。法院认为,李欣的主张不能成立。首先,《购买资产协议》第6.2条约定,"委派甲方年度财务报表审计机构对丙方出具专项审核意见",瑞华会计师事务所作为银江公司2015年财务报表的审计机构,银江公司有权单方委托其对亚太公司2015年度的业绩承诺实现情况进行专项审核。其次,结合2013年度、2014年度的专项审核情况,银江公司亦是依约委托当年审计银江公司财务报表的机构对亚太公司作专项审核,李欣对前两年银江公司单方委托的审计机构均未提出异议，印证了其认可并已实际履行协议中关于银江公司有权单方委托审计机构审核的合同内容。最后，李欣一方在庭审中主张审计结果不实，亚太公司2015年度的实际盈利应为7000多万元，但并未提供相应证据证明，也未提交重新委托第三方进行审计的鉴定申请。在李欣没有充分相反证据推翻前述专项审核报告的情况下，应当认定亚太公司2015年度扣除非经常性损益后归属于母公司的净利润为-412.37万元。

鉴于亚太公司2015年度的经营业绩远未达到《购买资产协议》和《盈利预测补偿协议》约定的该年度承诺盈利数6613万元，两份协议约定的业绩补偿条件业已成就。

三是若业绩补偿条件已成就，李欣是否有交付股票的义务？本案中李欣应以何种方式就对价进行业绩补偿？

《盈利预测补偿协议》第3.1条约定：若亚太公司对应年度实际盈利数不足李欣承诺盈利数的，李欣负有股份补偿义务，由银江公司以1元/股的价格进行回购，"补偿股份数=（截至当期期末累计承诺盈利数-截至当期期末累计实际盈利数）/各年承诺盈利数总和×（拟购买资产作价/本次发行股份价格）"。同时，该第3.1条还在注意事项④中约定："乙方承诺，如其所持甲方股份数不足以补偿盈利专项审核意见所确定净利润差额时，乙方将在补偿义务发生之日起10日内，以现金方式补足差额或者从证券交易市场购买相应数额的甲方股份弥补不足部分，并由甲方依照本协议进行回购。如以现金方式补足差额的，应补偿的现金金额=（应补足的股份总数-已经补偿的股份数量×本次发行股份的发行价）。"根据前述约定的回购股份计算公式，银江公司经计算得出李欣应向银江公司交付的补偿股份数量为25240153股，即银江公司在本案中主张的第一项诉讼请求。本案审理过程中，李欣对前述股份补偿及现金补偿的计算方式均无异议，但认为李欣所持有的所有银江公司股份已被质押且被司法冻结，即使法院最终判令李欣以股票补偿，也无法实现，本案只能以现金方式补偿。

根据已查明的事实，目前李欣共计持有银江公司27835840股（含22000股流通股，27813840股限售股），虽然27813840股限售股已被质押给案外人浙商资管公司且相关执行程序正在进行中，但并不影响银江公司对其余22000股流通股享有的权利主张。何况，银江公司提出的第（1）（2）项诉请，事实上已经包含了先以25240153股股份补偿、股份交付不能情形下再以现金折算的替代方案。即便银江公司对除22000股流通股以外李欣所持的其他股份因执行顺位等原因无法求偿到位，银江公司也有权按《盈利补偿协议》第3.1条的约定，要求李欣以现金方式或从证券交易市场购买相应数额的银江公司股份补足差额。因此，李欣提出的本案只能以现金方式补偿的抗辩意见不能成立，银江公司要求李欣交付相应股份，以及在交付不足情形下折算现金补偿的两项诉请有相应合同依据，应依法予以支持。

综上，原告银江公司的诉讼请求有事实及法律依据，法院依法予以支持。

（二）裁判旨要

本案中，关于《盈利预测补偿协议》的效力问题，除符合《合同法》第四十五、第五十二条效力强制性规定以外，重大资产重组交易还需要经中国证监会并购重组审核委员会审核批准，并购重组委以投票方式对提交其审议的重大资产重组或者发行股份购买资产申请进行表决，提出审核意见，此为协议实施的前置条件。关于协议中的条款属于预约合同条款还是本约合同条款，裁判意见认为该问题很重要，将直接影响收购方在约定的业绩补偿条件成就时行使请求权的方式及范围，从学理及审批实践两方面，对预约合同及本约合同进行了解释，区分两者的根本标准应当是当事人的意思表示，即应当综合审查相关协议的内容以及当事人嗣后为达成交易进行的磋商甚至具体的履行行为等事实，从中探寻当事人的真实意思，并据此对当事人之间法律关系的性质作出准确的界定。从合同整体看，内容约定翔实，双方意思表示具体明确，在合同要素齐备的情况下，一旦约定的补偿条件成就，双方当事人可依协议直接履行，实无另行订立新约之必要。与本约相比，预约应属交易之例外，在当事人并未就将来需订立本约作特别约定的情况下，一般宜认定合同为本约。

（三）律师评析

以"上市公司收购纠纷"为关键词，通过中国裁判文书网及北大法宝司法案例进行检索，高级人民法院审理的案件共2件，一件为本案，另一件原告主动撤诉。中级人民法院和基层人民法院以"上市公司收购纠纷"这个案由审理的也只有共3例。以"上市公司收购"为关键词，通过中国裁判文书网及北大法宝司法案例进行检索，由最高人民法院审理作出的裁判文书共9个。其中，股权转让纠纷4个，公司决议撤销纠纷1个，合同纠纷1个，缔约过失责任纠纷1个，与公司有关的纠纷2个。9个案例中，与上市公司收购纠纷相关的争议主要有：公司与非公开发行股票的议案是否存在关联关系，议案是否违反公司章程；一致行动人如何认定；上市公司收购主体是否适格。

以"上市公司收购"为关键词，通过中国裁判文书网及北大法宝司法案例进行检索，由高级人民法院作出的裁判文书共114个，民事类104件，其中，证券纠纷类76件（证券欺诈责任纠纷74件），与公司有关的纠纷11件（股权转让纠纷8件，公司决议纠纷1件，清算责任纠纷1件，股东出资1件）。由此可见，司法实践中，上市公司收购纠纷主要集中在证券欺诈责任纠纷，以浙江祥源文化股份有限公司、西藏龙薇文化传媒有限公司、赵薇证券虚假陈述责任纠纷案为例，争议焦点主要为案涉信息披露行为是否属于证券市场虚假陈述行为；投资人的损失与案涉信息披露行为之间是否存在因果关系；上市公司的赔偿责任是否恰当；股份收购方（龙薇传媒公司）及担保人赵薇是否应当承担民事责任。法院认为，涉及公司5%以上股权交易，属于证券交易过程中的重大事件。上市公司在公告中对前述重大事件作出虚假记载、误导性陈述及存在重大遗漏，属证券市场虚假陈述。通常情况下，投资人选购股票时，无疑对该股票的法定信息披露义务人所披露的信息给予足够的信任，披露的信息应是投资人在决定购买股票时所信赖的对象。投资人所投资的股票，自虚假陈述实施日之后至虚假陈述揭露日之前买入，在虚假陈述揭露日及以后，因卖出该股票发生亏损，虚假陈述是导致投资人损失的直接原因，符合《证券虚假陈述赔偿若干规定》第十八条规定的认定虚假陈述与损害结果之间存在因果关系的法定条件。《证券虚假陈述赔偿若干规定》第七条第七项规定，虚假陈述证券民事赔偿案件的被告，包括作出虚假陈述的机构或自然人。作为该公司法定代表人的赵薇应予知悉但并未表示明确反对存在过错，应当对投资人的损失承担连带责任。

（四）相关法条及司法解释

《上市公司重大资产重组管理办法》

第三十五条 采取收益现值法、假设开发法等基于未来收益预期的方法对拟购买资产进行评估或者估值并作为定价参考依据的，上市公司应当在重大资产重组实施完毕后3年内的年度报告中单独披露相关资产的实际盈利数与利润预测数的差异情况，并由会计师事务所对此出具专项审核意见；交易对方应当与上市公司就相关资产实际盈利数不足利润预测数的情况签订明确可行的补偿协议。

预计本次重大资产重组将摊薄上市公司当年每股收益的，上市公司应当提出填补每股收益的具体措施，并将相关议案提交董事会和股东大会进行表决。负责落实该等具体措施的相关责任主体应当公开承诺，保证切实履行其义务和责任。

上市公司向控股股东、实际控制人或者其控制的关联人之外的特定对象购买资产且未导致控制权发生变更的，不适用本条前二款规定，上市公司与交易对方可以根据市场化原则，自主协商是否采取业绩补偿和每股收益填补措施及相关具体安排。

《中华人民共和国合同法》

第四十五条第一款　当事人对合同的效力可以约定附条件。附生效条件的合同，自条件成就时生效。附解除条件的合同，自条件成就时失效。

第五十二条　有下列情形之一的，合同无效：（一）一方以欺诈、胁迫的手段订立合同，损害国家利益；（二）恶意串通，损害国家、集体或者第三人利益；（三）以合法形式掩盖非法目的；（四）损害社会公共利益；（五）违反法律、行政法规的强制性规定。

第六十条　当事人应当按照约定全面履行自己的义务。当事人应当遵循诚实信用原则，根据合同的性质、目的和交易习惯履行通知、协助、保密等义务。

后　　记

2018年在康达三十周年的庆典时,我就有一个心愿,邀请康达的同人们,就经典的案例,进行分析和解读,整理一套解读司法观点的丛书。一来可以总结执业经验,培养和提升律师和团队的专业化水平;二来可以解答很多当事人的疑惑;同时也给后来的法律人提供借鉴。囿于繁杂的事务和碎片化的时间,断断续续的写作一直没有大的成果。2020年新冠肺炎疫情期间,我们在原来研究的基础上,和团队的小伙伴分工合作,重新开始了创作。我们把《证券纠纷裁判精要》书稿完成以后,大家意犹未尽,接着编写了本书。为了更好地打磨书稿,我们又根据出版社编辑要求和提示,反复修订。特别是庞从容老师,对于我们的选题和有关写作问题,提出了极为重要和宝贵的意见,目的是提高质量,不要浪费广大读者的宝贵时间,让读者读有所获!应当说,参与本书写作的小伙伴们都尽了力!在本书的写作过程中,得到了康达付洋主席的指导,并对如何入选康达文库作了指示,康达元老李磊律师自始至终都关心指导,乔佳平主任等所领导非常关心,领导们的关心给予我们写作巨大的动力,也鞭策我们更加认真和努力,决心要把系列丛书编下去。

感谢团队小伙伴的尽情付出,他们分别是:赵玉来编写第一、二、八、十三、十四章,王敏编写第七、十、十六、二十三章,熊梦颖编写第十七、十八章,张依伦编写第九、十一章,赵正阳编写第三、四章,李聿钊编写第十九、二十章,冯丹阳编写第二十二章,解珏编写第五、六章,唐弘易编写第十二、十五章。还要感谢我们团队的行政秘书刘岩同志,为我们的丛书出版提供保障服务。

在初步战胜疫情之际,提交书稿出版,确实是一个不小的收获,但愿本书能给读者有所启示和启发。是为后记。

2021年3月于北京市康达律师事务所